| 国家社会科学基金年度项目

左右江革命老区
农业供给侧结构性改革研究

王文亮 等○著

ZUOYOUJIANG GEMING LAOQU
NONGYE GONGJICE JIEGOUXING
GAIGE YANJIU

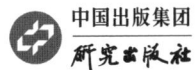

中国出版集团
研究出版社

图书在版编目 (CIP) 数据

左右江革命老区农业供给侧结构性改革研究 / 王文亮等著. -- 北京：研究出版社，2024.5
ISBN 978-7-5199-1641-1

Ⅰ.①左… Ⅱ.①王… Ⅲ.①农业改革–研究–广西 Ⅳ.①F327.67

中国国家版本馆CIP数据核字(2024)第053944号

出 品 人：陈建军
出版统筹：丁　波
责任编辑：何雨格

左右江革命老区农业供给侧结构性改革研究
ZUOYOUJIANG GEMING LAOQU NONGYE GONGJICE JIEGOUXING GAIGE YANJIU

王文亮　等　著

研究出版社 出版发行

（100006　北京市东城区灯市口大街100号华腾商务楼）
北京中科印刷有限公司印刷　新华书店经销
2024年5月第1版　2024年5月第1次印刷
开本：710毫米×1000毫米　1/16　印张：16.5
字数：306千字
ISBN 978-7-5199-1641-1　定价：79.00元
电话（010）64217619　64217652（发行部）

版权所有·侵权必究
凡购买本社图书，如有印制质量问题，我社负责调换。

序 言

由王文亮教授领衔的课题组完成了国家社会科学基金2017年度项目"左右江革命老区农业供给侧结构性改革研究",于2023年7月获得免鉴结项,这是社科界的又一件好事,也是党校系统的一大幸事,更是左右江革命老区的一大喜事。

该书以习近平总书记关于农业供给侧结构性改革重要论述为指引,以贯彻落实创新发展、绿色发展等新发展理念为重要内容,首先阐明农业供给侧结构性改革的理论逻辑、历史逻辑和现实逻辑,然后从左右江革命老区农业发展基础和发展现状出发,对如何深化老区农业供给侧结构性改革,进一步提高老区农业发展质量和效益,加快老区农业强区建设步伐,提出了许多切实可行的措施建议。该书具有以下几个特点:

一是理论构建具有创新性。本书对农业供给侧结构性改革从改革目标、方向、理念、途径等方面提出改革与发展的机理。在改革目标上,强调资源配置、改善条件、改进技术、适应需求、扩大规模,提高农产品质量和价格,增加农民收入。在改革方向上,倡导发展无公害农业、绿色农业、有机农业、生态高效农业、富硒富锌农业、加工农业、设施农业、休闲农业等。在理念上,坚持农业由农民做、现代农业由现代职业农民做,农业的利润多留给农民,增加农民收入;强调绿色发展,提质增效,藏收于技,人民至上,弱势领域强力支持,重要产品重点支持。在途径上,坚持问题导向,农民主体,城乡融合,工农互补,要素流动,优化配置,金融支持,科技支撑。

二是研究视角具有独特性。以当前国家全面推进社会主义现代化强国建设需要重点扶持的革命老区、民族边疆地区作为研究视角,明确老区农业供给侧结构性改革的出发点和落脚点,就是提高农业发展质量和效益,推进乡村产业振兴,提高农民收入,繁荣乡村经济。书稿通过本区域和区域外改革实例,反映出经营主体微观能动性和政府的宏观主导作用、政策支持，方式方法灵活多样。

三是提出问题具有现实性。该书在深入调查研究基础上，提出的老区农业发展存在农田水利喷灌、温室大棚、工厂化养殖等设施滞后，农业科技推广应用不多、土地流转难、高标准农田少、规模经营少、具有本地特色的"三品一标"农产品名多量少，职业农民少，人力不足人才不多等现实问题，客观实在。

四是发展思路具有前瞻性。在深刻了解革命老区农业发展演进的基础上，对我国现代农业发展方式变化、发展前景预期等都具有前瞻性，如大力培育职业农民、农业产业化龙头企业等新型经营主体，培养经营能手和乡村产业发展人才，探索适合老区农业发展的经营方式，为促进老区农业高质量发展提供具有前瞻性的科学思路和正确途径。

五是措施建议具有可行性。左右江革命老区的乡村发展问题既有全国革命老区的普遍性，也有自身的特殊性。本书针对深化左右江革命老区农业供给侧结构性改革，促进老区农业高质量发展而提出的发展特色农业、绿色农业、功能农业、高效生态农业、加工农业、设施农业、智慧农业等措施建议具有很强的针对性、可行性和实用性，对于其他老区和条件相同或相近的地区也具有很好的指导性和参考意义。

该书的正式出版，对推动老区农业强区建设、乡村振兴、民族复兴都具有很强的指导性、建设性、借鉴性意义和积极的促进作用。

以此为序。

凌经球

中共广西壮族自治区委党校（广西行政学院）

二级教授、研究员，享受国务院政府特殊津贴专家

2023年11月16日

CONTENTS | 目录

第一章
绪　言

第一节　研究背景 / 002
　　一、农业发展面临的难题 / 002
　　二、农业改革从供给破题 / 003
　　三、农业改革目标和方向 / 003

第二节　研究目的和意义 / 004
　　一、研究的目的 / 004
　　二、研究的意义 / 005

第三节　研究述评 / 006
　　一、国内研究现状 / 006
　　二、国外研究现状 / 008

第四节　研究框架 / 009
　　一、绪言和结论 / 009
　　二、正文和主体 / 009

第二章
农业供给侧结构性改革的理论分析

第一节　农业供给侧结构性改革的理论逻辑 / 012
　　一、农业供给侧结构性改革的理论基础 / 012

　　　　二、习近平关于农业供给侧结构性改革的重要观点 / 016
　　　　三、我国供给侧改革与西方供给侧改革的区别 / 020
　　　　四、我国农业供给侧结构性改革的任务 / 021

　第二节　农业供给侧结构性改革的历史逻辑 / 023
　　　　一、第一个阶段：化学农业阶段 / 023
　　　　二、第二个阶段：绿色农业阶段 / 023
　　　　三、第三个阶段：品质农业阶段 / 024

　第三节　农业供给侧结构性改革的现实逻辑 / 025
　　　　一、全国粮食"三高"、区域粮食趋减矛盾突出 / 025
　　　　二、农业发展方式粗放，农产品质量安全问题增多 / 026
　　　　三、农民收入增速放缓，持续增长显得后劲不足 / 027
　　　　四、生产组织化程度低，小生产对接大市场不紧 / 027

第三章
左右江革命老区农业发展基础分析

　第一节　左右江革命老区概述 / 030
　　　　一、地处桂滇黔三省边区 / 030
　　　　二、民族杂居的特困山区 / 031
　　　　三、自然物产丰裕的区域 / 032

　第二节　左右江革命老区"十三五"时期经济发展分析 / 033
　　　　一、特色产业蓬勃发展，经济增长保持高位 / 033
　　　　二、区域经济运行良好，财政收入相对稳定 / 035
　　　　三、经济社会快速发展，综合实力明显增强 / 035

　第三节　左右江革命老区"十三五"时期农业发展分析 / 037
　　　　一、农林牧渔业总产值稳定增长 / 037
　　　　二、农民收入稳步提高 / 037
　　　　三、城乡收入差距明显缩小 / 038

目录

第四节　左右江革命老区农业供给侧结构性改革取得的主要成就 / 040
　　一、突出特色调优品种，扩大规模提质增效 / 040
　　二、注重农业科技应用，提高农业综合效益 / 043
　　三、创新农业发展模式，推动农业转型升级 / 046
　　四、潜心培育优势产业，创造融合发展节点 / 051
　　五、"三黔"力推"黔货出山"供应大市场 / 064

第四章
左右江革命老区农业供给侧结构性改革存在的问题和原因分析

第一节　存在的主要问题 / 070
　　一、粮食生产不够稳定 / 070
　　二、特色产业规模不大 / 071
　　三、产品竞争能力不强 / 071
　　四、新业态新产品不多 / 076
　　五、农业基础设施滞后 / 077

第二节　原因分析 / 078
　　一、群众思想观念还停留在温饱时代 / 078
　　二、农业生产方式仍以传统生产为主 / 080
　　三、农产品销售定位以本地市场为主 / 082
　　四、农业生产要素投入不足 / 083
　　五、设施农业发展相对缓慢 / 084
　　六、制约产业发展的其他因素 / 085

第五章
先进地区农业供给侧结构性改革经验借鉴

第一节　明确农业供给侧结构性改革的目标方向和动力 / 090
　　一、围绕一条主线：推进农业供给侧结构性改革 / 090

二、坚持两个导向：市场需求、供给质量 / 090

三、突出三大重点：建设基地、发展加工、争创品牌 / 091

四、着眼四大调整：调整产品结构、产业结构、经营结构和服务方式 / 092

五、激活五大动力：人、地、钱、主体、市场 / 093

六、狠抓六个落实：十大行动、组织领导、项目对接、推进机制、
督促检查、总结推广 / 094

第二节　立足高质量发展推进农业供给侧结构性改革 / 095

一、做稳战略产业 / 095

二、做大畜牧产业 / 095

三、做强特色产业 / 095

四、做亮新兴产业 / 096

五、金融支持改革 / 097

第三节　深化农村土地合作经营改革 / 099

一、坚持"三权"分置，理顺土地合作经营体制 / 099

二、坚持合营共享，强化土地合作经营保障 / 100

三、坚持市场配置，提高土地合作经营效率 / 101

第四节　强化金融支持农业供给侧结构性改革功能 / 102

一、发挥国有资本辐射带动农业发展作用 / 103

二、扶持重点优势产业和产业链关键环节 / 103

三、赋能农业龙头企业，推动农业发展进步 / 104

四、建立联农带农机制，促进农民共同富裕 / 104

第五节　保障粮食和重要农产品有效供给 / 104

一、大力发展粮食产业经济，确保粮食安全 / 104

二、调整产业结构，增加优质农产品供给 / 106

三、全程推进农业标准化生产 / 107

四、全面提升农业产业化经营水平 / 107

五、提高农业发展质量 / 108

第六章
深化左右江革命老区农业供给侧结构性改革的主要方向和目标

第一节　深化左右江革命老区农业供给侧结构性改革的主要方向　/ 110
　　一、发展特色农业 / 110
　　二、发展生态农业 / 112
　　三、发展绿色农业 / 113
　　四、发展功能农业 / 114
　　五、发展品质农业 / 116
　　六、推进三次产业深度融合 / 117

第二节　深化左右江革命老区农业供给侧结构性改革的目标　/ 118
　　一、到2020年，以农业为基础的综合经济实力显著增强，
　　　　基本公共服务均等化程度总体达到全国平均水平，
　　　　全面建成符合老区人民期望的小康社会 / 118
　　二、到2025年，以现代农业为基础的现代产业体系基本确立，
　　　　"四化"实现同步发展，农产品供给与需求实现动态平衡 / 119
　　三、到2030年，现代农业"三大体系"的架构基本形成，
　　　　为老区农业高质量发展和乡村全面振兴提供有力支撑 / 120

第七章
深化左右江革命老区农业供给侧结构性改革的措施建议

第一节　发展壮大特色农业 / 124
　　一、发展特色种植业 / 124
　　二、发展特色林业 / 127
　　三、发展特色畜禽业 / 131
　　四、发展特色水产业 / 134
　　五、调优产品品种结构 / 136
　　六、做好产品产销对接 / 138

第二节　发展绿色农业 / 140

一、常态化发展无公害农业 / 141

二、积极发展有机农业 / 143

三、创新发展高效生态农业 / 149

第三节　发展功能农业 / 153

一、做好发展规划，引导功能农业规范化发展 / 154

二、科学确定区域功能农业重点发展的农产品 / 154

三、合理选择微量营养素生物强化功能农业载体 / 156

四、发展高值化功能农业 / 157

五、发展功能农业全产业链，发挥农业多种功能作用 / 157

六、制定产业发展支持政策，推动功能农业有序发展 / 158

第四节　发展品质农业 / 160

一、以试点示范推动品质农业发展 / 160

二、落实扶持品质农业发展政策 / 161

三、健全投入机制，扩大产业投资 / 161

四、加强农业科技创新与成果应用 / 162

五、推进特色农产品品牌建设 / 163

六、完善制度，依法监管，确保产品质量安全 / 163

第五节　发展设施农业和智慧农业 / 164

一、老区发展设施农业的重要意义 / 164

二、老区设施农业发展现状 / 166

三、老区设施农业发展措施 / 168

第六节　发展农产品加工业 / 173

一、建立稳定的农产品加工原料生产基地 / 173

二、规范农产品加工生产标准和技术规程 / 175

三、加强农产品加工产品研发及技术创新 / 175

四、县域配套全产业链，尽享产业附加值 / 176

五、落实生产要素保障，确保加工企业正常运营 / 176

六、提高经营管理水平，增加产业产值收益 / 176

第七节　发展农业服务业 / 177
　　一、发展农资供应和农产品市场信息服务 / 178
　　二、发展农业绿色生产技术和农机作业及维修服务 / 178
　　三、发展农产品初加工和农业废弃物资源化利用服务 / 178
　　四、发展农产品营销和乡村休闲旅游服务 / 178
　　五、大力发展健康养生服务业 / 179
　　六、发展数字农业服务 / 182

第八节　激活农业生产要素 / 183
　　一、汇集乡村产业发展新农人 / 183
　　二、拓展农村金融保险服务 / 184
　　三、完善土地"三权"分置制度 / 185
　　四、强化农业科技创新驱动 / 187
　　五、发展农业股份合作经营 / 188

第九节　加强对农业发展的政策扶持 / 190
　　一、规范老区农业发展扶持和投入机制 / 190
　　二、加强对老区粮食和重要农产品生产扶持 / 192
　　三、扶持种业培育、农业全产业链提升和农业防灾减灾 / 192
　　四、落实国家农业发展各项政策 / 192
　　五、争取国家扶持老区农业发展新政策 / 194

第十节　建设农业强区，加快乡村产业振兴 / 195
　　一、建设农业强区的重大意义 / 195
　　二、建设农业强区的基本要求 / 197
　　三、建设农业强区的重要措施 / 198

第八章
结论与展望

第一节　研究结论 / 202
　　一、坚持党的领导 / 202
　　二、坚持绿色发展 / 202

三、坚持盯紧改革目标 / 202
　　四、坚持正确改革方向 / 203
　　五、坚持农民主体和增收 / 203
　　六、坚持深化改革开拓创新 / 203

第二节　需要深入研究的问题 / 203
　　一、老区绿色农业标准体系建设及深层次发展对策 / 203
　　二、老区功能农业发展的技术支撑 / 203
　　三、老区发展设施农业的金融支持 / 204

第三节　老区发展展望 / 204
　　一、全党全社会更加重视革命老区建设发展 / 204
　　二、绿色农产品的大量需求为老区农业发展带来新机遇 / 204
　　三、技术变革为老区现代农业发展提供强大动力 / 205
　　四、工业化、信息化发展有力推进农业现代化 / 205
　　五、改革开放的深入推进为老区农业生产注入新的活力 / 205
　　六、建设农业强国全面推进乡村振兴，互促老区农业高质量发展 / 206

附录 / 215

　　附录一　2019—2021年百色市"三品一标"认证情况 / 216
　　附录二　2004—2021年百色市有机农产品认证情况 / 217
　　附录三　2010—2021年百色市获农产品地理标志认证情况 / 222
　　附录四　2020—2022年百色市农产品获评"圳品"情况 / 223
　　附录五　黔西南州2017—2020年农产品地理标志认证情况 / 225
　　附录六　左右江革命老区现有国家公园情况 / 226
　　附录七　左右江革命老区现有自然保护区情况 / 227

参考文献 / 231
后记 / 249

第一章

绪　言

左右江革命老区(以下简称老区),是土地革命时期中国共产党有计划有组织地领导和发动起义,走"工农武装割据"的道路而开辟的革命根据地,为创建人民军队、为中国革命胜利和人民解放事业作出了重要贡献,也付出了重大牺牲。新中国成立后,特别是改革开放及党的十八大以来,党和国家十分关心、重视老区的建设和发展,2015年2月国务院批准实施《左右江革命老区振兴规划(2015—2025年)》(以下简称《规划》),2020年3月国务院又批复设立广西百色重点开发开放试验区,都将老区的发展纳入了国家发展战略。《规划》要求,到2025年,老区综合经济实力大幅提升,现代产业体系基本确立,"四化"实现同步发展,活力老区、美丽老区、幸福老区、文化老区全面建成。老区各族人民在各级党委和政府的坚强领导下,发扬老区精神,团结奋斗,发愤图强,从2017年开始,按照中央的部署,在大力发展特色产业的同时,推进和深化农业供给侧结构性改革,农业生产水平和农产品供给质量都取得了显著的提高,农业经济发展持续向好,老区农民的生活像芝麻开花节节高,2021年老区与全国一道,同步实现了全面脱贫和全面小康。在全面推进社会主义现代化建设的新发展阶段中,老区将全面深入贯彻新发展理念,切实夯实农业发展基础,持续深化农业供给侧结构性改革,加快推进乡村产业振兴,让老区人民过上更加幸福美好的生活。

第一节 研究背景

农业是国民经济发展和人类社会生存的基础。虽然农业在国民经济中的比重越来越小,但是,没有谁能够完全撇开农业而生存下来,也没有哪个国家或地区在农业不稳、农产品供给成问题的基础上而能够保持社会稳定和实现人民幸福。

一、农业发展面临的难题

从宏观上来看,随着城镇化的推进,国内土地、劳动力、农资、融资等成本越来越高,人民群众需要的粮食和许多重要农产品价格与国际市场价格相比,明显缺乏竞争优势,传统农业生产模式难以持续;同时,由于城乡居民收入逐步提高,消费结构升级,一些农产品供给结构与需求结构不相适应,有的供不应求、需要进口,有的供过于求、积压满仓;还由于连年粮食生产量、进口量和库存量

"三量齐增",库存存在结构性隐患,造成沉重的财政负担;也由于农业长期粗放式生产,单位耕地化肥农药使用量偏高,农业面源污染严重,产品质量不高;农业持续增长难度加大,农业基础地位受到严重冲击,如期实现农业现代化任务艰巨。从微观上来说,老区的农民群众思想意识跟不上时代的发展变化,农业生产方式适应不了现代农业发展的要求;农民生产出来的农产品不符合外部市场消费升级的需要,出现低端产品过剩而优质绿色的中高端产品供给不足之间的矛盾;低端产品过剩造成的无效供给直接影响到要素投入和农民收入的无效性,由此造成资源要素浪费和农业发展乏力,因此,必须改革。

二、农业改革从供给破题

发展过程中遇到问题就要改革,上述问题怎么改革?从社会再生产来看,生产、分配、交换、消费四个环节是一个紧密关联的统一体,哪个环节出问题都会影响社会经济的正常循环运行,其中,生产作为供给是基础,起决定作用,交换和分配是纽带,消费作为需求是目的和动力,同时三者又会反作用于生产。而生产和消费即供给和需求,供给是基础,也是关键。由于人们生活水平的逐步提高,消费需求发生结构性变化,对有些产品的质量和功能要求更高,因而,供给的产品要随着人们的消费需求的变化而变化。必须从供给这一侧着手改变农业生产方式,即农业供给侧结构性改革。通过农业供给侧结构性改革,生产适应人们消费需求结构性变化的产品,不再生产那些人们不需要,特别是质量低下、功能落后的产品,使供需结构相互适应,以破解农业发展的难题。

三、农业改革目标和方向

2017年2月5日,中共中央、国务院发布的《关于深入推进农业供给侧结构性改革 加快培育农业农村发展新动能的若干意见》提出:"推进农业供给侧结构性改革,要在确保国家粮食安全的基础上,紧紧围绕市场需求变化,以增加农民收入、保障有效供给为主要目标,以提高农业供给质量为主攻方向,以体制改革和机制创新为根本途径,优化农业产业体系、生产体系、经营体系,提高土地产出率、资源利用率、劳动生产率,促进农业农村发展由过度依赖资源消耗、主要满足量的需求,向追求绿色生态可持续、更加注重满足质的需求转变。"

因此,我国农业供给侧结构性改革的主要目标就是保障农业生产出来的农产品适销对路,受到市场欢迎,适合人们需要,实现有效供给,卖得出去并卖得了好价钱,从而增加农民收入。这就要调整和优化三大经济结构:

一是调整和优化产品结构和品质结构。根据市场需求，调优产品结构、调精品质结构，使农产品供给由主要满足"量"的增长向更加注重"质"的需求转变，满足市场多层次、高质量、个性化的消费升级需求。

二是调整和优化产业结构和区域布局。推动资源要素优化重组，产业结构转型升级，农业功能拓展多样，促进生产加工向优势区域集聚。

三是调整和优化经营结构和技术结构。要调整传统农业生产方式和技术路径，大力培育新型经营主体，探索多主体合作经营形式，提高生产组织化程度，发展适度规模经营、节本增效、优质安全、环境友好、营养健康的新技术新模式，从而实现有效供给。

那么，农业供给侧结构性改革的主攻方向就是提高农业供给质量，为了保障农产品的有效供给，就要实施质量兴农战略，使农业生产出来的农产品质量高、功能好，满足社会对农产品品种品质品牌的需求，满足城乡人民追求美好生活的愿望。

为此，2018年底，中央经济工作会议提出"巩固、增强、提升、畅通"八字方针，推动经济高质量发展。从那时候起，包括农业在内的我国整个经济体系供给侧结构性改革就全面向前推进和深化。左右江革命老区农业供给侧结构性改革研究，就是在这样的背景下与全国同步展开的。

第二节　研究目的和意义

作为农业大区，又是欠发达、后发展的老区，在全国轰轰烈烈推进农业供给侧结构性改革的大背景下，研究如何根据自身的实际、特点和优势推进改革，转变农业发展观念和发展方式，减少低端、增加中高端农产品生产，实现农产品的有效供给，增加农民收入，促进老区农业高质量发展，满足人民对高品质的美好生活需要，具有重要的现实意义。

一、研究的目的

本课题研究是为了促进老区深化农业供给侧结构性改革，达到以下目的：

一是解决老区农产品结构性余缺问题。减少老区低端农产品生产，增加中高端农产品生产，满足消费不断升级的市场需求。

二是促进农业绿色转型升级。减少低端、增加中高端农产品生产，说到底就是大力生产无公害、绿色、有机农产品，不再生产那些滥用高毒农药、化肥、生长激素等化学物质,对人体健康有害的化学农产品。

三是推动农业标准化生产。任何产品的生产都要遵循相应的标准,按照标准要求来生产,这样的农产品才有机会走进大市场、卖出大价钱,这对老区农民来说意义十分重大。

四是合理配置农业资源。生产农产品需要土地、人力、资金、技术、设备等资源,各种资源都应在最需要的地方发挥作用和循环利用而不造成浪费,这样才会实现可持续发展和产生良好的经济、社会和生态效益。

五是加快补齐农业发展短板。老区农业要发展得好,不仅需要调整产品结构、种养结构,改善品种品质,还需要把长期以来与工业发展差距最大的诸如农业园区、农田、水利、仓储、物流、交通、科技、信息等基础设施建设好。

六是提高农业发展质量、综合效益和竞争力。努力提高老区农业设施质量、土地质量、产品质量、生产组织能力、经营能力等,提高产品、服务、价格的竞争力和综合效益。

二、研究的意义

本课题研究的意义在于试图实现三个力求:

一是力求推进老区农业发展实现三个转变,即农业生产目标从追求数量到追求质量的转变、农业生产方式从传统到现代的转变、农产品销售市场定位从本域到外域的转变。

二是力求扭转老区长期存在的为解决温饱和脱贫问题而进行化学农业生产的观念。从前为了解决群众的温饱和脱贫问题,老区在农业生产上采取能生产什么就生产什么,能上什么项目就上什么项目,大量使用高毒农药、化肥和生长激素,不考虑产业项目对区域环境和人体健康的影响和产品质量的高低,导致农产品的低效和无效供给,从而使农民辛苦劳作一年却赚不到几个钱甚至赔本,只好选择弃田从商或外出务工。因此,必须彻底摒弃仅仅满足于温饱的思想,把农民和农业当作一个体面的职业和致富的产业来做。同时,要打破长期以来认为河谷地带气温高没有必要搞设施农业的思想束缚,转变传统思想观念,提倡包括亚热带季风气候地区在内的所有地方,除了需要使用大机械作业的平原地区以外,都应大力发展工厂式的多层种植设施农业,以增加面积,多季生产,避免风吹雪打、冰灾虫害,提高农产品的产量和质量,增强市场竞争力,增加农业收入,使农民实现在家门口就业。同时,积极发展设施畜禽业、设施水产业和农业服务业等,为老区农业高质量发展、稳定农民就业增收、推动农村社会进步创造条件。

三是力求引导老区面向国内国际两个市场，发展中高端农产品。要根据本地实际，大力发展绿色农业、功能农业、品质农业和发挥农业多功能作用，促进农村一二三产业融合发展，创造新供给，满足新需求，努力构建起老区现代农业产业体系、生产体系和经营体系，推进乡村产业振兴，繁荣农村经济。

第三节　研究述评

一、国内研究现状

从地区生产总值核算方法之一的支出法来看，地区生产总值=资本形成总额+最终消费支出+货物和服务净出口，即投资、消费和出口"三驾马车"。我国在过去相当长的时期里曾围绕"三驾马车"拉动经济增长，在宏观上采用过需求管理政策，即当总需求过低，出现经济衰退时，政府就采取削减税收、降低税率、增加支出或双管齐下来刺激总需求的扩张性财政政策；当总需求过高，出现通货膨胀时，政府则采取增加税收或削减支出以抑制总需求的紧缩性财政政策。但是，需求管理并不是都很成功，因为在实际经济活动中存在的各种各样限制和影响因素制约着需求管理政策的发挥。因此，供给侧管理应运而生。刘伟、许宪春等（2010）认为，从我国经济增长与经济周期、产业结构、经济效率与增长方式、经济全球化下的外向型经济发展、二元经济结构与城市化进程、房地产业的发展与我国经济增长、需求结构失衡等状况看，中国宏观经济调控应该从需求管理转到供给管理。谢太峰（2015）认为，所谓"供给侧改革"，就是从供给、生产端入手，提升竞争力，促进经济发展，提高全要素生产率。过去常说是投资、消费、出口"三驾马车"共同从需求端推动经济发展，但这几年供给端出了结构性问题，即低端产品产能过剩、中高端产品供应不足，致使国人消费转向海外。为此需要进行供给侧改革，重点是进行结构调整，生产那些人们喜欢的产品，停产人们不需要的产品，以免浪费资源。在推进供给侧改革的同时，需求侧也要改革，"两头相互适应、相互促进"，要从过多依赖投资和政府消费转向投资、消费、出口相协调，政府消费与居民消费相协调。

农业供给结构问题，一直是国内学者研究农业发展的重要切入点，赵文和程杰（2011）在对我国1952—2009年的农业全要素生产率进行研究后发现，1985—2009年我国农业全要素生产率并没有呈现高速增长的特征，其间我国农业的增长主要是由投入增加而非技术进步所致。陈锡文（2013）基于我国农产品供求已呈现"总量基本平衡、结构性矛盾突出"的局面提出了要"加强现代农业建设"的观点,并认为优化生产要素组合是建设现代农业的前提,而发展新型农民合作组织是现代农业发展的现实途径。此类研究虽未明确提出"农业供给侧改革",但实际上已对我国农业供给问题提出了研究和解决的基本思路。2015年年底,中央经济工作会议、中央农村工作会议相继召开,提出供给侧结构性改革和农业供给侧结构性改革问题并作出部署,把"去库存、降成本、补短板"作为农业供给侧结构性改革的主要任务。张玉香(2016)认为,"推进农业供给侧结构性改革要突出结构调整、培育新型经营主体、三次产业融合发展、创新实践和标准化、绿色化、规模化、品牌化、法治化'五化'互动等五个着力点"。孔祥智(2016)提出,"当前我国农业供给侧改革主要包括三方面内容:通过土地制度改革形成新型农业经营体系;通过结构调整实现农业领域的去产能、降成本和补短板;通过价格体制和补贴制度改革,形成具有国际竞争力的粮食产业"。杜志雄和金书秦(2016)认为,"农业供给侧改革归根到底是要祛除不利于农业可持续性目标实现的产能以及生产方式"。祝卫东(2017)等以为,"推进农业供给侧结构性改革,要以增加农民收入、保障有效供给为主要目标,以提高农业供给质量为主攻方向,以体制改革和机制创新为根本途径"。周培(2017)认为,"实现农业现代化中的农村三次产业融合,是推进农业供给侧改革的最有效途径。而发展农村新兴服务业,如生产性服务业、农村生态增值服务业,是推进三次产业融合的重要切入点,要积极发展生产性服务业、农产品加工业、休闲旅游、养老医疗等多功能产业"。李国祥(2018)认为,"农业供给侧改革重点有两个方面:一是农业发展动能要转变,从数量导向转向质量导向,质量兴农、绿色兴农;二是通过体制机制改革,优化供给结构,要在农业结构上转型升级"。陈锡文、张玉香、郭晓鸣、张俊伟、陈文胜等(2020)认为,"推进和深化农业供给侧结构性改革的突破点需要在以下几个方面下功夫:一是要强化农业经营体系建设。加快培育种养大户、家庭农场、农民合作社等新型农业经营主体,同时完善政策支持体系,促进服务主体多元化。通过健全培育体系、建立资格制度和完善支持政策,培养高素质的新型职业农民队伍。二是要优化农业支持政策。通过制度创新来提高财政支农政策的精准性和有效性,瞄准关键环节、重点领域,提高政策支持力度,整合现有涉农政策,进一步规范涉农资金的使用方式。三是要调整粮食安全战略。要调整粮食安全战略,以粮食优势产区为重点,以粮食专业大户、粮食生产家庭农场、专业合作社为主体,主要依靠适度规模优势和机械替代人工的成本优势,实现区域化集中式的粮食安全模式创新,保障粮食供给的基本安全底线。四是要建立农业绿色发展机制。探索建立中国农业绿色发展的制度化机制，重点是要拓展生态农业和循环农业新的发展途径，实现保护与利用并重，兼顾优质农产品的产出，确保农产品质量安全和优化农业生态功能的发展目标。五是要创新农田基本建设模式。要合理调整农业生产条件改善方面的目标取向。要为农业的规模化经营和机械化耕作建立生产基础。同时，要调整农田基本建设的招投标制度，把现在适度规模的新型经营主体纳入到项目主体，让农民自主参与，建立村民自建的模式。六是深化关键性改革。一方面要破除妨碍农业要素、资源要素优化配置的体制障碍，加快土地制度改革和农村集体产权制度改革，健全农村的产权交易市场，促进农村资源要素实现更高效率和更高效益的配置。另一方面要进一步深化农村金融和保险制度改革，创新金融产品和保险产品，探索构建与农业高投入、高风险特征相适应的新的农业金融和农业保险制度"。袁纯清等著《农情——农业供给侧结构性改革调研报告》，从农业结构调整、农村土地制度改革、新型职业农民培育、农业经营服务体系建设、新产业新业态发展、农民增收等方面分别作了深入调研，主要为"三农"工作提出政策性建议，等等。

二、国外研究现状

在国外，西方经济学界有个供给学派，他们主张减税、减管制、减垄断、减货币发行，促进私有化、促进竞争市场发展、促进企业家精神发挥和促进技术创新的"四减四促"。我国供给侧改革的背景和所处的环境与供给学派那个年代所面临的情况相比复杂得多，并且我国是在坚持公有制为主体的基本经济制度前提下推进供给侧改革。因此，更多考虑的是经济运行制度的改革，比如减少管制和垄断，减少税收和行政审批；着力于应对需求结构的变化，加强要素升级，比如人才培养、技术进步、信息化布局等；掌握市场规律，淘汰落后产能及僵尸企业，注重调整和优化供给结构，包括产品结构、品质结构、经营结构、技术结构、产业结构和区域布局等，增强供给的有效性，以提高市场需求的适应度。20世纪七八十年代的美国、英国相继出现经济衰退时，曾经有过"里根经济学"和"撒切尔主义"，分别采用减税、缩减行政开支、减少政府干预、紧缩货币供给和国企改革等办法解决滞胀问题；美国、加拿大、以色列、澳大利亚等国的农业供给侧改革也曾采取去库存、降成本、补短板等措施。但与我国都有很大区别，国外的改革重心放在农业资本家的利益增值上，而我国改革的立足点是放在调整和优化经济结构上，以确保满足广大人民消费升级需求的有效供给和增加农民收入。因此，研究的目的意义、侧重点都有本质的区别。

以上研究成果从不同角度提出的思路与对策，都有一定的借鉴意义。但专门深入研究一个欠发达的特殊区域的农业供给侧结构性改革的还是不多见，研究的时间段、研究成果在该区域的应用性等也有差别。

第四节 研究框架

本课题研究的基本框架分为八个部分。

一、绪言和结论

第一部分，绪言。主要阐明课题的研究背景、目的意义、研究述评等。第八部分，结论与展望。提出深化农业供给侧结构性改革的结论和需要深入研究的主要问题；指出老区农业供给侧结构性改革的过去、现在和未来，既看到老区自身的弱点和不足，也看到老区的优势、进步与成就，以此振奋精神、深化改革、奋力追赶、再接再厉，推进老区农业高质量发展。

二、正文和主体

包括第二部分，农业供给侧结构性改革的理论分析。主要阐述老区农业供给侧结构性改革的理论逻辑、历史逻辑和现实逻辑。第三部分，老区农业发展基础分析。主要分析老区自然条件概况、"十三五"时期经济发展情况、农业发展情况和推进农业供给侧结构性改革取得的主要成就等。第四部分，老区农业供给侧结构性改革存在的问题和原因分析。第五部分，先进地区农业供给侧结构性改革的经验借鉴。主要是介绍山东、四川、浙江、陕西、湖南、广东等先进省份推进农业供给侧结构性改革的成功经验。第六部分，深化老区农业供给侧结构性改革的方向和目标。第七部分，深化老区农业供给侧结构性改革的措施建议。主要对老区发展特色农业、绿色农业、功能农业、品质农业、设施农业和智慧农业、农产品加工业、农业服务业、激活农业生产要素、加强农业发展政策扶持、建设农业强区加快乡村产业振兴等十个方面的措施建议作了具体的论述。

第二章

农业供给侧结构性改革的理论分析

关于农业供给侧结构性改革的相关理论阐释，主要从供给侧结构性改革的理论逻辑、历史逻辑和现实逻辑三个维度进行分析。

第一节 农业供给侧结构性改革的理论逻辑

一、农业供给侧结构性改革的理论基础

（一）农业供给侧结构性改革的内涵

所谓供给侧结构性改革，即从发展农业生产，提高农产品供给质量出发，用改革的办法推进结构调整，矫正要素配置扭曲，扩大适销对路农产品的有效供给，增强供给结构对需求变化的适应性和灵活性，提高全要素生产率，更好满足广大人民群众的需要，促进经济社会持续健康发展。2015年11月，习近平总书记在中央财经领导小组第十一次会议上首次提出"供给侧结构性改革"，拉开了经济领域供给侧结构性改革的序幕。同年12月18日，中央经济工作会议将"去产能、去库存、去杠杆、降成本、补短板"作为2016年推进供给侧结构性改革的五大任务。2017年10月，党的十九大指出，"必须坚持质量第一、效率优先，以供给侧结构性改革为主线，推动经济发展质量变革、效率变革、动力变革，提高全要素生产率"。这是以习近平同志为核心的党中央在深刻分析、准确把握我国现阶段经济运行主要矛盾基础上作出的科学决策，是治国理政的重大理论和实践创新。

2015年12月24日召开的中央农村工作会议上第一次提出农业供给侧结构性改革的概念，会议指出："要着力加强农业供给侧结构性改革，提高农业供给体系质量和效率，使农产品供给数量充足、品种和质量契合消费者需要，真正形成结构合理、保障有力的农产品有效供给。"2015年12月31日，中共中央、国务院印发《关于落实发展新理念加快农业现代化 实现全面小康目标的若干意见》进一步提出："推进农业供给侧结构性改革，加快转变农业发展方式。"在2016年12月19日召开的中央农村工作会议又明确提出："把推进农业供给侧结构性改革作为农业农村工作的主线。"2017年确定为供给侧结构性改革深化年，同时作为"三农"主题年，正式拉开农业供给侧结构性改革的序幕。2017年2月5日，中共中央、国务院发布的《关于深入推进农业供给侧结构性改革 加快培育农业农村

发展新动能的若干意见》，明确提出了农业供给侧结构性改革的主要目标和主攻方向。

（二）农业供给侧结构性改革的理论依据

我国农业供给侧结构性改革，是以习近平同志为核心的党中央运用辩证唯物主义和历史唯物主义的马克思主义世界观，观察和综合分析世界经济长周期与我国发展阶段性特征及其相互作用作出的经济发展进入新常态的重要判断，是集中全党和全国人民智慧，从理论到实践不断探索应对经济新常态的创新举措。因此，"我国供给侧结构性改革的理论基础是、也只能是中国特色社会主义经济理论在新时期的创新发展，具体而言就是以经济新常态理论为创新内容的中国特色社会主义政治经济学"。

1. 马克思主义政治经济学为供给侧结构性改革提供理论指导

马克思主义政治经济学揭示了人类社会经济发展的客观规律，它不仅科学地揭示了资本主义社会经济发展的特殊规律，并且对社会主义经济发展也提出了科学的预见。马克思在《德意志意识形态》和《哲学的贫困》中详细论述了生产力与生产关系的辩证统一关系；在《〈政治经济学批判〉导言》中就深刻分析了社会再生产过程中生产、分配、交换和消费四个环节之间的辩证关系；在《资本论》第二卷第三篇"社会总资本的再生产和流通"中提出了关于两大部类保持适当比例关系、供给与需求在数量和结构上要保持平衡等论述。这些思想对推进我国供给侧结构性改革具有重要指导意义。

（1）生产力与生产关系的辩证统一

马克思主义政治经济学认为，任何社会生产都是生产力与生产关系的辩证统一，生产力决定生产关系，生产关系反作用于生产力。生产力与生产关系相互作用的关系，决定了推进供给侧结构性改革必须处理好生产力与生产关系之间的关系，要不断完善能够适应生产力发展的生产关系，从而为解放和发展社会生产力奠定良好的基础和提供持久的动力。

供给侧结构性改革既要从生产力的角度来认识，又要注重从生产关系的角度来分析，特别是要高度重视已经形成的社会生产关系对社会生产力所产生的关键性作用。从社会主义本质论出发，供给侧结构性改革的目的是最大限度解放和发展生产力，本质在于通过改善生产关系来促进生产力发展，其核心标志是提高资源配置效率，不断提高全要素生产率，提高人民群众的福利水平。

（2）社会再生产四个环节的相互关系

马克思主义政治经济学认为，生产、分配、交换和消费是社会再生产有机整体的组成部分,既相互联系,又相互制约。其中生产居于支配地位,起着决定的主导的作用。但是,分配、交换和消费也不是消极的因素,它们对生产也有反作用。社会生产是一个连续不断的过程,产品生产出来,只有通过分配和交换,最终进入消费,生产过程才能重新开始,为了保证社会再生产顺利进行,必须使生产、分配、交换和消费相互协调和衔接。

当前,中国市场供求失衡表现为需求不足或供给过剩,本质上是生产、分配、交换、消费四大环节都出现了问题,是多环节的市场失灵。因此,以供给侧结构性改革解决当前经济问题,既要重视生产在社会经济发展过程中的决定性地位,又必须高度重视分配、交换和消费对于生产的巨大反作用,从整体调整、全面联系、协调发展的角度展开,多环节寻找答案,形成利益和谐共容的生产体系、分配体系、交换体系和消费体系。

(3)社会生产生活两大部类的比例关系

马克思在《资本论》第二卷第三篇"社会总资本的再生产和流通"中,将社会总产品分为两类:"一是必须进入或至少能够进入生产消费的生产资料商品;二是进入社会供个人消费的生活资料商品。这两大部类中,每一部类包括该部类细分的不同生产部门。"为了简单再生产的实现,第一部类向第二部类提供的生产资料与第二部类向第一部类提供的消费资料,必须保持平衡的比例关系,否则简单再生产就无法正常进行;为了扩大再生产的实现,第一部类向第二部类提供的生产资料与第二部类对生产资料(包括对追加的生产资料)的需要之间,以及第二部类向第一部类提供的消费资料与第一部类对消费资料(包括新增劳动力对追加的消费资料和资本家的消费基金)的需要之间,也必须保持平衡的比例关系。

马克思社会总产品再生产理论的核心思想是两大部类按照比例平衡发展。不管是简单再生产还是扩大再生产,必须保持合理的平衡关系,才能保证两大部类各自生产的产品与对方的相互交换,处于市场出清状态。两大部类的平衡意味着,两大部类中的各不同细分部门和各不同细分产品的生产,也应保持合理的比例关系,以保证不同部门内及部门间生产的产品均能互相满足需要,这样才能保障社会再生产体系的正常运转。否则,社会生产体系会出现不均衡,有些部门生产产品过剩,有些部门生产产品不足。对整个社会而言,这会造成资源的配置不当甚至严重浪费。

我国经济当前面临的问题就是不同部门间的比例关系失衡。一些部门产能严重过剩,效率低下,去库存压力巨大。反之,一些新兴产业、民生经济无法获得足够的生产要素配置,发展受限,无法满足本国人民对部分商品质量和数量的需求。面对经济增速放缓、经济结构不合理等问题,政府可利用市场压力通过统筹协调,对产能过剩行业的产品部门逐步实施"去产能、去库存、去杠杆",确保经济社会稳定发展,避免经济硬着陆;对于发展不足的产品部门应重点"降成本、补短板",通过财政、税收等政策措施引导发展,鼓励生产要素由过剩部门转移至短缺部门,最终实现不同产品部门间的平衡比例关系。通过改革,进一步提高劳动、土地、资本等生产要素的生产效率及其配置的全要素生产率,合理调整劳动和资本的分配比例。

2. 中国特色社会主义政治经济学是供给侧结构性改革的理论基础

任何一个国家或地区、一个时期内的经济活动,都会存在结构性的经济问题,包括需求结构、供给结构、资源环境结构、要素投入结构、城乡结构、区域结构、产业结构、产品结构、品种结构等,所以需要有相应的宏观、中观、微观管理及其理论。其中,需求管理、供给管理和需求管理与供给管理相结合三种宏观经济管理方式是最基本的管理方式。

需求管理理论。需求管理是最古老的管理方式,即在宏观上,通过将行政手段和经济手段相结合,实行指令性和指导性计划来管理国民经济。当总需求过低,出现经济衰退时,采取削减税收、降低税率、增加支出或双管齐下的扩张性财政政策来刺激总需求;当总需求过高,出现通货膨胀时,采取增加税收或削减支出的紧缩性财政政策来抑制总需求。在微观上,以用户(顾客)的需求为出发点,以最有效的办法、最低的成本和价格向用户提供最能满足其个性化需求的产品,实现用户效用的最大化的管理方式。我国在计划经济年代和市场经济初级阶段,都采用过需求管理政策,特别是1992年党的十四大以后,我国需求管理理论得到更加深入的研究和广泛应用,以需求管理政策为主要内容的宏观调控体系逐步建立起来,如计划管理、订单农业、订单生产、订制服务等就是典型的需求管理内容。但是,需求管理并非万能,它受到各种主客观因素的影响和制约,总会产生结构性失灵甚至失效的情况。后来进入市场经济中期,就有学者提出供给管理和需求管理与供给管理相结合的理论观点及其管理模式。总之,需求管理政策的基本逻辑就是"短期看需求,长期看供给",在宏观上审时度势把握好财政政策与货币政策的松紧度,短期重点对付经济过热,长期着眼于治理经济衰退。由于经济衰退趋势的长期性和政策实施的时滞性,导致需求管理难以实现预期的管理目标,这就是需求管理的最大弱点。为此,供给管理应运而生。

供给管理理论。就是从供给侧入手解决中长期供需结构性经济问题,即由宏观管理部门采取积极的政策措施,提高国内生产部门的生产能力,增加供给。主要采取两种政策手段:一是优化资源配置,提高土地、资本、劳动力等生产要素的使用效率,提高近期有效产品供给量,满足市场需求。二是促进国内投资和产品开发,不断培育新型职业农民,发挥各类科研机构的作用,鼓励技术革新、开发生产新产品,解决供需关系中的结构性问题,保持长期有效供给。

2015年开始,我国经济管理逐步从需求侧管理转变为供给侧管理,不断推进和深化供给侧结构性改革,"发挥供给侧有劳动力、土地、资本、创新等要素优势和主动权,实现'去库存、降成本、补短板'、提质增效,生产符合市场需要的产品"。当然,其中不仅要审时度势地把握好财政政策与货币政策的松紧度,而且要及时掌握和研判需求侧的动态,才能更好地处理供需之间的矛盾关系。

中国特色社会主义政治经济学,是马克思主义政治经济学的基本原理在中国特色社会主义新时代的创新发展,内涵十分丰富,主要包括以下方面:"坚持加强党对经济工作的集中统一领导;坚持以人民为中心的发展思想;坚持适应把握引领经济发展新常态;坚持使市场在资源配置中起决定性作用、更好发挥政府作用;坚持适应中国经济发展主要矛盾变化,完善宏观调控,把推进供给侧结构性改革作为经济工作的主线;坚持问题导向,部署经济发展新战略;坚持正确工作策略和方法,以稳中求进为工作总基调;坚持底线思维等,为推动经济持续健康发展提供了重要方法论。"

二、习近平关于农业供给侧结构性改革的重要观点

农业供给侧结构性改革是我国整个经济社会发展体系供给侧结构性改革的重要内容和基础环节。2015年以来,习近平总书记关于农业供给侧结构性改革问题作了很多论述,其中的重要观点归纳起来有以下方面。

(一)坚持市场需求导向,主攻农业供给质量

"我国农业农村发展已进入新的历史阶段,农业的主要矛盾由总量不足转变为结构性矛盾,矛盾的主要方面在供给侧,必须深入推进农业供给侧结构性改革,加快培育农业农村发展新动能,开创农业现代化建设新局面。要坚持市场需求导向,主攻农业供给质量,注重可持续发展,加强绿色、有机、无公害农产品供给,提高全要素生产率,优化农业产业体系、生产体系、经营体系,形成农业农村改革综合效应,推进城乡发展一体化,就地培养更多爱农业、懂技术、善经营的新型职业农民。"

"推进农业供给侧结构性改革,提高农业综合效益和竞争力,是当前和今后

一个时期我国农业政策改革和完善的主要方向。""在适度扩大总需求的同时，着力加强供给侧结构性改革，提高农产品有效供给能力和农业经济效益。"

"当前，老百姓对农产品供给的最大关切是吃得安全、吃得放心。农业供给侧结构性改革要围绕这个问题多做文章。要把增加绿色优质农产品供给放在突出位置，狠抓农产品标准化生产、品牌创建、质量安全监管，推动优胜劣汰、质量兴农。"

（二）明确农业结构调整方向

2016年1月18日，习近平总书记在省部级主要领导干部学习贯彻党的十八届五中全会精神专题研讨班上的讲话中指出："需求侧管理，重在解决总量性问题，注重短期调控，主要是通过调节税收、财政支出、货币信贷等来刺激或抑制需求，进而推动经济增长。供给侧管理，重在解决结构性问题，注重激发经济增长动力，主要通过优化要素配置和调整生产结构来提高供给体系质量和效率，进而推动经济增长。"

"农业结构往哪个方向调？市场需求是导航灯，资源禀赋是定位器。要根据市场供求变化和区域比较优势，向市场紧缺产品调，向优质特色产品调，向种养加销全产业链调，拓展农业多功能和增值增效空间。"

（三）注重农业经营体系创新

"要加快创新农业经营体系，解决谁来种地问题，发展适度规模经营。农民的地农民种是必须坚持的基本取向，要重点鼓励发展种养大户、家庭农场、农民合作社。家庭经营在相当时期内仍是农业生产的基本力量，要通过周到便利的社会化服务把农户经营引入现代农业发展轨道。"

"要重点鼓励发展种养大户、家庭农场、农民合作社、农业公司和农业产业化龙头企业等经营主体，把各种经营主体组织起来生产经营，促进社会资本投资农业。要加快土地确权，构建起权属清晰、权能完整的集体产权制度，在'三权'分置改革的基础上强化土地规模经营与服务规模经营，构建多主体参与的分工合作机制，通过农业区域发展规划的制定和实施、农业商品基地的建设以及政府对相关区域农业基础设施的直接投资，引导农户在空间布局上形成合理的分工，实现农业生产的区域专业化，提高农业生产的组织化和专业化程度。促进用现代组织和管理理念经营现代农业，用现代科技武装现代农业，推动农业发展方式转型升级。"

（四）加快发展现代农业

要"坚定不移加快转变农业发展方式，从主要追求产量增长和拼资源、拼消耗的粗放经营，尽快转到数量质量效益并重、注重提高竞争力、注重农业技术创新、注重可持续的集约发展上来，走产出高效、产品安全、资源节约、环境友好的现代农业发展道路"。

"要着眼于加快农业现代化步伐，在稳定粮食和重要农产品产量、保障国家粮食安全和重要农产品有效供给的同时，加快转变农业发展方式，加快农业技术创新步伐，走出一条集约、高效、安全、持续的现代农业发展道路。"

"要发展现代农业，确保国家粮食安全，调整优化农业结构，加快构建现代农业产业体系、生产体系、经营体系，推进农业由增产导向转向提质导向，提高农业创新力、竞争力、全要素生产率，提高农业质量、效益、整体素质。"

（五）要走质量兴农之路

要"坚持质量兴农、绿色兴农，加快推进农业由增产导向转向提质导向，加快构建现代农业产业体系、生产体系、经营体系，不断提高我国农业综合效益和竞争力，实现由农业大国向农业强国的转变"。

"质量就是效益，质量就是竞争力。过去，长期短缺，搞农业主要是盯着产量，生产什么卖什么，卖不出去由国家来兜底。现在，情况变了，这一套搞不下去了。当前，一些大宗农产品总量过剩，库存积压严重，价格下行压力大，必须下决心对农业生产结构和生产力布局进行大的调整，尽快实现农业由总量扩张到质量提升的转变。这是农业供给侧结构性改革最为紧迫的任务。"

坚持"走质量兴农之路，要突出农业绿色化、优质化、特色化、品牌化。农民种什么、养什么，要跟着市场走，而不是跟着政府走。讲粮食安全，实际上是食物安全。老百姓的食物需求更加多样化了，这就要求我们转变观念，树立大农业观、大食物观，向耕地草原、森林海洋、江河湖泊、设施农业要食物，向植物、动物、微生物要热量、要蛋白，全方位多途径开发食物资源。要做好'特'字文章，加快培育优势特色农业，打造高品质、有口碑的农业'金字招牌'"。只有坚持质量兴农，才能产得出、产得优，才有卖得出、卖得好。

（六）注重农产品和食品安全

"确保农产品质量安全，既是食品安全的重要内容和基础保障，也是建设现代农业的重要任务。要把农产品质量安全作为转变农业发展方式、加快现代农业建设的关键环节，坚持源头治理、标本兼治，用最严谨的标准、最严格的监管、最严厉的处罚、最严肃的问责，确保广大人民群众'舌尖上的安全'。"

"要切实提高农产品质量安全水平，以更大力度抓好农产品质量安全，完善农产品质量安全监管体系，把确保质量安全作为农业转方式、调结构的关键环节,让人民群众吃得安全放心。""当前,老百姓对农产品供给的最大关切是吃得安全、吃得放心,农业供给侧结构性改革要围绕这个问题多做文章。要把增加绿色优质农产品供给放在突出位置,狠抓农产品标准化生产、品牌创建、质量安全监管,推动优胜劣汰、质量兴农。"

"农产品和食品质量安全问题,我讲过多次了,这是底线要求。如果这个起码的底线要求都做不到,老百姓对'舌尖上的安全'都不放心,还谈什么质量兴农,还谈什么竞争力;安全农产品和食品,既是产出来的,也是管出来的,但归根到底是产出来的,要加强源头治理,健全监管体制,把各项工作落到实处。"

(七)推进农村三次产业融合发展

"现如今,乡村不再是单一从事农业的地方,还有重要的生态涵养功能,令人向往的休闲观光功能,独具魅力的文化体验功能。""要抓农村新产业新业态,推动农产品加工业优化升级,把现代信息技术引入农业产加销各个环节,发展乡村休闲旅游、文化体验、养生养老、农村电商等,鼓励在乡村地区环境友好型企业,实现乡村经济多元化。"

"要学会给农产品梳妆打扮和营销宣传,加强农产品产后分级、包装、仓储、物流、营销,特别是要加快补上冷链物流等短板,推进农产品流通现代化,在提高农业综合效益上做足文章",使"田园变公园,农房变客房,劳作变体验,乡村优美环境、绿水青山、良好生态成为稀缺资源,乡村的经济价值、生态价值、社会价值、文化价值日益凸显"。

"要向开发农业多种功能要潜力,发挥三次产业融合发展的乘数效应,抓好农村电商、休闲农业、乡村旅游等新产业新业态,支持各类人才到农村创业。"要"完善利益联结机制,不能富了老板、丢了老乡,要通过就业带动、保底分红、股份合作等多种形式,让农民合理分享全产业链增值收益"。

(八)完善农业支持保护政策

"要以市场需求为导向调整完善农业生产结构和产品结构,以科技为支撑走内涵式现代农业发展道路,以健全市场机制为目标,改革完善农业支持保护政策,以家庭农场和农民合作社为抓手发展农业适度规模经营。"

"要完善农业补贴制度,提高补贴政策指向性和精准性,及时把农业补贴转向支持改善生产条件、生态环境、助农增收的'绿箱'政策。要完善支持政策,细化和落实承包土地'三权'分置办法,培育新型农业经营主体和服务主体。要重视扶持普通农户和新型农民合作组织,不要把政策实惠都集中到大的经营主体,人为垒大户。"

"最大的政策，就是必须坚持和完善农村基本经营制度，坚持农村土地集体所有，坚持家庭经营基础性地位，坚持稳定土地承包关系。要抓紧落实土地承包经营权登记制度，真正让农民吃上'定心丸'。"

三、我国供给侧改革与西方供给侧改革的区别

西方经济学中关于供给与需求关系理论最有影响力的是以下三大学说，即萨伊定律、凯恩斯主义和供给学派学说。其中的"供给学派"认为，"生产的增长决定于劳动力和资本等生产要素的供给和有效利用。反对国家干预经济，主张经济的自由发展，政府应该强化资金、劳动力、土地、技术等生产要素的使用，催生经济发展的内生动力。个人和企业提供生产要素和从事经营活动是为了谋取报酬，对报酬的刺激能够影响人们的经济行为。自由市场会自动调节生产要素的供给和利用，应当消除阻碍市场调节的因素"。该学派的主要代表人物阿瑟·拉弗就把供给经济学解释为："人们随着刺激而改变行为，为积极性刺激所吸引，见消极性刺激就回避。政府在这一结构中的任务在于使用其职能去改变刺激以影响社会行为。"他们还进一步提出，"滞胀"问题完全是长期推行凯恩斯主义需求管理政策所造成的累积效应，必须在政策上采取新的措施：一是减税，特别是削减边际税率；二是减少政府干预。而在当时，看好和支持这个"供给学派"学说的经济学家仅是少数人，但后来随着资本主义自身矛盾运动和经济危机规律的作用，"凯恩斯革命"的失败，"供给学派"得到新任美国总统里根的高度重视，并成为他推行供给侧改革的"里根经济学"的理论基础。里根推行的经济政策主要包括：减少税收和公共开支，减少政府对企业经营的控制，支持市场主体增加投资、创新发展、自由竞争等。这些政策曾经带给了美国20世纪80年代以后经济的持续繁荣，但同时也带给了美国联邦财政的连年赤字和美国对外贸易的长期赤字。

我国供给侧结构性改革理论提出不久，就有一些人认为它是西方经济理论中的"供给学派"的翻版。其实不然，两者存在着明显的不同。习近平总书记明确指出："我要讲清楚，我们讲的供给侧结构性改革，同西方经济学的供给学派不是一回事，不能把供给侧结构性改革看成是西方供给学派的翻版，更要防止有些人用他们的解释来宣扬'新自由主义'，借机制造负面舆论。"

我国供给侧结构性改革理论，是马克思主义政治经济学基本原理同中国特色社会主义经济新常态的经济管理实践相结合的产物。因此，我国供给侧结构性改革与西方供给学派的供给侧改革主要区别在于以下几个方面。

(一) 理论来源不同

供给学派供给侧改革的理论来源是以"市场万能"和"萨伊定律"为基础的新自由主义思想，反对政府干预的自由放任、资本无限扩张的单一供给侧改革。我国供给侧结构性改革的理论来源是马克思主义政治经济学和中国特色社会主义政治经济学。我国供给侧结构性改革是按照"使市场在资源配置中起决定性作用，更好发挥政府作用"的"市场和政府相结合"的政策原则进行的改革，在改革过程中强调供给与需求的辩证统一，而供给是主要方面。所以，要扭住供给侧结构性改革不放，同时也注重需求侧改革。

(二) 政策手段不同

供给学派把减税作为其施政纲领的重要内容，如20世纪80年代美国里根政府为了应对经济"滞胀"，从实行减税、加速折旧和投资税收抵免等措施入手，来刺激投资生产，增加总供给。同时，还试图通过放松管制、平衡预算、降低通货膨胀等政策，减少政府对经济的干预，使资本不受约束地无限扩张。而我国供给侧结构性改革是"用改革的办法推进结构调整，减少无效和低端供给，扩大有效和中高端供给，增强供给结构对需求变化的适应性和灵活性，提高全要素生产率"。减税只不过是供给侧结构性改革的一项内容，主要还是通过改革，对供给结构进行有效调整，在推进"三去一降一补"中更多运用市场化、法治化的手段，在"巩固、增强、提升、畅通"上下功夫，提高供给体系质量，保障有效供给。

(三) 改革目标不同

美国里根政府采用西方"供给学派"的理论和政策进行改革，浅层次目标是摆脱当时的经济"滞胀"困境，更深层次的目标是消除政府对经济的长期干预，以恢复自由放任的传统市场经济，实现资本的无限扩张，来推动资本主义经济的增长和繁荣，维护资本家的利益。我国的供给侧结构性改革，虽然也以实现中国经济的长期增长和繁荣为目标，但是绝不是实行自由放任的市场经济，不是要摆脱"滞胀"的困扰，而是着力提高供给体系质量和效率，增强经济持续增长动力，推动我国社会生产力水平实现整体提升，使我国供给能力更好满足广大人民日益增长的美好生活需要。

四、我国农业供给侧结构性改革的任务

农业供给侧结构性改革，既涉及生产力的调整，也涉及生产关系的变革，关系极其复杂。2015年开始推进结构性改革时的主要任务是"去库存、降成本、补短板"；2016年增加"提质增效"；2017年2月农业部印发《关于推进农业供给侧

结构性改革的实施意见》，提出六大重点任务：稳定粮食生产，巩固提升粮食产能；推进结构调整，提高农业供给体系质量和效率；推进绿色发展，增强农业可持续发展能力；推进创新驱动，增强农业科技支撑能力；推进农村改革，激发农业农村发展活力；完善农业支持政策，千方百计拓宽农民增收渠道。2018年又针对整个经济体系提出"巩固、增强、提升、畅通"；2021年又提出"品种培优、品质提升、品牌打造和标准化生产"的新"三品一标"。

当前，深化农业供给侧结构性改革要突出抓好"调整结构、提升品质、促进融合、降低成本、紧密对接、补齐短板"六项主要任务，常抓不懈。

（一）调整结构

注重优化农业生产的品种结构、生产结构和区域结构，树立大农业、大食物观念，念好"山海经"、唱好"林草戏"，合理开发各类农业资源，统筹粮经饲发展，大力发展肉蛋奶鱼、果菜菌茶等，增加市场紧缺农产品生产，为消费者提供品种多样的产品供给。

（二）提升品质

着力提升农产品质量和安全水平，积极培育新品种、提升产品品质、打造产品品牌，大力推进农业标准化、科学化、规范化、专业化生产，推进农产品品牌化营销，生产出满足人们消费升级需要的高品质农产品，增强城乡居民对农产品质量的信任感和支持度。

（三）促进融合

注重推进农村一二三产业融合发展，深度挖掘农业的多种功能，把农业生产与农产品加工、流通和农业休闲旅游融合起来发展，培育壮大农村新产业新业态，更好满足社会对农业的多样化需求。

（四）降低成本

着力降低农业生产流通成本，发展适度规模经营，减少化肥农药等投入品的不合理使用，更多注重秸秆等有机物质还田、有机肥料的使用，增加土壤有机质，改良土壤结构，使土壤疏松，促进微生物活力和作物根系的发育，发展循环农业，测土配方施肥，科技推广，机械化生产，开展社会化服务等，实现节本增效，提高农业效益和农产品竞争力。

（五）紧密对接

克服重生产轻销售的倾向，注重产品的生产和销售的对接，发展订单农业，做好供给与需求的衔接。积极支持农产品加工企业扩大产能、提升质量，减少农产品积压库存量。实现农业劳动的价值，调动农业经营主体再生产的积极性。

(六)补齐短板

大力弥补制约农业发展的薄弱环节,既要补农业基本建设之短,持续改善农业基础设施条件,提高农业物质技术装备水平,发展设施农业、智慧农业;又要补农业生态环境之短,加强农业资源保护和高效利用,实施山水林田湖漠草生态保护和修复工程,扩大退耕还林还草,治理农业面源污染,推动农业绿色发展。

第二节 农业供给侧结构性改革的历史逻辑

新中国成立以来,党和政府围绕着统筹解决广大城乡人民生活水平逐步提高和农产品供求关系变化的问题,不断推进农业改革发展,至今已经历了三个发展阶段。

一、第一个阶段:化学农业阶段

从1949年到1990年,是中国农业的"供不应求"阶段。在这个阶段的重心是发展高产农业或化学农业,目的是"吃饱肚子",是让每个人不挨饿,这是很长时间以来农业的重要任务,甚至在未来仍是中国农业人的重要工作之一。这一阶段,大力发展高产农业,大量使用化肥、农药等化学物质来提高农业产量。所以,也叫作化学农业阶段。

二、第二个阶段:绿色农业阶段

在1990年到2010年,农业生产进入"供需平衡"阶段。这个阶段的重点是发展绿色农业,目的是"吃得好、吃得安全",是保持良好生态基础,尽量减少农产品中对人体有害物质的留存。这一阶段重点发展无公害农产品、绿色食品、有机农产品和地理标志认证保护产品,其中的有机农业是这一阶段的最高级生产形式。

无公害农产品,是指产地环境和产品质量均符合国家普通加工食品相关卫生质量标准要求,经政府相关部门认证合格并允许使用无公害标志的食品。

绿色食品,是指无污染、优质、营养的食品,经国家绿色食品发展中心认可,许可使用绿色食品商标的产品。与环境保护有关的事物我国通常都冠以"绿色"之名,为了更加突出这类食品出自良好的生态环境。

有机农产品,是指根据有机农业原则,生产过程绝对禁止使用人工合成的农药、化肥、色素等化学物质,采用对环境无害的方式生产,销售过程受专业认证机构全程监控、通过独立认证机构认证并颁发证书、销售总量受控制的一类真正纯天然、高品位、高质量的食品；有机食品是食品的最高档次，在我国刚刚起步，即使在发达国家也是一些高收入、追求高质量生活水平人士所追求的食品。

地理标志农产品，是指农产品来源于特定地域，产品品质和相关特征主要取决于自然生态环境和历史人文因素，并以地域名称冠名的特有标志农产品。

无公害农产品、绿色食品、有机农产品和农产品地理标志统称"三品一标"，是政府主导的安全优质农产品公共品牌，是当前和今后一个时期农产品生产和消费的主导产品。

"三品一标"农产品的发展，是农业发展进入新阶段的战略选择，是传统农业向现代农业转变的重要标志。

三、第三个阶段：品质农业阶段

2010年以后进入一个"供过于求"的阶段。这个阶段的重心是发展以绿色农业、有机农业和功能农业为主的高端农产品的品质农业，目的是"吃得健康、吃得好味、吃得有营养"，通过农产品的营养化、功能化，让它成为维护、提升人体健康的重要载体。功能农业，是在不改变膳食结构，不增加膳食摄入量的基础上，采用生物营养强化技术或其他生物工程手段生产出来具有健康改善特定功能的农产品。人们食用含有这种功能的农产品能够提高营养素的摄入量，身体健康能够得到显著改善，进而达到预防和控制疾病发生的目的。品质农业是继化学农业、绿色农业之后的第三个农业发展阶段，是随着农产品的市场结构和消费需求发生重要变化而产生的。相比绿色农业它更突出的特点是，消费者在持续消费其农产品之后不仅能增加营养，而且能提高健康水平，从而更加愿意购买食用，其农产品与有机农产品一样都是属于高端农产品。

第三节 农业供给侧结构性改革的现实逻辑

推进农业供给侧结构性改革,是推进我国整个经济体系供给侧结构性改革的重要内容,同时也是破解我国农业发展瓶颈问题的现实要求。

一、全国粮食"三高"、区域粮食趋减矛盾突出

民以食为天。中共中央和国务院始终高度重视粮食生产,21世纪以来采取了一系列支农强农惠农的政策措施,有效地调动了农民种粮积极性。从2003年到2015年,我国粮食产量从43070万吨增至62144万吨,实现历史性突破的"十二连增",使得我国粮食综合生产能力连续多年稳定在55000万吨水平,人均拥有粮食量达到450公斤,超过了世界平均水平,基本解决了"吃得饱"的问题,化解了"谁来养活中国人"的世界难题,为我国粮食安全夯实了基础。但是,在粮食产量"十二连增"的同时,粮食进口量和库存量也持续增长,出现了"三高"(高产量、高进口量、高库存量)齐聚的矛盾(见表2-1)。

表2-1 2003—2015年我国粮食生产量、进口量、库存量情况

指标	2003年	2015年	年均增长率(%)
粮食生产量	43070	62144	3.1
粮食进口量	2283	12477(其中:大豆8169)	15.2
粮食库存量	15300	52000(其中:玉米26000)	10.73

数据来源:①根据农业农村部公布的数据整理;②单位:万吨。

"三高"齐聚反映的是农产品供应结构失衡的问题,如玉米供应量过剩,但大豆的供应量严重不足。原因是随着我国经济的迅速发展,城乡居民的收入水平不断提高,人民群众的生活水平也不断提高,对食物的需求实现了由量到质的转变,从追求"吃得饱"转向追求"吃得好"的消费结构升级,推动了作为食物源头的农业进入发展转型的新阶段。

同时,近年我国粮食生产成本攀升导致我国粮食价格一直高于国际价格,出现了国内外粮食价格倒挂的局面,导致粮食大量进口,使得我国广义粮食安全存在结构性隐患,粮食财政负担沉重。老区粮食生产也出现趋缓趋减的不稳定情况(见第四章的表4-1)。

二、农业发展方式粗放，农产品质量安全问题增多

长期以来，我国农业发展方式比较粗放，存在重视农产品当期增长、片面追求数量的弊端，粮食生产主要依靠化肥、农药和大水漫灌来提高产量，单位耕地化肥、农药使用量偏高而且利用率低，同时造成严重的农业面源污染（具体情况见表2-2和表2-3）。

表2-2　1991—2015年中国化肥农药施用量增长情况

指标	1991年	2015年	增长幅度（%）
化肥施用量（万吨）	2805	6023	114.7
农药施用量（万吨）	76.5	180.7	136.2

注：根据农业农村部有关统计数据整理。

表2-3　2015年中国与发达国家化肥农药利用率比较

指标	中国	发达国家
化肥利用率（%）	35.2	50—60
农药利用率（%）	36.6	50—60

注：据农业农村部有关统计数据整理。

上述数据显示，我国化肥、农药施用量增长较快，从1991年到2015年的25年间分别增长114.7%、136.2%，但使用效率偏低，分别只有35.2%、36.6%。这就意味着有超过60%的化肥、农药量流失，由此造成了严重的农业面源污染。

时任农业部部长韩长赋在2015年8月回答全国人大常委会专题询问中谈到，我国人多地少水缺，用世界10%的耕地、6%左右的淡水资源养活了世界近20%的人口，成就巨大，同时也付出了很大的代价，农业资源长期透支，过度开发，农业面源污染加重，农业生态系统退化，化肥、农药和畜禽粪便、农膜以及秸秆等农业的废弃物是农业面源污染的贡献者，农业源的化学需氧量、总氮和总磷排放量占总排放量的40%以上。

在过去一段时期，我国农产品质量安全问题频频发生，大多数表现在农药、兽药残留超标，微生物、重金属超标，违反添加剂使用标准，检出禁用投入品等；这些问题主要源于农产品源头污染（如农药和兽药超标）、生长环境污染（如土壤和水体污染）、流通过程中的污染（如保鲜剂、包装物质污染）、加工过程中的污染（如重金属、微生物及添加剂污染）。而且我国国内农产品质量安全标准不

够严格,一般要比发达国家的标准低。这也是国内优质绿色农产品不能满足消费需求,一些居民不相信国内农产品质量,青睐进口农产品的原因之一。

三、农民收入增速放缓,持续增长显得后劲不足

改革开放以来,农民收入水平得到很大提高,2016年农民人均年收入12363元,是2004年的4.2倍。但是随着我国经济进入新常态,农产品市场需求疲软,受农产品高成本、低价格的双重挤压,农民的农业家庭经营收入增长受限。同时,受经济增速放缓、产业结构调整等因素的影响,农民工数量增速放缓,已经成为农民收入第一大来源的工资性收入增速也减缓。据统计,2016年农民人均收入实际增长幅度仅为6.2%,已经连续4年下降,同时也自2004年以来首次低于GDP增长幅度6.7%。这些数据表明,在新阶段农民收入持续增长乏力,亟须拓宽增收新渠道、挖掘增收新潜力、培育增收新动能。

四、生产组织化程度低,小生产对接大市场不紧

由于我国人多地少、山地丘陵多平原少的基本国情,小农户家庭经营是我国农业的主要经营方式。根据2006年第二次全国农业普查的数据计算,我国平均每个农户经营规模只有9.1亩耕地,与农业种植营利性最佳规模100—200亩的标准有很大的差距。2007—2016年,我国耕地流转面积从0.64亿亩增加到4.71亿亩,但是2016年经营规模为50—100亩的农户仅占到所有农户的1.6%。虽然2014年中央一号文件提出,要扶持发展重点家庭农场(农业经营大户)、各种类型的农业合作社、公司化农业企业等新型农业经营主体,但是这些新型农业经营主体还处在起步阶段,数量少、规模小、利益联结机制不健全。2016年,我国仅有家庭农场87.7万家,经营耕地占全国承包耕地总面积的13.4%,其中农业部门认定的有34万户,平均种植规模也才为170亩左右;另外还有农民合作社179.4万家、龙头企业12.9万家。小农户的分散经营使得我国农业生产存在着"小生产"与"大市场"的突出矛盾,农业生产风险大、效益低,2017年我国农业从业人员约占劳动力的30%,农业增加值却只占GDP总量的7.9%。

第三章

左右江革命老区农业发展基础分析

左右江革命老区是土地革命时期邓小平等老一辈革命者领导百色起义和龙州起义创建的我国西南边疆少数民族地区最大的红色根据地。2015年2月，国务院批准实施《左右江革命老区振兴规划（2015—2025年）》，标志着老区发展纳入国家战略范畴。

第一节　左右江革命老区概述

左右江革命老区从行政区划来看，涵盖了桂滇黔三省区8个市（州）59个县（市、区），占整个桂滇黔石漠化片区91个县（市、区）的64.8%。其中，广西壮族自治区的百色、河池、崇左三个市全境共30个县（市、区），还有南宁市隆安、马山2个县；贵州省的黔西南州全境8个县（市），黔南州都匀、荔波、独山、平塘、罗甸、长顺、惠水、三都8个县（市），黔东南州的黎平、榕江、从江3个县；云南省的文山州全境8个县（市）。

一、地处桂滇黔三省边区

左右江革命老区是一个边区，其一是其地域由桂滇黔三省（区）的边界地区组成，处在三省（区）的交界处；其二是8个市（州）就有3个边境城市9个县与越南相邻，陆地边境线长达1330.5公里。其中，文山州有富宁、麻栗坡、马关3个县与越南接壤，国境线长438公里，拥有田蓬、天保、都龙3个国家级口岸和24个边民互市点；百色市有靖西、那坡2个县（市）与越南接壤，国境线长359.5公里，拥有龙邦、平孟2个国家级一类口岸和岳圩国家级二类口岸及7个边民互市点；崇左市有龙州、大新、凭祥、宁明4个县与越南接壤，国境线长533公里，是广西边境线最长和中国边境口岸最多的地级市，共有各类边境口岸7个，其中有凭祥友谊关、凭祥（铁路）、龙州水口、宁明爱店、大新硕龙等5个国家级一类口岸和平而关、科甲2个国家级二类口岸，还有宁明的爱店、板烂、北山，凭祥的油隘、凭祥、平而、弄尧（含浦寨、弄怀），龙州的那花、水口、科甲、布局，大新的岩应、硕龙、德天等14个边民互市贸易点。特殊的地理环境和地理位置导致这个区域成为全国经历中越局部战争时间最长的地区。

二、民族杂居的特困山区

从地理分布来看，左右江革命老区总面积17万平方公里，覆盖了左江、右江、南盘江、北盘江和红水河几大流域的大部分地区，地处云贵高原及桂西深山区、石山区和高寒山区，地形地貌复杂，喀斯特地貌约占总面积的50%，气候类型多为亚热带季风气候，在全国来说是一个相对贫困的少数民族杂居的区域。2012年，59个老区县有44个国家扶贫开发工作重点县，占比高达74.58%，占全国592个国家扶贫开发工作重点县的7.4%，贫困人口共有489.22万人，贫困发生率为37.06%（见表3-1）。

表3-1　2012年左右江革命老区国家扶贫开发工作重点县及其贫困人口分布

市(州)	县(市)	贫困人口	市(州)	县(市)	贫困人口
百色市	田东县	10.66	文山州	文山市	5.05
	德保县	13.66		砚山县	6.02
	靖西市	22.22		西畴县	3.38
	那坡县	8.86		麻栗坡县	7.46
	凌云县	8.61		马关县	9.26
	乐业县	6.93		丘北县	6.91
	田林县	9.68		广南县	14.09
	隆林县	15.77		富宁县	8.57
	西林县	5.62	黔西南州	兴仁市	1.64
河池市	东兰县	11.45		普安县	8.27
	巴马县	10.24		晴隆县	14.49
	凤山县	8.53		贞丰县	12.47
	都安县	23.87		望谟县	11.75
	大化县	14.87		册亨县	8.47
	环江县	12.61		安龙县	9.95
	罗城县	15.13	黔东南州	黎平县	16.43
黔南州	荔波县	6.32		榕江县	13.94
	独山县	10.41		从江县	13.03
	平塘县	12.19	南宁市	隆安县	11.89
	罗甸县	13.61		马山县	16.55
	长顺县	9.96	崇左市	龙州县	8.39
	三都县	15.44		天等县	14.57

注：①2012年全国贫困线标准提高到2300元后，左右江革命老区59个县有44个国家扶贫开发工作重点县，共有贫困人口489.22万人；②数据来源：原国务院扶贫办公布；③单位：万人。

2020年老区59个县总人口数为2532万人（2013年为2261万人），杂居着汉、壮、瑶、苗、彝、侗、回、水、傣、白、布依、仫佬、仡佬、毛南、蒙古、畲、土家等17个民族，少数民族人口占区域总人口的比例超过73%（表3-2）。

表3-2 2020年左右江革命老区各市（州）土地、人口、民族等基本情况

区域	国土面积	山区占比	海拔高度	气候类型	常住人口	少数民族占比
百色	3.63	95.40%	160—2000	亚热带季风	357.15	83.53%
河池	3.35	86.00%	150—1680	亚热带季风	341.79	83.93%
崇左	1.73	70.00%	123—1360	亚热带季风	208.87	85.26%
黔西南	1.68	71.50%	300—2200	亚热带季风湿润	301.51	42.47%
黔南	2.62	72.53%	240—1960	东亚季风	349.44	59.05%
文山	3.15	94.60%	107—2990	亚热带、温带	350.32	56.60%

注：①广西南宁市和贵州黔东南州因老区覆盖县份少，相关指标数据不列出比较；②数据来源：根据各市（州）2020年第七次人口普查公报和调研资料整理；③单位：面积——万平方千米，海拔——米，人口——万人。

三、自然物产丰裕的区域

左右江革命老区农业资源丰富，是地方特色农产品种类和品种繁多的生产区域，比如右江河谷是全国著名的亚热带水果基地、南菜北运基地和"芒果之乡"；河池农作物品种资源种类繁多，种植业系列品种达400多个，水果有200多个品种，亚热带水果占80%以上，蚕桑规模连续17年稳居全国地级市首位；左江河谷号称"绿色宝库"，是广西乃至全国重要的甘蔗产区。《左右江革命老区振兴规划》根据该地区的资源特色，重点发展优质粮食、木薯、甘蔗、水果、蔬菜、花卉、茶叶、油茶、烟叶等农业种植品种，建设一批特色农产品标准化良种繁育基地，实施一批现代农业产业种植项目，提升农产品深加工水平，完善农产品流通市场网络，建设糖料蔗等战略性特色农产品基地。同时，大力发展林下经济，建设经济林、林下经济和木材战略储备基地。从市场流通来看，实施南菜（果）北运、西菜（果）东运产业化工程，畅通直供粤港澳、华南华东华北市场的绿色通道，提高百色—北京果蔬绿色专列营运水平，建设中国—东盟农产品贸易示范区等优势果蔬集散交易地。在品牌建设上，实施黔茶、滇茶、桂茶品牌战略，重点支持都匀毛尖、广南普洱、凌云白毫等精品茶叶品牌，建设绿色有机茶叶基地。在基地建设上，打造蔗糖基地（以崇左为核心，带动河池、百色、黔西南、文山等

地区)、优质茶叶基地(百色凌云白毫、河池环江石崖、崇左扶绥姑辽、黔南都匀毛尖、黔西南晴隆翠芽、黔东南黎平雀舌、文山广南普洱等)、特色养殖基地(麻鸭、香猪、黑山羊、肉牛、龟鳖、蛇等)、油茶基地(百色田林、河池巴马、黔东南黎平、文山广南等地建有示范基地)、桑蚕茧丝绸基地(以河池为核心,带动百色、崇左等地区)。在产业化经营上,推行畜禽规模化养殖及精深加工。研发适宜丘陵山区的中小型农机具,加快培育农业产业化龙头企业、农民合作社和家庭农场。符合条件的地区建设国家现代农业示范区。支持发展桑蚕茧丝绸产业,建设宜州茧丝绸产业城等。

第二节　左右江革命老区"十三五"时期经济发展分析

为了提高可比性和遵循重要性原则,对比的数据主要是全境均列入和大部分县列入左右江革命老区规划范围的市(州),包括百色市、河池市、崇左市、文山州、黔西南州和黔南州等六个市(州)。

一、特色产业蓬勃发展,经济增长保持高位

从2015年至2020年,老区六市(州)地区生产总值年均增长9.21%,高于全国平均水平8.47%、0.74个百分点。除了百色、河池、崇左三市由于整个广西2018年经济指标作了大幅度调整而使得年均增长率都比全国较低(百色、河池高于广西)外,其他三州都实现了高于全国、接近或高于本省的增长速度,说明《左右江革命老区振兴规划》的实施较好地促进了左右江革命老区的发展(见表3-3)。

表3-3　2015—2020年左右江革命老区与全国及本省区生产总值完成情况

区域	2015年	2016年	2017年	2018年	2019年	2020年	年均增长
百色市	980.35	1114.30	1032.50	1114.00	1257.80	1338.26	6.42%
河池市	618.03	657.20	734.60	788.30	878.10	927.71	8.46%
崇左市	682.82	766.20	631.61	738.00	760.50	832.05	4.03%
文山州	670.84	753.90	809.11	859.10	1081.60	1185.12	12.05%
黔西南州	801.65	929.10	1067.60	1163.80	1272.80	1353.40	11.04%
黔南州	902.91	1023.40	1223.41	1313.50	1518.00	1597.97	12.09%
老区合计	4656.6	5244.10	5498.83	5976.70	6768.80	7234.51	9.21%
全国	676708	746395	832036	919281	986515	1015986	8.47%

续表

区域	2015年	2016年	2017年	2018年	2019年	2020年	年均增长
广西	16803	16117	17791	19628	21237	22157	5.69%
贵州	10540	11777	13541	14806	16769	17837	11.10%
云南	13718	16369	18486	20881	23224	24522	12.32%

注：①南宁市和黔东南州老区覆盖县份少，相关指标数据不列出比较；②数据来源：根据各州（市）年度国民经济和社会发展统计公报及调研资料整理；③单位：亿元。

从三次产业比重的变动情况来看，百色市由于铝工业的迅猛发展，从2007年开始至2017年整整十年时间第二产业一直占据约一半的比重，2018年以后才逐步下降和波动；崇左市在2018年及之前第二产业都占40%以上，高于其他产业；河池市、文山州、黔西南州、黔南州一直是第三产业比重高，都占40%以上，甚至逼近50%，长期保持"三二一"的产业结构。从总体来看，左右江革命老区第一产业占比相对平稳，一直在13.9%至22.8%范围内波动，变幅很小，农业基础地位十分稳固（见表3-4）。

表3-4　2015—2020年左右江革命老区各市（州）三次产业结构变化情况

区域	2015年	2017年	2018年	2020年
百色市	17.3∶52.5∶30.5	13.9∶58.0∶28.1	16.6∶47.9∶35.5	19.5∶39.8∶40.7
河池市	22.8∶32.4∶44.8	21.6∶31.5∶46.9	20.4∶31.7∶47.9	21.4∶28.5∶50.1
崇左市	22.7∶40.3∶37.0	20.0∶43.9∶36.1	18.6∶44.2∶37.1	22.3∶28.8∶48.9
文山州	21.8∶36.0∶42.2	20.2∶36.0∶43.8	20.5∶34.4∶45.1	20.3∶33.5∶46.2
黔西南州	21.0∶34.1∶44.9	19.1∶31.9∶49.0	18.3∶32.3∶49.4	18.4∶34.2∶47.4
黔南州	17.5∶36.3∶46.2	17.4∶35.6∶47.0	16.5∶35.7∶47.8	16.0∶35.3∶48.7

注：①南宁市和黔东南州老区覆盖县份少，相关指标数据不列出比较；②数据来源：根据各州（市）年度国民经济和社会发展统计公报及调研资料整理；③单位：%。

但由于老区乡村人力、土地、资金等生产要素投入不足，多数产业发展规模还不大。同时第三产业内部结构层次低，以批发和零售业、住宿和餐饮业为主的传统服务业以及非营利性服务业占比较大，占到区域第三产业增加值的60%以上，而知识密集型、科技密集型的现代服务业发展相对缓慢，现代物流、旅游、信息传输、计算机服务、金融等新兴服务业发展相对滞后，服务业企业市场竞争力仍不强。而第二产业比重稳中有降，也说明了老区工业的主导地位不明显，百色市、崇左市第二产业占比五年内减少超过10个百分点，其他市（州）均稳中有降。

二、区域经济运行良好,财政收入相对稳定

总体来说,老区近几年来经济发展的速度快于本省(区)的其他地区。以广西壮族自治区为例,划入左右江革命老区的百色、河池、崇左三市地区生产总值从2015年到2018年同比增长8.1%,比广西增速6.8%高1.3个百分点。老区财政收入稳定增长,年均增长3.2%(见表3-5)。

表3-5　2015—2020年左右江革命老区各市(州)财政收入情况

区域	2015年	2016年	2017年	2018年	2019年	2020年
百色市	114.51	123.22	135.05	145.87	152.54	145.85
河池市	56.14	62.24	69.45	77.54	83.91	87.52
崇左市	75.15	58.20	55.25	57.58	61.25	64.60
文山州	85.76	100.63	102.76	107.38	107.00	108.60
黔西南州	163.70	168.76	173.29	187.45	175.74	173.25
黔南州	170.45	185.59	208.59	216.72	205.24	200.51
合计	665.71	698.64	744.39	792.54	785.68	780.33

注:①南宁市和黔东南州老区覆盖县份少,相关指标数据不列出比较;②数据来源:根据各州(市)年度国民经济和社会发展统计公报及调研资料整理;③单位:亿元。

三、经济社会快速发展,综合实力明显增强

《左右江革命老区振兴规划》实施以来,老区经济社会快速发展,综合实力明显增强,主要经济指标增长迅速。2020年蔬菜、糖料、水果等产品人均产值比全国和本省(区)都高,区域特色优势明显(见表3-6、表3-7)。

表3-6　2020年桂滇黔与全国主要经济指标人均值比较情况

指标	全国	广西	云南	贵州
生产总值(元)	72447	44201	51943	46228
财政收入(元)	12750	5587	8463	7993
市民收入(元)	43834	35859	37500	36096
农民收入(元)	17131	14815	12842	11642
粮食(斤)	948	547	803	548
肉类(斤)	108	148	176	106
蔬菜(斤)	1022	1528	1062	1551

续表

指标	全国	广西	云南	贵州
油料（斤）	51	30	27	40
糖料（斤）	170	2957	677	350
水果（斤）	406	982	373	248
水产品（斤）	93	137	27	13

注：根据调研材料和公布的统计报告计算整理。

表3-7 2020年左右江革命老区各市（州）主要经济指标人均值情况

指标	百色	河池	崇左	文山	黔西南	黔南
生产总值（元）	37359	27126	38708	33860	44815	45713
财政收入（元）	4085	2559	3091	3100	5746	5738
市民收入（元）	33964	30881	34562	33709	35154	35634
农民收入（元）	13305	11074	14306	12001	11441	12876
粮食（斤）	627	570	476	969	542	678
肉类（斤）	127	111	105	174	119	121
蔬菜（斤）	1738	1113	1342	610	1591	2527
油料（斤）	12	10	27	40	9	68
糖料（斤）	1598	1458	24608	697	200	150
水果（斤）	1029	423	912	222	239	558
水产品（斤）	70	39	56	32	19	16

注：①南宁市和黔东南州老区覆盖县份少，相关指标数据不列出比较；②数据来源：根据各州（市）年度国民经济和社会发展统计公报及调研资料整理。

第三节 左右江革命老区"十三五"时期农业发展分析

一、农林牧渔业总产值稳定增长

从左右江革命老区"十三五"时期农林牧渔业总产值变化来看,六市(州)年均增长8.66%,高出全国平均水平2.44个百分点,呈现出较快的发展趋势。虽然与各自所在省(区)总体相比,并没有特别的优势,甚至比本省(区)平均水平略低(百色、河池、崇左与广西平均水平相比,百色高出1.38个百分点,河池略高出0.37个百分点,崇左则低0.01个百分点;文山州与云南省平均水平相比,低1.82个百分点;黔西南州与贵州省平均水平相比,高0.31个百分点,黔南州与贵州省相比低0.79个百分点),但总产值都呈现出稳定增长(见表3-8)。

表3-8 左右江革命老区2015—2020年农林牧渔业总产值增长情况

区域	2015年	2016年	2017年	2018年	2019年	2020年	年均增长
百色市	275.49	289.52	307.56	316.17	378.10	413.90	8.48%
河池市	238.00	257.36	271.75	275.47	318.10	341.14	7.47%
崇左市	254.25	275.53	295.81	310.06	329.40	358.10	7.09%
文山州	249.73	265.27	278.05	281.19	335.68	396.05	9.66%
黔西南州	258.78	268.55	287.46	305.60	373.15	417.75	10.05%
黔南州	286.32	307.68	322.15	335.65	399.12	439.55	8.95%
老区合计	1562.57	1663.91	1762.78	1824.14	2133.55	2366.49	8.66%
全国	101894	106479	109332	113580	123968	137782	6.22%
广西	4197.12	4560.20	4698.71	4909.24	5498.81	5913.28	7.10%
贵州	2738.67	3097.19	3413.86	3619.52	3888.99	4358.62	9.74%
云南	3438.73	3704.69	3872.93	4108.88	4935.73	5920.52	11.48%

注:①南宁市和黔东南州老区覆盖县份少,相关指标数据不列出比较;②数据来源:根据国家统计局各州(市)年度国民经济和社会发展统计公报及调研资料整理,部分数值为推算值;③单位:亿元。

二、农民收入稳步提高

左右江革命老区的农民随着国民经济的发展,收入水平也呈现较快增长、稳步提高趋势。与自身相比,《左右江革命老区振兴规划》实施以来,六市(州)农民人均可支配收入进入了一个快速增长的阶段,增长速度超过或接近同期地区生产总值的增长速度。2015—2020年老区农民人均可支配收入年均增长率为11.23%,高于全国和本省(区)的年均增长率,分别高出全国、广西、贵州、云南的2.79个、1.86个、1.7个、1.95个百分点,百色市、河池市、崇左市和黔西南州都是两位数增长。但老区特色农业规模小、产量少、产值低,对农民增收促进作用还不大,农民人均可支配收入绝对数仍未赶上全国和本省(区)的平均水平(只有黔南州超过本省的平均水平)(见表3-9)。

表3-9　2015—2020年老区各市(州)与桂滇黔及全国农民收入变化情况

区域	2015年	2016年	2017年	2018年	2019年	2020年	年均增长
全国	11422	12363	13432	14617	16021	17131	8.44%
广西	9467	10359	11325	12435	13676	14815	9.37%
贵州	7387	8090	8869	9716	10756	11642	9.52%
云南	8242	9020	9862	10768	11902	12842	9.27%
百色市	6766	9348	10171	11086	12195	13305	14.48%
河池市	6164	7509	8260	9177	10141	11074	12.43%
崇左市	8308	9801	10860	12000	13320	14306	11.48%
文山州	7699	8403	9184	10030	11133	12001	9.28%
黔西南州	7059	7779	8596	9485	10532	11442	10.14%
黔南州	8047	8840	9746	10721	11911	12876	9.86%
老区合计	44043	51680	56817	62499	69232	75004	11.23%

注:①南宁市和黔东南州老区覆盖县份少,相关指标数据不列出比较;②农民收入即农民人均可支配收入,数据来源于各(市)州年度国民经济和社会发展统计公报及调研资料整理;③单位:元。

三、城乡收入差距明显缩小

经过大力发展农村产业,老区城乡居民收入比在逐年缩小,但差距还是比较大。例如,2015年崇左市和黔南州都是2.97∶1,其他市(州)都大于3∶1,最高达3.69∶1,2020年下降到最低为2.42∶1,最高为3.07∶1(见表3-10)。

表3-10　2015—2020年老区城乡居民人均可支配收入变动情况

区域	2015年 城镇收入	2015年 农村收入	2015年 城乡收入比	2017年 城镇收入	2017年 农村收入	2019年 城镇收入	2019年 农村收入	2020年 城镇收入	2020年 农村收入	2020年 城乡收入比
百色	24958	6766	3.69∶1	29126	10171	32784	12195	33964	13305	2.55∶1
河池	22752	6164	3.69∶1	25647	8260	29665	10141	30881	11074	2.79∶1
崇左	24668	8308	2.97∶1	28813	10860	33297	13320	34562	14306	2.42∶1
文山	23753	7699	3.08∶1	27995	9184	32630	11133	33709	12001	2.81∶1
黔西南	23342	7059	3.31∶1	27758	8596	33309	10532	35154	11442	3.07∶1
黔南	23911	8047	2.97∶1	28565	9746	33969	11911	35634	12876	2.77∶1

注：①南宁市和黔东南州老区覆盖县份少，相关指标数据不列出比较；②城镇收入即为城镇居民人均可支配收入，农村收入为农村居民人均可支配收入，数据来源于各州（市）年度国民经济和社会发展统计公报及调研资料整理；③单位：元。

左右江革命老区农民人均纯收入构成也发生了一定变化。以黔西南州为例，农民收入主要由工资性收入和经营净收入构成，两部分占收入的比重达到80%左右，其中工资性收入总体呈快速递增趋势，经营性净收入总体呈递减趋势，经营性净收入原先在第一位，后让位于工资性收入。随着各种政策在农村的落实，转移性收入也有显著提升（如表3-11所示）。

表3-11　2016—2020年黔西南州农民人均纯收入构成情况

年份 收入类别	2016 绝对值	2016 构成	2017 绝对值	2017 构成	2018 绝对值	2018 构成	2019 绝对值	2019 构成	2020 绝对值	2020 构成
工资性收入	3090	39.73	3645	42.40	4430	46.70	4703	44.65	4769	41.68
经营净收入	3337	42.9	3691	42.90	3483	36.70	3786	35.95	4210	36.80
财产净收入	42	0.54	62	0.70	199	2.10	172	1.63	58	0.50
转移净收入	1310	16.84	1198	13.90	1372	14.50	1871	17.77	2405	21.02
合计	7779	100	8596	100	9484	100	10532	100	11442	100

注：①南宁市和黔东南州老区覆盖县份少，相关指标数据不列出比较；②数据来源：根据各州（市）年度国民经济和社会发展统计公报及调研资料整理；③单位：绝对值——元，构成——%。

第四节　左右江革命老区农业供给侧结构性改革取得的主要成就

党的十八大,特别是2015年中央农村工作会议提出"农业供给侧结构性改革"以来,左右江革命老区各级党委政府认真贯彻落实中央的决策部署,紧紧围绕农业供给侧结构性改革这条主线,把"调优产品结构、调好生产方式、调顺产业体系"作为"十三五"时期农业改革发展的重要任务来抓,取得显著的成效。

一、突出特色调优品种,扩大规模提质增效

(一)百色芒果标准化生产打入欧盟市场

自20世纪80年代中后期起,广西百色地区田阳、田东、右江等县(区)就开始利用右江河谷特殊的亚热带季风气候,大量种植芒果,经过三十多年的发展,到2015年,芒果产业已经成为百色特色产业,但还不是优势产业。因为,当时没有芒果生产标准和生产技术规程,都是简单学着人家试验种植,种了好几个品种,有台农、桂七、青皮、金煌、象牙、贵妃、紫花、凯特、玉文、世纪、牛芒、串芒、澳芒、泰芒、红芒、热农1号等。同时,由于肥药掌握不好,残留超标,也不懂得给芒果套袋,果相不好,卖不出好价钱。后来经过不断摸索、市场调查和总结经验,不仅调优品种、制定了芒果生产标准,统一技术要求,还把田东香芒、田阳香芒统一申报地理标志认证产品"百色芒果",扩大种植面积,大力推广生物、物理防治等绿色防控技术,推行标准化生产,严格按照无污染、无公害绿色化措施种植,实现芒果种植管理规范化、优质化、标准化,打造无公害、绿色、有机食品,保持了芒果原生态特色,而且根据不同品种的成熟早晚统筹错峰安排上市时间,大大提高了芒果的质量,提升了品质;不仅有好卖的鲜果,还有热销的芒果汁、芒果酱、芒果醋、芒果糖、芒果干、芒果罐头等系列加工产品。2017年7月中欧农产品地理标志工作现场会、第十二届世界芒果大会在百色市成功举办,2019年11月"百色芒果"被授予"中国百强农产品区域公用品牌";2020年9月"百色芒果"被纳入中欧互认地理标志产品,2021年3月1日正式生效;2022年"百色芒果"种植面积达到137万亩,产量达到105万吨,鲜果产值超过55亿元。此外,全市现有芒果加工企业10家,年加工能力达到20万吨以上。每年6月开始,"百色芒果"通过"百色一号"专列和各种运输方式销往全国各地,还通过中欧班列销往欧盟市场,供

不应求,芒果产业真正成为老区特色优势产业。这一产业覆盖百色市12个县(市、区)135个乡(镇、街道)1854个行政村中的45个乡(镇、街道)490个行政村,涉及200多个脱贫村,全市6万多脱贫户25万脱贫人口通过种植芒果告别了贫困,迈上了小康。"百色芒果"成为老区的致富果、幸福果。如今百色市又在打造百色茶油、百色茶叶、百色柑橘、百色桑蚕等新的品牌,做大新产业。

(二)西林砂糖橘提质增效走上致富路

砂糖橘是柑橘系列中的一种水果,自2002年以来,广西百色市西林县委、县人民政府通过调查研究和科学论证,结合西林的实际,把砂糖橘作为特色水果列入产业发展规划,通过实施土地流转、大户带动、推进规模化种植等方式发展,并连续十多年加大政策支持和财政扶持力度,全县8个乡镇皆种植有砂糖橘,发展一县一业,产业不断壮大,名气也跟着来,2011年西林县被中国经济林协会命名为"中国砂糖橘之乡",2012年西林砂糖橘荣获"国家地理标志保护产品"认证,2014年7月取得国际域名证书,2020年8月西林12万亩橘园获得绿色食品认证,2020年11月西林砂糖橘获得"中国品牌农业神农奖"。但一开始种植砂糖橘时,由于没有经验,一些农户单纯追求经济效益,采取高密度种植,原本每亩种植50株至60株果树为宜,却种植上百株,这些果园到第4年后,就开始出现果园管理不便、透风透光差、果实品质差、容易染上病虫害等问题,产量和效益逐年下降;还有的果园管理粗放,农户缺乏科学防治病虫害知识,化肥农药使用不合理,产品质量不高;在宏观上,全县对砂糖橘产业管理缺乏规范、苗木供应渠道秩序混乱、产品质量参差不齐等,曾一度出现产品滞销。县委、县政府针对上述问题,审时度势,组织专家制定了西林砂糖橘产业地方标准,政府以购买技术服务的方式聘请种果能手、土专家、技术员到田间地头对果农进行现场培训,手把手给果农传授砂糖橘种植和管理技术,"采用'重间伐、降群体、巧改型、减枝量'的整形改造技术,并配套运用健体栽培、疏删密弱枝群、病虫害综合防治等一系列新理念和新技术"。从2017年起,全面取消苗木补贴和相关补助,拉高产业进入门槛,淘汰部分盲目跟风种植园,以"减量增质"促进了砂糖橘产业提质增效。同时,全县还成立水果专业合作社127个,水果加工企业9家,通过建设砂糖橘产业示范区、标准园、脱贫奔康产业园,制定管理技术规范,采取统一规划、统一苗木采购、统一管护要求等措施,推广先进农业新模式、新技术,淘汰老树劣种,推动砂糖橘产业管理从数量向质量、从分散向集中、从粗放到集约转变;示范区采取"公司+基地+农户"的方式,连片建设砂糖橘生产基地,实施测土配方施肥、嫁接无病苗、水肥一体化滴灌等新技术,全面推广绿色生态病虫害综合防治技术，推动全县砂糖橘产业转型升级；还通过农业龙头企业集中收购散户的砂糖橘，采用现代化设备对果实进行采收、清洗、分选、包装，节约人力成本。到2021年底，全县砂糖橘种植面积已接近20万亩，实现农民人均超过一亩，投产面积超过17万亩，产量42万吨。每年11月开始到次年3月，广西其他地区、云南、贵州、四川等地果商纷纷前来收购，把产品销往北京、深圳、成都、沈阳、乌鲁木齐等地，年产值20亿元。西林砂糖橘产业成为全县优势特色支柱产业和农民增收致富的重点产业。经过十年的积累，西林果农每户少的也有上百万元存款，多者有上千万元存款。致富的果农自发组织起来到县城团购商品房、团购汽车，城里人都羡慕不已。

（三）乐业有机农业风生水起

相对于右江河谷和西林县，乐业又具有独特的地域环境和气候特点。乐业县位于广西百色市西北部，地处云贵东南麓，属于亚热带湿润气候区，年降水量1100—1500毫米，相对湿度83%，年最高气温34℃，最低气温-5.3℃，平均气温在16.3℃左右，冬无严寒，夏无酷暑。这里有世界上最大最美的天坑群，还是世界长寿之乡，这里四季如春，鸟语花香。自2003年以来，乐业县委、县人民政府根据本县的气候和土地资源特点，在稳定粮食生产的同时，调整和优化农业产业结构，号召群众大力发展特色农产品，按照有机农业标准要求，实施"优果"工程，积极推进有机稻米、猕猴桃、刺梨、核桃、茶叶等特色产业规模化发展，得到农民群众的积极响应。历届党委、政府坚持做到换届不换规划，与时俱进地抓好砂糖橘这一特色产业发展的"接力棒"，将有机农业发展蓝图绘到底，才取得今天可喜的成绩。2012年乐业县被授予全国第一个综合类有机农业示范基地荣誉；2016年"乐业猕猴桃"成功获得国家地理标志产品认证；2017年8月全国有机农业基地建设经验交流会在乐业县召开，来自全国的80多名代表参观了该县有机农业发展情况和有机农业企业，还通过农产品追溯体系平台完整了解了百色市"三品一标"企业的档案录入和产品从种植到管理、加工生产、销售的全过程，代表们都给予充分肯定。截至2020年底全县有机稻米、猕猴桃、刺梨、核桃种植面积分别达到6万亩、4.5万亩、2.3万亩和5.7万亩，还有油茶10.28万亩，有机茶10.86万亩，高山蔬菜7万亩，砂糖橘2.34万亩。其中猕猴桃年产量7500吨，年产值超2.5亿元。2021年4月乐业县被确定为广西绿色发展改革集成试点县，2021年12月该县猕猴桃产业园生产全程机械化示范基地建设项目通过验收，实现了在开沟施肥除草作业、高效植保作业、日常管护以及节水灌溉等环节运用机械化生产，每年每亩可节本增效约1240元，成功创建了广西壮族自治区级现代特色猕猴桃产业（核心）示范区。猕猴桃生产、销售环节严格把关，做到统一生产标准、统一采摘上市时间、统一包装、统一二维码追溯系统，2022年全县猕猴桃种植面积就达到5.5万亩，有近一半面积已经投产。同乐镇六为村的张家湾猕猴桃产销合作社等6家企业陆续完成有机转换产品再认证工作，从事农林产品开发的华东公司的有机牛、甜象草等3类产品获得有机认证，全县农业产业质量和效益大幅提升；广西乐业馆成功入驻杭州中华电商博览园，顾式有机茶、猕猴桃、康辉"一品贡牛"等农产品正式入驻销售。乐业有机农产品品牌逐渐打响，走向全国，越来越受到消费者的青睐。

二、注重农业科技应用，提高农业综合效益

（一）南宁市：以园区示范带动，发展现代特色农业

从2006年以来，广西壮族自治区政府把发展现代农业、推进高效农业作为加快新农村建设、促进农民增收的突破口，促进了特色农业快速发展；到2017年底，南宁市累计启动创建自治区、市、县、乡四级示范区数量达到169个，全市区级示范区总数达18个，位居广西第一，涌现出隆安县的"金穗火龙果""金穗香蕉"等一批区内知名的现代特色农业示范区。隆安县围绕农业优势产业和基地建设，发展壮大了金穗公司、南华公司、凤翔公司等一批规模大、效益好、组织化程度高、辐射带动力强的龙头企业，打响了隆安板栗、叮当鸡、桂西牛、黑山羊、罗非鱼等农牧渔产品特色品牌；金穗公司注册的"绿水江牌"香蕉成为国家第一品牌，凤翔公司成功注册了"叮当鸡"品牌，叮当牌肉鸡等早年就通过了农业农村部无公害农产品认证。这些农业龙头企业通过打造品牌，使特色农产品规模化、特色规模产品品牌化，获得了很好的经济效益。值得一提的是，该县以推进特色农业基地建设和转变农业生产方式为突破口，大力发展高效现代农业，自2013年开始种植火龙果，经过多年努力得到较快发展，如今拥有国家级龙头企业广西金穗农业集团有限公司，还有金福、智诚、日利、海泉、铭康、邦科、龙穗等十多家农业公司和广西桂族火龙果种植专业合作社等新型农业经营主体。公司以各自创建的火龙果种植基地为资产纽带，以坚实的科研力量为支撑，对火龙果基地实行统一化、规范化、标准化管理。各大中型火龙果种植基地通过安装灯光补给技术系统设备，给进入长果期的火龙果进行补光，促进光合作用，实现延长挂果期，一年采收可由原来的3批增加到10多批，大大提高火龙果产量。在南宁往百色方向的高速公路隆安段上，每当夜幕降临，人们就会看到大片大片的火龙果基地上，几百万盏电灯光芒绽放，田间亮如白昼，宛若银河落地。新技术的应用让

现代特色农业不仅成为一道亮丽的风景线,而且成为增产增收的现实。以金穗公司为代表的一批农业龙头企业经过多年深耕,带动隆安县火龙果产业迅速发展,2019年全县火龙果种植面积就超过5万亩,年产量达到11.51万吨。到2021年,隆安县火龙果又发展到7.2万亩,年产量18.5万吨,面积和产量分别占南宁全市的38%和47%,产品主要销往北上广等大城市,带动农民增收4亿多元,成了广西乡村产业振兴的新亮点。

南宁市隆安县的火龙果、柑橘、香蕉、青柚和马山县的黑山羊、金伦糖等农产品都获得了"三品一标"认证。

(二)崇左市:依靠科技进步,发展蔗糖战略产业和绿色农业

广西崇左市是承担着国家战略产业蔗糖生产任务、广西糖料蔗种植面积最大的市,多年来特别是推进农业供给侧结构性改革以来,重视依靠科技进步,加快蔗糖产业转型升级。

1. 坚持保面积、稳产量

扶绥县是崇左市糖料蔗种植大县,全县甘蔗(糖料蔗)种植面积稳定在110万亩左右,年入厂原料蔗约500万吨,年产糖量约60万吨,产值约30亿元,种蔗人均年增收7500元以上。

2. 加强"双高"基地建设

自2017年以来,建设甘蔗产量高、糖分高的"双高"基地42万亩,面积排在广西全区第二位,创新实施的四种"扶绥模式"在广西推广。

3. 大力推进甘蔗良种化

针对原料甘蔗品种单一、主栽品种退化严重等问题,扶绥县通过建设甘蔗良种引种试验基地,筛选适合扶绥蔗区的优良品种,例如桂糖42号、柳城05-136等品种,年平均单产提高了一吨。

4. 推进甘蔗生产全程机械化

扎实开展创建全国甘蔗生产全程机械化示范县,实施核心示范片区24个,总面积5.08万亩,全县甘蔗生产机械化综合水平达68.53%。作为最为成功的示范区,隆田糖料蔗产业示范区的经营业主为扶绥县渠黎镇雷达现代农业合作联合社,该联社通过连片承租流转土地进行甘蔗种植专业经营,采用东亚糖业集团引进的澳大利亚现代农场模式高标准建设"双高"基地,全面实现经营规模化、生产机械化、种植良种化、水利现代化,使甘蔗生产走向高质量、可持续发展道路。

5. 推进蔗田"旱改水"

扶绥县还把"旱改水"项目打造成农业标杆，最大限度地发挥农业生产效益。"旱改水"项目实施是农村生产用地的一次转型升级，就是把从农民手中流转出的土地平整后，建成"管成网、渠相连、路相通、旱能灌、涝能排、能机耕"的规模连片水田，耕种、田间管理、收割都可实现机械化劳作，通过对田、水、路综合治理，使洼地能排能灌，收成更稳定。扶绥县在"旱改水"项目实施后，又与清华大学深圳研究生院的科研团队合作，引进种植"超级稻"和稻鱼共作的生态循环农业模式——"稻渔工程"，此项工程利用鱼粪给水稻提供养分，肥水还田，底生藻类，保住肥水，使水稻、鱼虾、螃蟹、田螺等和谐共生，从而实现立体种养，一田多用，不施肥、不配药也能高产。农民群众为了验证田中的肥力，把稻鱼共作的试验田中养鱼的水用于浇灌蔬菜、甘蔗，不腥不臭，浇灌的作物都长得特别好。扶绥县生态循环农业的试行彰显了"超级稻"的优势，更充分证明了"稻渔工程"的可行性和良好的综合效益。

扶绥县还引进清华大学深圳研究生院罗运高团队的专利技术，利用螺旋藻的特性做仿野生养殖，循环利用所有资源，达到效益最大化。即在甘蔗地挖水池，根据土地面积每300—400亩挖一个5亩的水塘，在水塘里按每亩水面10万尾鱼进行高密度养殖，并在鱼塘水面上养殖蛋鸡，鸡的饲料采用清华大学深圳研究生院的专利技术生产，是主要由甘蔗叶等原料按一定的配方制成的百草料，鸡吃草料后产生的粪便在鱼塘里能产生大量的螺旋藻，螺旋藻又是鱼的最好饲料。再用鱼塘里自然生成的有机藻肥来喷淋甘蔗。这样甘蔗就不用再喷施农药，种植甘蔗的用肥量只需传统施肥量的一半。而草料厂家和甘蔗种植户可签订甘蔗叶的回收协议，甘蔗叶按500元/吨由草料厂收购。这项新技术的应用不仅破解了甘蔗传统种植的瓶颈问题，而且应用过程自然形成了一个完整的养、种循环，每个环节都能产生利润。依靠科技进步推进农业产业转型升级的成功做法不仅颠覆了长期以来传统的生产观念，还加深了广大农民群众对高质量发展的认知，改造了传统产业，提高了农产品的综合效益和市场竞争力。

6. 积极发展绿色农业

广西龙州县和大新县都是崇左市的边境县，在农业供给侧结构性改革中十分重视发展绿色农业，积极抓好无公害、绿色、有机、地标"三品一标"认证工作。龙州县2020年共有5个产品获得"三品一标"认证，其中4个无公害农产品，1个有机产品。龙州响水湾风景区有限责任公司生产红心蜜柚和黄心蜜柚，生产规模为160.05亩；龙州县嘉信农业科技有限公司的火龙果生产规模为1083.75亩；

龙州裕宝生态果业庄园的沃柑生产规模为199.95亩；龙州顾氏生态农业开发有限公司的火龙果生产规模为187.95亩；龙州北部湾现代农业有限公司的鲜银耳种植规模为122.04亩，年生产鲜银耳1563吨、干银耳218吨，获得有机产品认证。

大新县的茯苓、甜橙、葡萄、稻谷、沃柑等农产品也获得认证。其中，2018年认证面积、种植面积均为1845亩，种类4个，总产值269.3万元；2019年认证面积、种植面积均增加94.05亩，种类新增2个，总产值186万元。截至2020年12月，该县"三品一标"农产品达11个。其中，"大新龙眼""大新苦丁茶""大新酸梅""大新腊月柑"获得国家级农产品地理标志认证。

(三)出台地方政策措施，加快推进区域现代特色农业高质量发展

为深入贯彻落实中央和本省(区)关于实施乡村振兴战略和现代农业发展的部署要求，加快推进农业供给侧结构性改革和现代特色农业高质量发展，助推脱贫攻坚和乡村振兴，老区各市(州)都先后出台了《推进农业供给侧结构性改革实施方案》《深化农业供给侧结构性改革年度工作要点》《加快推进现代特色农业高质量发展的实施方案》《现代特色农业示范区高质量建设五年行动方案》《高原特色现代农业产业发展实施方案》《发展山地特色高效农业实施方案》等地方政策性文件，强调了以农业供给侧结构性改革为主线，着力强龙头、补链条、聚集群做大做强农业规模和总量，着力提品质、创品牌、拓市场，提升农业质量效益和竞争力，加快转变发展方式，推动现代特色农业技术升级、改革升级、产业升级，明确了农业供给侧结构性改革和发展现代特色农业的主要目标和任务，有力地推动着老区现代特色农业高质量发展。

三、创新农业发展模式，推动农业转型升级

党的十九大提出实施"乡村振兴战略"，明确提出"农业供给侧结构性改革"必将伴随实施"乡村振兴战略"的始终，是乡村振兴之"产业兴旺""生态宜居""生活富裕"的有力抓手。

广西河池市从2019年开始加强核桃、桑蚕、糖料蔗、蔬菜、"三特"(特早熟、特晚熟、特优质)水果、板栗、食用菌、肉牛、肉羊、巴马香猪、环江香猪、休闲农业、富硒农产品等优势产业提升工程建设。截至2020年12月底，全市核桃种植总面积260.18万亩，成为华南地区最大的核桃种植基地、国家森林生态标志产品(核桃)生产基地；"三特"水果种植面积84.1万亩(龙滩珍珠李、红心香柚、毛葡萄、秋蜜桃等特色优质水果)；富硒油茶种植面积125.79万亩，油茶千亩高产示范基地24个；糖料蔗种植面积达88.5万亩；板栗种植面积91.18万亩；出栏肉牛

26.6万头、肉羊108.18万只；巴马香猪出栏173.78万头，获第十五届中国国际农产品交易会农产品金奖。

（一）规模发展桑蚕产业

河池市大力发展桑蚕产业，把它作为全市主导产业来抓，到2021年全市桑园面积达90多万亩、蚕茧产量16万吨、产值84亿元，连续16年居于全国地级市首位。

宜州区是河池市种桑养蚕大县（区），2021年桑园面积、蚕茧产量和养蚕收入就分别达到38万亩、8.18万吨和42.54亿元，产值超过全市一半，成为名副其实的"中国桑蚕之乡"。近期，该区又以调整产品结构，满足国际丝绸产品新需求为立足点，深入推进桑蚕产业转型升级，主动与中国丝绸协会、天津工业大学纺织科学与工程学院等机构签订了合作协议，以技术创新加速推动桑蚕产业振兴，发展桑蚕产业精深加工，正在努力打造"中国丝绸新都"。

（二）创新发展牛羊养殖模式

河池市还以都安、大化为核心，从2017年开始，逐步打造"贷牛（羊）还牛（羊）"产业发展模式，并在全市全面推广。该模式即由养牛企业将牛犊、羊羔"贷"给农户饲养并承诺按市场价回收，农户饲养牛羊出栏后"还"给企业，减去牛犊羊羔成本后就是农户获得的最终收益。

该市根据广西壮族自治区政府关于以奖代补推进特色产业发展的文件精神，以县（市、区）为单位，成立以县（市、区）长为组长的"贷牛（羊）还牛（羊）"产业发展利益联结机制工作领导小组，建立相应的利益联结机制，具体负责研究、协调、督查、处理利益联结机制建设有关事宜。各有关部门要明确责任分工，密切配合、形成合力，做好利益联结机制建设的组织、协调、沟通工作，及时跟踪方案落实情况。各乡镇党委政府承担主体责任，具体组织实施，逐户推进，确保工作措施落到实处。

通过小额扶贫贷款资金扶持贫困户养牛，贫困户免费从养殖企业贷牛，牛在养殖过程中出现问题由保险赔付，牛养大后再"还"给企业，企业扣除牛犊费用后收益归贫困户，还牛后再贷，实现滚动发展、持续增收。

发展方式有两种：一是自养自营；二是联养联营。

自养自营方式主要是将奖补资金拨付给贫困户，由贫困户自购或委托乡镇人民政府采购牛羊，牛犊重量要求在200公斤以上，羊羔重量要求在25公斤以上。自养自营的农户要建有标准牛羊舍、具备充足饲草料等养殖条件，政府不再安排养殖配套补助资金。成品牛、羊出栏分别由供牛犊、羊羔企业按保底价格每斤15元负责回收。要求自养自营发展期不少于3年,到期后由贫困户自主灵活发展。

联养联营方式又有以下两种办法。

第一,联合养殖。奖补资金拨付给贫困户,由贫困户以合作社、集中养殖场等方式联合发展"贷牛(羊)还牛(羊)"产业,联建牛羊舍、饲草料、防疫等费用由农户自行筹资解决,政府不再扶持。成品牛、羊出栏分别由供牛犊、羊羔企业按保底价格每斤15元负责回收,利润由贫困户分成。要求联养联营发展期不少于3年,到期后由贫困户自主灵活发展。

第二,承包养殖。贫困户以奖补资金作为发展本金购买牛犊或羊羔,以乡镇为单位租用中心示范场或县级养殖基地养殖,由贫困户轮流管养或由专业人员承包经营,贫困户轮流管养的饲料由贫困户自行筹资采购,水、电、场地、防疫等养殖成本在成品牛羊出栏后,按每只羊72元、每头牛300元支付给中心牛(羊)场或养殖基地管理者,利润由贫困户分成。如由专业人员或企业承包经营的,贫困户要与承包人签订相关协议,养殖饲料、水、电、场地、防疫等养殖成本均由承包人负责,养殖周期满后,不论重量大小,承包人保证按每只羊100元、每头牛1500元承包费支付给贫困户,牛的承包费于每年9月30日前、羊的承包费于每年9月30日和3月31日前支付,承包经营期限不低于3年,到期后如数退还贫困户发展本金。经过不断总结经验,完善政策措施,帮助农户发展牛羊产业。

按每头牛最高奖补10000元、每只羊最高奖补1000元的标准测算,对于3月31日前参与"贷牛(羊)还牛(羊)"产业发展的贫困户,给予未脱贫户每年每户"贷牛(羊)还牛(羊)"产业最高奖补15000元,已脱贫户每年每户"贷牛(羊)还牛(羊)"产业最高奖补7500元;对于4月1日—6月30日期间参与"贷牛(羊)还牛(羊)"产业发展的贫困户,给予未脱贫户每年每户"贷牛(羊)还牛(羊)"产业最高奖补13000元,已脱贫户每年每户"贷牛(羊)还牛(羊)"产业最高奖补6500元。对于符合条件的龙头企业,每1万头牛犊发放奖励500万元用于基础设施建设;对新型经营主体收贮带棒玉米秸秆和牧草每吨补助60元,收贮甘蔗尾梢每吨补助240元;对贫困户饲养牛(羊)购买保险的给予全额保费补助,新建人畜分离栏舍的每户补助1000元。

该市采取"政府、银行、企业、保险、农户"五位一体协同推进"贷牛(羊)还牛(羊)"产业发展策略,形成"政府扶持、企业牵头、农户代养、贷牛(羊)还牛(羊)、还牛(羊)再贷、滚动发展"的发展模式,打造"党委引领+政府主导+企业牵头+农户参与+技术培训+金融扶持+修建牛舍+政府投保+帮扶跟踪+政府保本、企业回收+冷链加工、包装物流+互联网营销+滚动发展"的闭环产业链。金融机构运用农村信用体系建设成果,全方位对接"贷牛(羊)还牛(羊)"产业链融资需求。保险公司将"贷牛(羊)还牛(羊)"项目纳入农业保险范围,每头牛保险金额8000元、保费480元,每只羔羊保险金额1200元、保费60元,为"贷牛(羊)还牛(羊)"产业稳定发展保驾护航。

(三)注重产业转型发展

河池市南丹县20世纪90年代曾因开采矿产资源而繁华一时,被称为"小香港",2001年南丹特大矿难事件发生之后,该县经济一度衰落。新的南丹县委、县政府审时度势,积极引导一些企业转型发展现代农业,加快构建现代特色农业产业体系,推动全县农业高质量发展。特别是从2015年以来,南丹县结合推进农业供给侧结构性改革出台实施了农业产业发展行动计划、现代特色农业示范区建设增点扩面提质升级行动方案等,重点发展六龙茶等全产业链、南丹巴平米、富硒米、红心猕猴桃、黄腊李、油葵、黄牛、生猪、梅花山猪、瑶鸡、蔬菜、"三特"水果、中药材、烤烟等特色产业,推动了全县现代农业持续健康发展。

1. 龙头带动,园区拉动,政府推动

强化龙头企业和合作社的引领带动作用,通过建设现代特色农业示范区,推动现代农业产业园区创建,促进现代特色农业产业发展。全县共创建现代特色农业示范园区176个,其中,自治区五星级示范区2个、四星级示范区2个、三星级示范区3个,获广西壮族自治区认定的现代特色农业示范区达9个,数量位居全市前列,有效地拉动了全县现代特色农业产业发展。

2. 提高科技应用和农业机械化水平

加强农业科技推广应用,节本增效。大力推广水稻水气平衡栽培技术、生物绿色防控技术、稻田养鱼养鸭养螺等综合种养技术,推进农业科学化生产。落实农机购置补贴政策,鼓励和引导农民购置使用先进适用的农业机械,以农业机械化推进产业规模化、农业现代化。全县农业逐步由小而散向规模化、标准化方向发展,年产3万头至10万头的大型规模养猪场应运而生,年存栏1000头以上大型肉牛养殖场纷纷落地投产,养殖生猪100头以上的企业有35个,养牛50头以上的企业有46个,养殖瑶鸡5000羽以上的企业有60个。2020年,全县生猪出栏12万头、牛1.86万头、家禽600多万羽,肉类总产量20730吨,同比增长7.81%,有力拉动全县养殖业增量提质。

3. 抓好绿色农业生产,促进农产品提质增效

按照品种培优、品质提升、品牌打造和标准化生产新"三品一标"要求,抓

好无公害、绿色、有机和地理标志原"三品一标"农产品认定和生产管理工作。2021年全县创建现代特色农业示范园区176个,"三品一标"产品认定数量达38个,认定基地面积16.58万亩,占全县耕地面积39.445万亩的42%。此外,南丹黄牛、南丹瑶鸡等入选国家禽畜遗传资源品种名录。2021年,全县实现第一产业增加值18.34亿元,同比增长9.2%;农林牧渔业总产值30亿元,同比增长10.2%;农村居民人均可支配收入从2015年的8231元提高到2021年的14561元,年均增长9.97%。天然富硒六龙茶产业示范区2021年底获得"广西壮族自治区四星级现代特色农业示范区"称号,通过"公司+合作社+农户"的经营模式,采取统一管护、统一收购、统一加工、统一品牌、统一销售的方式,辐射带动周边农户发展茶叶生产,2021年茶农人均纯收入达到17200多元。

4. 推动第三产业转型升级

南丹县以打造"避暑旅游宜居城"为抓手,深入实施"旅游+"战略,全力创建国家全域旅游示范区、国家级避暑旅游度假区,带动第三产业蓬勃发展。该县创建出六寨镇绿稻花海、歌娅思谷、柿红茶香等十大田园综合体,涵盖了全县11个乡镇已经建成或者正在建设的所有景区景点,实现全域景区化;里湖瑶族乡瑶里村是集生态休闲农业、运动养生、度假观光、民族文化展示、民族工艺传承于一体的乡村休闲农业核心区,2021年该村入选中国美丽休闲乡村;芒场镇巴平村,全村建有3个1000多平方米集图书室、娱乐室、游泳池、表演舞台、篮球场为一体的综合性多功能文化广场。2021年度巴平村成为"全国乡村治理示范村""自治区乡村振兴改革集成优秀试点村",等等。2020年,全县休闲农业与乡村旅游接待游客总人数达20万人,收入4000多万元;2021年1月至5月,全县接待游客达162.1万人次,同比增长57.79%;旅游消费20.1亿元,同比增长63.55%。

5. 带动村级集体经济增量提质

全县围绕油茶、李果、牛、猪、鸡等5个特色现代农业主导产业,采取以奖代补方式,推进经济林、水果、畜禽等特色农业产业项目建设和发展,统筹衔接中央和省级支农资金4200多万元及县级扶持资金632万元、村公积公益金2386万元,与县国投公司合作联营农旅产业特色商铺,建立村级集体经济运行良性机制,带动村级集体经济发展壮大,实现村级集体资产保值增值、村级集体经济发展和农民群众就业互利共赢。全县155个村(社区)年收入均超5万元,其中,48个村(社区)年收入超10万元,7个村(社区)年收入超过20万元,2个村(社区)年收入超过50万元,推动村级集体经济提档升级。

此外,河池市巴马县作为世界长寿之乡,有着得天独厚的生态环境优势,以现代人重视健康长寿的新需求为切入点,结合本地生态优势发展康养产业、茶油产业、香猪产业和数字经济等,以促进产业转型升级,实现中高速增长。2022年全县农林牧渔业实现总产值29.1亿元,比上年增长6.4%。其中,生猪出栏17.93万头,比上年增长7.8%,猪肉产量13699吨,比上年增长6.6%;牛肉产量886吨,比上年增长9.5%;油茶籽产量43407吨,比上年增长30.1%;油料产量1893吨,比上年增产17.9%;蔬菜及食用菌产量16.6万吨,比上年增产11.9%;园林水果产量5.93万吨,比上年增产14.7%;食用坚果产量3462吨,比上年增产20.8%;蚕茧产量2910吨,比上年增长22.0%;木材采伐量31.83万立方米,比上年增长22.4%。

四、潜心培育优势产业,创造融合发展节点

云南文山州"十三五"时期,农业生产按照"大产业+新主体+新平台"发展思路,积极探索农业供给侧结构性改革和农村三次产业融合发展路径,大力发展新型经营主体,培育产业集群,统筹推进乡村产业振兴。积极培育农民合作经济体,带动农民发展农业生产,采取"公司+基地+合作社+农户"模式发展"三七"全产业链和工业辣椒等农产品;推广玉米黄豆带状复合种植新技术,采用玉米黄豆"2+3"种植模式,实现玉米产量不减,增收一季黄豆;创新推广杂交稻旱种(旱种杂交稻比杂交水稻口感更好、产量更高),以提高粮食播种面积、产量和质量。2021年全州农林牧渔业总产值387.64亿元,粮食作物播种面积、产量连续四年保持在云南全省前4位,"三品一标"有效用标产品总数达437个,文山三七、文山蓝莓、砚山花卉、丘北辣椒、广南黄牛、富宁八角、西畴猕猴桃、麻栗坡魔芋等特色农产品深受市场青睐,有27家企业入选"绿色食品牌"品牌目录,高端稻谷、绿色有机蔬菜、中药材、辣椒种植面积分别达到60.3万亩、85.2万亩、171.8万亩、158.8万亩,肉牛基地存栏113.17万头、出栏49.04万头,"文山三七"入选省级"绿色食品牌"目录区域公用品牌名单,三七产业实现总产值260亿元,"绿色食品牌"重点产业综合产值756.46亿元,同比增长30.4%,农民人均可支配收入达到13249元,同比增长10.4%。当前,文山州正在引进云南农垦集团等龙头企业,以在种植业、养殖业、农产品加工业、仓储流通、技术应用、金融服务和农业产业投资等领域与之进行战略合作,采用"地方政府所属国有企业+龙头企业+合作社+农户+金融"的合作模式,做大做强高端稻谷、三七、中药材、辣椒、肉牛、蔬菜等可并列。

(一)着力推进"三七"产业高质量发展

"三七"是我国较早发掘使用的名贵药用植物之一,也叫"田七"。文山州县

级文山市的"三七"产量不仅是云南文山州最大,而且是全国第一、世界之最。文山是全国最大的三七种植基地和加工中心,被誉为"中国三七之乡""三七花开的地方","文山三七"为国药瑰宝,名扬四海,享有"金不换""南国神草""参中之王"等美誉。

近年来,文山市委、市政府按照中央关于深化农业供给侧结构性改革的要求,紧紧抓住省委、省政府确定推进八大重点产业发展和打造"三张牌"的战略部署,大力支持生物医药和大健康产业发展,并安排"一县一业"资金进行扶持,打造全省三七千亿元产业的目标。认真贯彻落实州委、州政府打造世界"三七之都"的工作部署,组织制定了《文山市"十四五"以三七为重点的中医药产业发展规划(2021—2025年)》,实施"一二三四"发展战略,健全"十大发展体系",努力把以三七为重点的中药材产业培育成为富民产业,成为促进社会经济发展的重要推手。

文山市作为云南省首批"一县一业"示范县,2019—2021年累计获得省级"一县一业"示范县创建补助资金6000万元,围绕基地建设、品种培优、品质提升、品牌打造等重点工作,扶持建设以三七为主的中药材产业发展项目25个,撬动社会资本投入15.7亿元,有效推动了以三七为主的中药材产业高质量发展。文山市被认定为以三七为主的中药材全国农业全产业链典型县和中药材国家级区域性良种繁育、生产和加工基地,"文山三七种植系统"成功申报为中国重要农业文化遗产。他们具体做到了以下"六个突出"。

1. 突出组织保障,强化行政推动力

为确保"一县一业"示范创建工作的顺利推进,文山市成立了"一县一业"示范县创建工作专班,细化工作方案,明确工作目标、任务、重点、措施和责任单位,逐级分解任务,做到工作责任清、任务明,层层签订责任状,严格检查考核,有人管、有人抓,增强工作责任感和紧迫感,形成合力,推进各项工作落实落地见成效。建立完善切实可行的项目库,明确重点环节、重点项目,统筹安排"一县一业"示范创建专项资金给予扶持,引导企业、金融机构等社会资金,加大对主导产业发展的投入力度,加快推进全产业链集聚发展。建立项目月报制度,及时掌握动态,通过倒排工期,加强项目建设工期的调度管理,定期召开联席会、工作推进会,及时协调解决遇到的困难和问题,确保项目顺利实施和创建工作有序开展。

2. 突出项目支撑,强化项目聚合力

为确保"一县一业"补助资金发挥最大效益,结合中药材产业发展实际,根据《云南省"一县一业"示范创建管理办法》和创建工作相关规定,制定印发《文山市"一县一业"示范创建项目申报指南》,坚持"公开、公平、公正"的原则,按照以下流程遴选年度示范创建项目：新型经营主体自愿申报,工作专班初步审核,州和市级专家评审,省"绿办"产业组和省专家组共同研商后确定年度示范创建项目。同时,年度示范创建项目工作方案经州人民政府审核批复,报省"绿办"备案后组织实施。

3. 突出龙头培育,强化主体带动力

采取"政府引导+企业带动+农户种植""企业+基地+农户""企业+合作社+基地+农户"等模式,先后引进培育了七花、七丹、高田、逸龙、华信、苗乡、天士力等一批拥有雄厚技术力量的新型经营主体,其中,国家级农业产业化龙头企业1家,省级农业龙头企业7家,省级以上示范社4个,提高三七规范化种植水平。文山高田三七种植产业基地有限公司、文山逸龙生物科技有限公司中药材种植基地投资超1亿元,获云南省培育绿色食品产业龙头企业投资奖励资金近300万元,进一步激发了各经营主体投资中药材产业发展的信心和决心。全市销售收入1亿元以上的龙头企业10家,云南白药七花公司、文山华信公司被评为云南省绿色食品"20佳创新企业"。

4. 突出市场效应,强化品牌影响力

推进三七电子商务新业态发展,逐步构建了符合产业发展需要的市场平台和体系,文山三七市场已成为国内最大的三七原料交易和集散中心,吸引来自全国各地的制药企业及大中药材交易市场在文山市设点采购中药材,全市三七流通企业和个体工商户414户,阿里巴巴、淘宝、天猫等电商平台注册的三七网店3800余家。获文山三七"三标联用"标志使用授权企业、合作社21家,获"文山三七"地理标志产品和证明商标（中国驰名商标）使用授权企业、合作社21家,获国家中药材（文山三七）流通追溯体系统一标识使用授权企业、合作社22家。"云三七""七丹""苗乡"三七入选云南省"10大名药材",其中,"七丹"三七连续4年获"10大名药材"第一名。

5. 突出科技支撑,强化产业竞争力

采取政企合作、企校（院）合作和政校（院）合作的方式,鼓励支持中药材产业科研工作,先后与清华大学、北京大学、复旦大学、云南大学、昆明理工大学、日本早稻田大学等高等院校联合开展科研调查、技术攻关、品种选育、装备升级等项目,并取得良好成效。依托文山州三七物联网试点示范公共服务平台项目,形成以三七为主的种植业物联网平台、专家在线指导标准化种植平台、农

产品质量安全可视化追溯平台、区域重点产业大数据库应用等一系列信息化公共服务。

6. 突出文化助推，强化产业发展氛围

以州庆、文山三七节为重要节点，开展一系列三七产业专题宣传活动，深入广泛宣传文山三七，着力讲好文山三七故事，有效提升文山三七品牌形象和知名度。着力加快三七产业与旅游产业的融合步伐，推送文山三七历史文化、科普知识和产品信息，宣传三七产业品牌和产品品牌。持续加大三七体验馆和品牌形象店的建设力度，鼓励和支持有条件的企业在北京、上海、广州、成都等全国各大中城市建设三七体验馆、三七体验站或三七品牌形象店，带动文山三七产品走出文山、走向全国。

经过上述努力，文山以三七为主的中药材产业发展取得显著成效。

（1）规模化发展水平不断提高

着力打造世界"三七之都"，有力推进以三七为主的中药材产业规模化发展，形成了"市场+基地+企业+科技+政府"五位一体的产业化发展新模式。全市中药材产业规模化、标准化发展水平不断提高。2021年，文山市以三七为主的中药材种植面积为21.11万亩，产量为17.13万吨，农业产值为15.23亿元，占全市农业产值的比重为35.7%，加工业产值41.3亿元，加工业产值与农业产值之比达到2.71：1。2022年，文山市以三七为主的生物医药产业实现综合产值160.35亿元（其中：农业产值11.49亿元，加工业产值41.38亿元，流通服务业批发零售额107.48亿元），比上年同期增长19.75%。

（2）绿色化发展水平不断增强

着力推进中药材基地绿色化和生产绿色化建设，在种植和加工环节持续推进集约化、规范化、标准化、绿色化安全生产。三七品质达到《地理标志产品·文山三七》国家标准，以测土配方施肥为基点推广有机生物肥替代化肥技术，推广面积10万亩以上，全市中药材有机认证产品11个，认证面积4108亩，中药材"绿色食品牌"产业基地9个，建设州级高品质药园12个，完成了中国合格评定国家认于委员会（CNAS）和农业农村部CATL资质认证工作。

（3）专业化发展水平不断提高

组建以三七为主的专业化专家团队，鼓励新型经营主体与高等院校联合开展科研调查、技术攻坚、品种选育等工作，进一步提升专业化发展能力，形成以三七为主的种植业物联网平台、农产品的质量安全可视化追溯平台、区域重点产业大数据库应用等一系列信息化公共服务。依托文山州三七物联网试点示范公共服务平台项目,实现农业物联网应用基地面积3.15万亩,制定了三七两项国际标准、一批国家标准和一系列云南省地方标准。

(4)组织化发展水平不断提升

成立了全市三七产业发展和三七全产业链"链长制"工作领导小组,形成全市上下联动,聚力推进三七产业高质量发展的良好格局。着力建设一支经验丰富、技术过硬的三七种植专业化、职业化队伍,提升文山三七标准化种植水平。推进"政府引导+企业带动+农户种植""企业+合作社+基地+农户"等模式,促进中药材产业融合发展。文山三七国际交易平台物流配送体系已链接上全国各大中药材市场和国内以三七为原料的加工企业。三七产品开发力度加大,产品种类已从原料深加工发展为药品、保健品、食品、日用化工品和工艺品5大类161个品种。

(5)市场化发展水平不断完善

以三七国际交易中心为平台,按照"政府引导,公司为主,市场运作"的方式,加强与国内外医药、物流企业合作,吸引来自全国各地的制药企业及大中药材交易市场在文山市设点采购中药材,形成中国乃至世界最大的三七交易市场,2021年,三七国际交易中心实现三七原料交易额87.05亿元。以此推动建立文山三七产地市场与外销地市场紧密衔接的营销体系,大力拓展国内外新兴市场,提高文山三七交易市场的整合力度。目前,文山三七原料产品已进入全国20个大中药材市场,三七营销网络已经覆盖全国,三七制品已进入全国各大城市医院及药店销售。

(二)补好优势产业规模发展基础短板

文山州砚山县近年来在"扶持壮大新型农业经营主体,带动农民增收致富"上下大力气。截至2020年底,全县有农业龙头企业45家,其中,省级龙头企业11家,州级龙头企业5家,县级龙头企业29家,全县农业龙头企业预计营业收入6.61亿元,从事农产品加工产业的企业及新型经营主体完成现价总产值35.75亿元。全县共登记注册合作社1049个,清理注销空壳社311个,现共有738个,其中国家级示范社5个,省级示范社31个,州级示范社35个,县级示范社76个。全县有家庭农场64个,主要从事种植、养殖及销售等方面。全县辣椒、蔬菜、水果等产品产量和花卉出口以及农产品加工规模等持续增长,农民的综合性收入稳步提高(见表3-12和表3-13)。

表3-12 2017年和2020年砚山县主要农产品种植面积及产量变化情况

品种	年份	面积（亩）	产量（吨）	品牌名称
辣椒	2017	550370	65399	丘北辣椒、云之辣、华博、彝品香、润辉、咪彩等
辣椒	2020	556744	65444	丘北辣椒、云之辣、华博、彝品香、润辉、咪彩等
蔬菜	2017	164759	241223	"云松南"奶白菜、"我走鲜"水果番茄、上海青等
蔬菜	2020	196401	264095	"云松南"奶白菜、"我走鲜"水果番茄、上海青等
水果	2017	60000	39334	侨园梨、阿囡阿宝（油桃）
水果	2020	126377	48327	侨园梨、阿囡阿宝（油桃）

资料来源：文山州砚山县农业农村局提供。

表3-13 2017—2020年云南文山州砚山县农民收入变化情况

年份	总收入	经营性收入	工资性收入	财产性收入	转移性收入
2017年	9755	5679	2054	116	1906
2018年	10682	5996	2346	128	2212
2019年	11750	6498	2622	134	2496
2020年	12705	6927	2860	148	2770

注：①数据由文山州砚山县统计局提供；②单位：元。

辣椒食品在国内外市场广泛销售，工业辣椒则用来提炼辣椒碱和辣椒红色素，广泛用于国防、医药、化妆品、生物农药等。砚山县有耕地面积220万亩，年平均气温16.5℃，无霜期300余天，年均降雨量900—1000毫米，光照充足、四季温和，是辣椒生长的最佳区域。全县每年拿出1/4以上的耕地面积种植辣椒，是全国辣椒生产的第一大县，小米椒产量占全省的50%，占全国的45%；朝天椒占全省的40%，占全国的30%；"丘北辣椒"占全省的25%。鲜椒产量50万吨左右，产品主要销往四川、湖南等20多个省（区、市）以及海底捞、李锦记、康师傅、统一等知名企业，在全省县（区、市）中排列首位。

2017年以来，砚山县辣椒种植面积都保持在50万亩以上，该县还将辣椒种植与精深加工、贸易有机结合起来，规模以上龙头辣椒加工企业就有十多家，生产出的辣椒油、辣椒色素、辣椒酱、辣椒干等几十种产品畅销北京、上海、浙江、湖南、江西、香港、澳门等地，辣椒总产值达12亿元以上。

2019年之前，砚山县辣椒育苗以农户分散式小拱棚育苗为主，每年小拱棚育苗占地面积达1800亩。这种育苗方式的问题很多：一是费钱。占用耕地多、成本高，每株椒苗成本不低于0.25元。二是费力。精细整地、理墒、搭拱棚、追肥、浇水、病虫防治等需要投入大量人力，特别到炼苗环节所需人力更多，椒苗长到8—10片真叶时开始炼苗，头几天白天在棚子两头揭膜通风，晚上回盖，之后白天全部揭开，晚上又回盖防止霜冻，移栽前一星期白天黑夜都揭开以适应大田温度，每天如此，耗费人力多。三是费时。椒农各家各户自己用小拱棚来育苗，平均种植1亩大田辣椒，在育苗环节上至少投入8个工日。冬早辣椒小拱棚育苗需80天以上的苗期才能移栽，椒农需投入大量时间。四是病苗。各个小拱棚育苗做法和要求不一样，有些农户病虫害防治不到位，导致移栽时会带有病株移栽到大田，给椒农造成重大损失。五是冻害。小拱棚冬天容易有冻害现象发生。

为了解决上述问题，提高辣椒育苗质量，砚山县根据省委、省政府推进八大重点产业发展战略部署，于2019年向省政府申报"一县一业"重点产业发展示范创建项目，获得审批，成为全省四个蔬菜产业"一县一业"示范创建县之一。该项目的建设内容就是辣椒大棚育苗设施建设，包括辣椒单体式育苗大棚、半自动化连跨式育苗大棚、高标准玻璃育苗温室大棚等。砚山县还对三类大棚育苗设施建设标准作了逐项规定，在财政资金扶持上采用先建后补的方式进行补助，对符合建设标准的项目按总投资10%的比例给予补助，让小资金撬动大项目，以保证项目建设的质量和进度，确保财政资金的安全。不少龙头企业、合作社、家庭农场纷纷建设起来，由此，掀开了砚山县辣椒大棚育苗设施建设的热潮。

砚山县经过两年辣椒大棚育苗设施建设的示范创建，首先创建了8个辣椒生产专业村，基地面积6000亩，进行辣椒标准化种植，做到统一育苗、统一整地、统一移栽、统一病虫防治，大大地提高了辣椒的品质和产量，还创建了5个辣椒田间交易市场，方便了鲜椒田间交易。辣椒交易市场的建成，促进砚山辣椒产业的发展壮大，产业的壮大又需要大量的椒苗。在这过程中，椒农为了抓紧节令、省时省力，将自己购买的辣椒种子交由工厂化育苗基地代育，或直接到工厂化育苗基地预订辣椒苗，促进了辣椒工厂化育苗的发展。辣椒育苗大棚的发展和扩大，改变了过去辣椒小拱棚育苗周期长、质量良莠不齐的状况，推进了辣椒产业化进程。

1. 育苗能力得到提高

截至2022年11月，砚山县全县辣椒大棚育苗户42户，大棚面积由创建前的146.6亩发展到555.6亩，增加了409亩。其中，连跨式育苗大棚443.9亩、单体大棚111.7亩，育苗能力大大提高，不仅提高了育苗的质量，也促进了辣椒生产规模的扩大，可以满足上百万亩辣椒生产的椒苗需求。辣椒育苗大棚还可以一棚多用，除了用于育辣椒苗，还可以用于甘蓝、白菜、茄子、西红柿等蔬菜育苗和香椿、重楼、三七等作物的育苗,提高大棚的利用率。水果生产也如此。

2. 椒农得到实惠

首先是省钱。椒农将辣椒种子交给专业的育苗基地进行工厂化育苗,每株只要0.12元的代育费,如果直接向育苗基地购买,每株只要0.2元钱,非常划算。如果椒农自己育,每株成本在0.25元以上;如果到外地或街上购买,加上运费,每株成本高达0.35元以上。其次是省时省力。椒农将种子交给基地工厂化育苗后,就可以抽出身来,放心地进行其他农事活动,或者打零工挣钱增加收入。

3. 椒苗产出率高

工厂化育苗,肥水管理、病虫害防治等农艺措施到位、管理规范,所育出的椒苗不仅苗壮,而且不带病株,能为椒农提供优质放心健康的种苗,确保辣椒生产的基础质量。砚山工厂化辣椒育苗还辐射到县内外,如农之星种植农民专业合作社的辣椒育苗基地,每年10月份就进入育苗旺季,委托育苗的客户有本县椒农,还有文山、马关和周边的建水、红河等州内外各县椒农。

4. 能吸纳部分劳动力就业

辣椒大棚育苗设施的建设和扩大,使部分剩余劳动力的就业问题得到就地解决。据测算,555.6亩辣椒工厂化育苗基地,每年能吸纳1670人前来做工,平均每人每年至少能做3个月工,按每人每月3500元工资计,555.6亩辣椒工厂化育苗基地每年需支出工人工资1753.5万元,增加了当地剩余劳动力的劳务收入。

(三)拓宽茶旅融合发展新路子

近年来,市场上新式抹茶饮品、食品和日用品丰富多彩、层出不穷,深受年轻消费者的喜爱与追捧。2015年农业部出台了《茶粉》(NY/T 2672—2015)行业标准,2017年国家质量监督检验检疫总局发布了《抹茶》(GB/T 34778—2017)国家标准,促进了抹茶产业化进程,浙江、贵州等省相继加快了抹茶产业布局与发展,抹茶产量和消费量呈现快速增长趋势。作为兴起的市场热销茶产品,抹茶具有下树率高、经济价值显著、有助于茶产业转型升级的特点,发展潜力巨大。

文山州广南县茶叶栽培种植历史悠久,茶树种质资源丰富。其良好的自然环境条件孕育了底圩茶独特的优良品质,为全省30个茶叶生产基地县之一,茶产业在地方农村经济中的地位十分突出。广南县石山农场有限责任公司原隶属于云南农垦集团,是县级重点农业龙头企业,注册有"正道"牌商标,2014年被评为云南省著名商标,产品远销广东、福建等外省市场,名声远扬。但是,受品牌打造、市场营销、科技支撑不足等因素制约,长期以生产销售大宗绿茶产品为主,市场竞争力弱化,品牌知名度也不高,亟待加快传统生产方式转型升级,推进茶产业高质量发展。为此，广南县委、县政府抓住农业供给侧结构性改革的机遇，大力推进茶旅融合发展。

1. 发挥优势谋划融合发展

广南县石山农场有限责任公司位于滇、桂、黔三省交界的坝美镇，建有茶园1.2万亩、柑橘园0.25万亩，森林面积1.8万余亩、其他用地0.4万余亩，职工1917人，基地茶园2017年荣获云南省高原特色现代农业"秀美茶园"称号。场区远离城市喧嚣，田园诗画氛围浓厚，石山茶品质口感独特，具备茶旅融合发展的优越条件。近年来，在广南县委、县政府的关心支持下，企业依托南昆高铁过境和"西（畴）西（林）公路"贯穿坝美镇全境的便利交通条件和接近"世外桃源"风景名胜区的区位优势，不断探索传统产业破局之路，积极谋划产业提质增效，通过加大招商引资力度，紧跟产业融合发展趋势，有序推进茶旅融合发展。

2. 规划先行，引领融合发展

2020年广南县人民政府与广南九晟农业科技有限责任公司签署了《广南特色茶产业石山农场抹茶生产基地及国营石山农场"农垦庄园"示范项目合作协议》，创新发展"抹茶+旅游""抹茶+康养""抹茶+文化"等模式，石山农场抹茶生产基地、"农垦庄园"示范项目、"秀美茶园"建设项目被纳入了《广南县国民经济和社会发展十四个五年计划和二〇三五年远景目标纲要》，并作为农文旅产业示范带和低空旅游示范基地被纳入了《广南县"1165"中长期发展战略重点项目"项目长"工作方案》推进。编制完成了《广南抹茶文化产业发展规划建议》《石山抹茶农垦庄园茶旅康养小镇发展规划》，通过以石山农场为核心，以"一轴线、二中心、三基地、四片区、多点联动"为整体思路布局，打造石山农场花恒抹茶研发中心、秀美石山茶旅文化中心2个，建设广南特色茶产品研发基地、广南抹茶生产示范基地、广南绿色石山茶旅体验基地3个。打造"广南抹茶"、抹茶文化等品牌，拓展抹茶衍生新产业，不断延伸和丰富"抹茶+"产业链条。

3. 加强产业融合发展基础配套设施建设

广南九晟农业科技有限责任公司主动聘请国内知名农业专家开展茶园地势、土壤、水源、光照、茶树长势、管理等现场评测和抹茶加工设备选型与改进方案论证，并结合浙江抹茶发展经验，有针对性地制定了抹茶产业发展治理方案。先后完成了基地云抗10号无性系良种抹茶原料遮阳覆盖栽培生产试验与产品试制探索，广南县抹茶饮品系列、抹茶休闲食品系列、抹茶代茶饮系列、抹茶雾化产品系列选型及测试。龙坑1号样品经送通标标准技术服务（上海）有限公司检测，未检出513项农残限量指标，产品香气、颜色、颗粒以及静置沉淀比对分析评价良好。完成了抹茶厂房改造与两条抹茶自动化生产线安装，产能不断提升。完成了金萱、水灵1号等茶树品种嫁接扩繁工作，进一步丰富和优化抹茶适制性品种筛选。积极编制了《广南抹茶质量与管理条例汇编》《抹茶田管理标准手册》《抹茶生产管理标准手册》以指导生产。通过联合云南热作学会、云南巨星职业技能培训学校等，不断加大职工茶叶种植、加工技能提升培训力度。聘请专业设计公司对茶叶包装进行设计和改进，包装档次与产品形象明显提升，特别是精心设计的可嵌入矿泉水瓶的便携式抹茶包装等新产品，备受消费者喜爱。广南抹茶首次亮相北京国际文化交流活动，以石山抹茶为原料的"赴夏"品牌雪糕在北京、哈尔滨、银川等市场销售，深受消费者好评。建成特色产业展示体验馆1个，并与国内多家知名食品、饮品品牌企业达成合作意向，产品市场逐步拓宽。完成了"玉抹山原"抹茶商标注册与产品包装设计，并通过学习强国、腾讯网视、听文山等媒体宣传报道，宣传产品与推广品牌。企业基地规范化管理、加工设施设备、品牌打造、市场营销等产业发展基础不断完善。政府通过加大财政涉农整合资金项目、定点帮扶项目、民族团结示范村建设项目等扶持建设，帮助石山抹茶农垦庄园茶旅康养小镇打造，已完成综合投资1000万元，道路硬化、通信、景观等相关配套基础设施得到了显著改善与提升。

2021年广南县获得"绿色食品品牌"重点产业县级基地认证，2022年获得有机食品基地认证2901亩，茶叶生产标准化水平不断提升；2021年12月，石山农场创建的"中国抹茶农垦庄园旅游区"被评定为国家AAA级旅游景区。2022年广南县入选"全国县域旅游发展潜力百佳县"，茶叶产量8757吨，比上年增长47.7%，品质也明显提高；旅游人数明显增多，全县共接待各地游客956.67万人次，实现综合收入90.08亿元，比2021年分别增长36.2%、17.5%。其中，坝美世外桃源景区共接待各地游客4.67万人次，实现门票收入688.28万元，广南县茶旅融合发展格局初步形成。

（四）持续培育万寿菊产业

万寿菊又名金盏花、蜂窝菊、臭菊花。原产墨西哥，属一年生草本植物，其花和叶有清热化痰、补血通经之功效，经人工栽培后其花朵可作为提取叶黄素的原料，广泛应用于食品饮料加工等行业。天然叶黄素价格昂贵，素有"软黄金"之美称。目前全世界对叶黄素的需求量约为200万吨，国内为100万吨。我国种植万寿菊面积大约为100万亩，供应国内叶黄素96万吨，出口欧美地区64万吨，是目前世界上叶黄素主要生产和供应国。万寿菊产品应用领域广泛，具有医用、观赏、生态保护等价值。

2011年初，文山州丘北县腻脚彝族乡政府通过考察后，首先引进广州立达尔生物科技股份有限公司在腻脚彝族乡境内示范种植万寿菊并建初加工厂，成立了丘北县立达尔农业开发有限公司。2012年县委、县政府再次引进曲靖博浩生物科技股份有限公司到丘北发展万寿菊产业。12年来，特别是2017年以来，丘北县紧紧围绕"农业增效、农民增收、农村增美"的总体目标，充分发挥资源禀赋和市场优势，不断改善营商环境，培育壮大企业主体，强化要素保障，持续培育万寿菊产业，积极构建万寿菊"种植—销售—加工"一体化发展链条，拓展产业空间、创新产业形态，加快农村一二三产业融合发展步伐，带动乡村产业发展，不断提升特色产业的规模化、标准化和品牌化水平，推动高效农业赋能乡村振兴。

1. 加强主体培育，激发发展活力

充分发挥土壤、气候、海拔、温湿度，以及充足的光照、降雨量等自然资源优势，按照"筑平台、引龙头、建基地、育产业、促增收"的农业产业化发展路径和"公司+合作社+基地+农户"的发展模式，把万寿菊产业与现代农业、新型工业、文旅产业、乡村振兴发展紧密结合，着力打造万寿菊种植、收购、加工、销售、研发全产业链。共建万寿菊鲜花收购点104个，覆盖全县12个乡镇，万寿菊颗粒加工厂4个。2021年，丘北立达尔生物科技有限公司投资1亿元在工业园区实施食品级天然产物精深加工项目，建成食品级叶黄素油膏生产线和综合性天然产物制剂生产线，每天可加工50吨万寿菊颗粒，年可整合加工万寿菊颗粒1.5万吨以上，年产2000吨油膏。

2. 完善"双绑"机制，增强发展动力

按照"突出点、连好线、扩大面、全覆盖"思路，大力推广"党组织+公司+合作社+农户+订单"发展模式，采取签订销售合同方式稳住种的积极性、收的稳定性，绑住产销双方的利益，指导农户应卖尽卖，督促公司和合作社应收尽收，强化利益联结，真正形成了规模化、系统化的发展。自2011年以来，万寿菊产业呈逐年发展壮大趋势，累计发展万寿菊种植95.4万亩，累计收购鲜花106.5万吨，累计带动农户收益19.88亿元。2022年与2011年的实绩相比，种植面积增长了31.26倍，收购量增长了22.4倍，农户收益增长了31.11倍，切实形成了产业规模化、现代化的发展模式。

3. 狠抓帮带抱团，凝聚发展合力

针对缺技术、缺指导、自身发展动力不足等问题，主动摸清产业发展底子，厘清产业规划思路，鼓励引导低收入人口大面积种植万寿菊。各村组党组织牵线搭桥，由合作社中的种植大户、致富带头人牵头，采取"大户助小户、强户带弱户、富户帮穷户"的帮带方式促使万寿菊产业"抱团发展"，通过"信息共享、劳力互助、技术互学、销售互带"等方式，逐步壮大万寿菊产业规模。2022年发展万寿菊产业32.16万亩，农业产值5.65亿元，工业总产值10.6亿元，带动农户37662户16.95万人就业，其中：脱贫户3297户14836人种植2.6万亩。

4. 服务集体经济，提升发展能力

丘北县把万寿菊产业作为壮大村级集体经济主要抓手之一，自2018年以来，县委、县政府协调部分村委会与博浩、立达尔有限责任公司建立合作关系，村"两委"干部通过动员群众种植万寿菊、帮助公司发放花种、提供技术指导、协调相关服务等方式支持万寿菊产业。2022年各村依托万寿菊产业增加村集体经济收入92万元，比2021年的70万元增长31.43%。

如今，丘北县万寿菊种植规模在全州乃至全省、全国的占比快速提升，已成为名副其实的万寿菊种植大县，万寿菊产业初步发展成为全县助农增收效果最明显、最具发展潜力的特色优势产业和一二三产业深度融合发展的示范产业。

预计到2025年，全县万寿菊规划种植面积35万亩，每亩鲜花目标产量1.5吨，计划完成鲜花总产量52.5万吨，每吨按1200元进行收购，力争实现农业产值达到6.3亿元以上，新增2条粗加工生产线、1条深加工生产线，税收将达到6000万元以上。

（五）潜心培育高端农产品

文山州地理位置独特，北回归线横贯而过，全州海拔107—2990米，亚热带和温带气候三七开，有"十里不同天"的立体气候特征，年均降水量和日照量充足，全年无霜期达310天左右，具有得天独厚的光、热、水、气条件与独特的高原低纬气候环境。2018年文山州入选中国特色农产品优势区，不仅适宜种植三七、八角、辣椒、烤烟、茶叶，也适宜发展蓝莓产业。2020年前，文山州蓝莓种植面积为1000亩左右，以露地大田种植为主，存在品种更新慢、管理技术不当、品质不佳等不足，产品主要在当地销售，少量销往昆明及周边城市，卖不出高价钱。2020年以来，文山州各级政府大抓招商，以文山区域优势吸引光筑农业公司、莓隆镇公司及拜瑞农业公司等企业在文山州投资以蓝莓为主的小浆果现代农业全产业链产业园建设，发展集设施种植示范、分选包装、冷链物流、食品加工、研发教育为一体的现代农业，填补"十四五"时期之前文山无高端水果的空白。

1. 精选蓝莓品种

文山地区属于冷凉气候并且地形地貌比较复杂，种植园的小气候对蓝莓生长的影响不可忽视,大量生产实践表明,适合文山地区的蓝莓品种主要有珠宝、M86、M77、1545、1542、122等南高系列品种,比较适宜的种植模式是大棚全基质栽培。

2. 创新种植模式

光筑农业采用全基质种植,通过椰糠、泥炭、珍珠岩等物料的精准配比,营造出蓝莓生长最适宜的基质环境。通过对pH、EC、进排液量、矿质元素浓度等关键影响因子的精准管控,营造出蓝莓生长最适宜的水肥环境。因地制宜,通过"品"字形摆钵与传统摆钵的有机结合,提高蓝莓的光合作用效率,同时也提高了土地利用率。

3. 强化科技支撑

光筑农业依托于诺普信研究院的技术力量设立了光筑研究院,就设施蓝莓的提质高产开展水肥基质、植保与安全、产季调节、种质资源、环境数据模型构建等方面的研究,解决了许多生产实践中的关键技术难题,目前已在多个技术领域实现了关键性的突破。在各个基地全面推广病虫害靶向防控技术、水肥精准化管控技术、产季调节技术、种苗快繁技术等成果,为蓝莓生产提供良好技术支撑。

4. 创新经营管理模式

全面吃透技术及生产方案,企业技术、生产部门每月定期研讨次月的技术生产方案,就次月田间农事活动内容、风险处理、技术标准、生产运营费用等进行全面而深入的研讨,以确保各项农事活动符合技术标准,成本基本可控。全面推行数据化阿米巴经营模式,公司将基地划分为以25亩地为经营单元的"阿米巴",通过25亩切分经营,将责任落实到每一个技术落地工,各经营单元采取独立核算、经营结果与绩效挂钩的方式开展各项经营管理活动。全面开展学习型组织建设,确保农事活动的高效能,公司定期组织行业专家及技术能手对农民进行系统化的农业技能培训,培育出了一批又一批既懂现代化农业技术又精于经营管理的高素质"新农民"。

5. 完善利益联结机制

通过地租和劳务工资的发放解决租地农民的基本生计和经济创收的问题。通过吸纳大量农民充当基地的管理者,使农民在基地接受现代化农业的洗礼,与农业院校的大学生、行业专家、农业项目管理者交流,开阔了视野,锤炼了技能,逐步成长为具有现代化视野和基本工作技能的"新农民"。通过科学合理的绩效激励机制,摒弃"大锅饭"的思想,充分激发农民的内生动力,实现从"要我做"到"我想做"的思想转变,也实现了从"打工仔"到"新型经营主体"的角色转变,让农民更快地适应现代化农业的发展。

6. 严格风险管控

光筑农业依托诺普信多年来在农业领域的深厚底蕴,打通了从品种端、种植端、加工端、品牌端到市场的全产业链布局,构建起了单一作物产业生态链的运营模式。建立起科学严谨的预测预报及反馈机制,对影响蓝莓生长的天气、温湿度、光照、水肥、病虫害等关键因子建立起了一套完备的预警机制,每天安排专人对农作物生长的关键环境因子进行预测预报,基地的技术主管根据田间排查以及一线工作人员反馈的信息,适时地调整技术管控方案,以确保农作物的生长始终处于最佳的状态。建立起严谨的预算检视制度,公司管理层每月定期研讨基地的预算及预算执行情况,将生产经营成本控制在安全范围,确保生产经营活动的稳健运行。建立起了严密的风险评价体系,根据每个基地的投资结构并结合基地的实际情况,给基地画出经营管理红线,对运营成本、产量达成、产品成品率、销售定价等关键经济指标进行严密的管控。

到2022年文山全州蓝莓种植面积就达到1.01万亩,仅是光筑农业黑鱼洞基地已投产的700亩面积,就收获了720吨的优质蓝莓鲜果,销售单价每公斤97元,产值近7000万元。2023年有望实现1200吨的鲜果产量,若按2022年光筑农业黑鱼洞基地产量及产值推算,2023年整个文山州的蓝莓鲜果产量将达到6000吨,农业产值可达5.82亿元。文山州蓝莓产业培育的成功,为老区高端农产品发展创造了一个可复制、可推广的范例。

五、"三黔"力推"黔货出山"供应大市场

贵州省黔西南、黔南和黔东南三州(简称"三黔",下同),具有独特的气候、山水等自然条件,生态环境良好,很适合生产绿色等"三品一标"农产品。过去由于市场和技术等原因,农产品主要供应本地市场,需求数量少、动力不足。例如黔南州都匀毛尖茶,以前要靠茶农自己摘、自己卖,即使产量上去了,销路也是个问题。自打脱贫攻坚战以来,依托黔粤帮扶机遇逐步打开产品销路,创造条件推动"黔货出山"。近年来,"三黔"结合贵州省委提出的农村产业革命,积极推进农业供给侧结构性改革,围绕粮食、蔬菜、精品水果、生态畜牧业等主导产业,全面禁用化学除草剂和限用农药、化肥,全面加快无公害、绿色农产品基地建设,发展生态安全、绿色、健康的农产品。2019年,仅黔南州都匀市就种植粮食32万亩,茶叶37.53万亩,蔬菜24万亩,水果6.4万亩;大力开展无公害农产品和绿色、

有机食品认证，产地认证面积58万亩，水稻优质率99%以上，蔬菜优质率99%以上，水产品优质率98%以上。

(一)黔西南州：瞄准大市场发展大农业

黔西南州自2017年以来坚持盯住大市场，以农业供给侧结构性改革为主线，以"农业增效、农民增收、农村增绿"为目标，以要素融合、科技创新、物质装备为手段，着力优化农业产业结构、产品结构、经营结构，延伸产业链，发展生态农业、绿色农业、设施农业、品牌农业，推进农村三次产业融合发展。

1. 优化农产品结构

按照农业供给侧结构性改革的转方式、调结构、提品质、增效益等要求，推进稳粮、优经、扩饲，调减坡地低产玉米、杂粮等种植面积，淘汰了一些低端杂牌的农产品，大力发展生态畜禽产业以及山地蔬菜、食用菌、薏仁米、精品水果、茶叶、花椒等特色优质农产品，打造了南盘江黄牛、兴义黑山羊、兴义矮脚鸡、兴义黄草坝石斛、兴义山银花、兴义大红袍、兴义芭蕉芋、兴义红皮大蒜、兴义生姜、兴义白杆青菜、兴义甘蔗、兴义七舍茶、兴仁猕猴桃、兴仁薏仁米、兴仁牛干巴、晴隆羊、晴隆脐橙、晴隆糯薏仁、晴隆绿茶、安龙黄牛、安龙跑山鸡、贞丰四月李、贞丰火龙果、贞丰鲁容百香果、普安盘江乌鸡、普安红茶、册亨茶油、册亨糯米蕉、望谟黑山羊、望谟八步茶、望谟板栗、顶坛花椒等国家地理标志农产品和特色优势产品品牌，发展大农业。黔西南州从2017年到2020年，农林牧渔业总产值由287.46亿元提高到417.75亿元，年均增长13.27%；蔬菜产量由182.75万吨提高到229.12万吨，年均增长7.83%；水果产量由14.82万吨提高到35.98万吨，年均增长34.4%。尽管受非洲猪瘟等影响，肉类总产量仍由16.34万吨提高到17.99万吨，年均增长3.26%；禽蛋产量由2.54万吨提高到3.36万吨，年均增长9.77%，成效显著。很多农产品供应到粤港澳大湾区、大城市，深受城市居民的欢迎。

2. 推行绿色生产方式

积极做好地方农产品种质资源开发与保护工作，发展无公害、绿色、有机农产品生产，推广标准化生产和绿色防控技术，加强农作物秸秆肥料化、饲料化、基料化利用。实施化肥农药零增长、减量化行动，扩大配方肥、生物农药使用范围，开展茶叶、水果、蔬菜有机肥替代化肥试点示范创建工作，并迅速推广，使农业生产从过去的化学农业向绿色有机农业发展，提升农产品的品质。

3. 延伸农产品产业链

随着特色农产品的规模化、产业化发展，州政府组织有关部门和企业赴上海、重庆等地参加展销会，提高绿色农产品市场竞争力与品牌知名度，吸引国内知名企业前来投资农产品加工和农业全产业链经营,打造优势加工企业集群,大力发展农产品加工业,还采取"旅游+"模式,推动农林牧渔业与旅游、康养等产业融合发展,促进了农业稳定发展、农民增加收入、农村经济繁荣。

(二)黔南州:积极对接大湾区"菜篮子"

2019年初中央推动粤港澳大湾区建设以来,老区农产品市场前景愈加广阔。大湾区常住人口高达7000多万,是极具消费潜力的区域大市场,很多产品都想进入,但要求的条件也高,特别是深圳市场,还专门制定有"圳品"标准,比"三品一标"的标准还要严格。在消费升级日益明显的今天,大湾区消费者越来越追求吃得好、吃得精,但由于产销信息不畅造成一些地方好货销不出,无法有效满足消费者的需求。为了贯彻落实和服务好国家关于粤港澳大湾区发展的战略,广东省提出建设粤港澳大湾区"菜篮子"工程计划,以解决大湾区消费需求越来越旺盛、品质要求越来越高的"菜篮子"问题。广州市政府立即组织市农业农村局、广州海关与香港特区政府食物及卫生局、香港特区政府食物环境卫生署食物安全中心共同建立了粤港澳大湾区"菜篮子"穗港联席议事协调、信息共享及通报机制,合作范围从粤港澳大湾区辐射到包括广东对口帮扶的"三黔"等在内的国内其他地区。"三黔"利用这一难得机遇,在广东驻黔扶贫干部牵线搭桥和多方协调下,与广东合作建设粤港澳大湾区"菜篮子"平台,为粤港澳大湾区稳定提供优质绿色农产品。

黔南州专门组成招商工作组赴广州开展招商引资工作,经协商确定在都匀市设立粤港澳大湾区"菜篮子"产品配送分中心,将黔南的绿色生态特色农产品供应大湾区,助推"黔货出山、优品入黔"双向物流通道的构建。都匀农产品配送分中心建成后,以黔南州都匀市为中心,拓展到黔西南、黔东南周边各县,重点抓好500亩以上坝区生产,按照统一基地计划种植、统一管理、统一配送、统一价格、统一核算和统一服务的运行机制,打造符合供应大湾区标准的农产品种植基地,构建完善的产业体系、生产体系和营销体系,实现农产品生产规模化、标准化、市场化、集约化、组织化,把粤港澳大湾区保供基地打造成为全国示范基地。启动农产品电商仓配港项目建设,加快仓储、分拣、加工、配送、检验、检疫、通关一体化,还在广州设立"三黔"优质农产品进入粤港澳大湾区中转站,打造立足广州、服务湾区、联结泛珠、辐射内地的粤港澳大湾区生态农产品产销对接平台,构建以广州为枢纽的粤港澳大湾区"菜篮子"生产及流通服务体系。都匀的毛尖、辣椒、羊肚菌、柑橘、蔬菜、绞股蓝、大米、营养粉、野生蜂蜜、匀酒、兔子、鸡蛋,平塘的茄子、西红柿、黄瓜、辣椒、茭白、油菜、桃果、李果、蓝莓、乌骨鸡，独山的蔬菜、茶叶、刺梨、生态家禽、影山鸡蛋、筹洞贡米、菜籽油，安龙的食用菌、猕猴桃，册亨的菜心、芥蓝、糯米蕉，望谟的板栗、小叶苦丁，罗甸的火龙果、荔波的蜜柚、榕江的蔬菜、从江的香猪等特色优质农产品源源不断地销往大湾区。"黔货"走出大山，不仅丰富了粤港澳大湾区市民的"菜篮子"，还大大增加了"三黔"农民的收入。

（三）黔东南州：积极发展地标农产品及其精深加工

黔东南州的榕江县、从江县和黎平县这三个老区县也主动盯紧大湾区的"菜篮子"，调整农业产业结构，积极发展榕江锡利贡米、榕江塔石香羊、榕江小香鸡、榕江葛根、榕江脐橙、榕江蔬菜、从江香禾糯、从江香猪、从江椪柑、从江田鱼、黎平香禾糯、黎平茯苓、黎平油茶、黎平茶叶等国家地理标志农产品，大力发展设施蔬菜、设施畜禽等优质农产品供应大湾区，引进和培育榕江硒锗百香果（集团）有限公司、贵州（榕江）盛泰农产品开发有限公司、贵州（从江）粤黔香猪开发有限公司、贵州（黎平）黔香园油脂有限公司、贵州（从江）真尊实业有限公司等发展大米、香猪、葛根、茯苓、油茶、百香果等农产品及其精深加工，带动了特色农业产业稳定发展。三个县农林牧渔业总收入和农民人均可支配收入都得到了大幅提高，两项指标三年年均增长分别为：榕江县10.54%和9.89%、从江县7.85%和9.46%、黎平县7.56%和9.59%，成绩斐然（见表3-14）。

表3-14　黔东南州三县2017年和2020年农林牧渔业总收入和农民收入情况

年份	榕江县		从江县		黎平县	
	农林牧渔业总收入	农民人均可支配收入	农林牧渔业总收入	农民人均可支配收入	农林牧渔业总收入	农民人均可支配收入
2017	271162	7965	180833	8438	200573	7963
2020	366226	10571	226877	11067	249576	10482

注：①黔东南州只有上述三县属于左右江革命老区；②单位：农林牧渔业总收入——万元，农民人均可支配收入——元。

"三黔"绿色农产品以泉涌之势风行大湾区甚至走向全国市场，彻底改变了过去农产品只卖在本地市场、好货卖不好、"黔货"出不了山的状况，不仅推动了绿色农业产业化、标准化进程，而且造就了一大批适应现代农业生产经营的新型职业农民，为构建现代农业三大体系夯实了基础。"三黔"在推进和深化农业供给侧结构性改革、农村产业革命、脱贫奔小康奋斗和乡村产业振兴中，交出了一份阶段性的优异答卷。

以上这些事实虽然只是展示了左右江革命老区农业供给侧结构性改革成效中的一部分，但从中也可以看到勤劳朴实的老区人民在各级党委和政府的坚强领导下，认真贯彻中央关于农业供给侧结构性改革的精神，扎实推进和深化改革，锐意进取、开拓创新所取得的优异成绩，及其为提高农产品供给质量和城乡人民的生活品质、为老区农业的健康发展和农民增收致富所作出的艰辛努力。

第四章

左右江革命老区农业供给侧结构性改革存在的问题和原因分析

左右江革命老区各市州的地理环境、自然条件、经济基础不尽相同，但基本情况却是相近的，那就是"资源禀赋丰裕，生态环境优美，旅游资源丰富，区位优势明显"，但"生态环境脆弱，生产条件恶劣，基础设施薄弱，发展相对落后"。因此，在这样的条件下，推进供给侧结构性改革确实面临很多挑战。

第一节 存在的主要问题

自2017年以来，左右江革命老区干部群众按照中央的部署认真推进农业供给侧结构性改革，在总体上取得了相当突出的成效，但是在局部上还有许多不足，具体体现在以下几个方面。

一、粮食生产不够稳定

由于老区耕地相对零散，地块较小，坡度较大，不易平整，机械化作业不便，种粮不赚钱，比较效益低，加上广大农村青壮劳动力外出比例高，在家劳动力少，粮食生产出现趋缓趋减、发展不够稳定的情况，只有少数农户种粮以供自家吃用，多数农户宁愿到市场上购买粮食。除了文山州有优质粮食品种带动稳定发展外，其他市（州）粮食种植面积和产量均在逐年减少，特别是黔西南州减幅较大。老区总体上耕地撂荒现象相当严重，年人均有粮只有600斤左右，粮食产量只是处于相对安全状态，若某年发生突发事件，超过一个季度全国大范围无法正常生产，那么，次年老区粮食安全就将出问题（见表4-1）。

表4-1 2015—2020年左右江革命老区各市（州）粮食生产变化情况

地区	2015年 面积（千公顷）	2015年 产量（万吨）	2017年 面积（千公顷）	2017年 产量（万吨）	2020年 面积（千公顷）	2020年 产量（万吨）	2020年比2015年增减 面积（千公顷）	2020年比2015年增减 产量（万吨）
百色	273.34	119.45	265.09	114.23	255.43	111.91	-17.91	-7.54
河池	270.58	104.59	266.49	102.18	249.20	97.47	-21.38	-7.12
崇左	124.80	52.53	121.7	51.16	115.80	49.95	-9.00	-2.58
文山	249.73	158.68	278.05	163.62	285.30	169.76	+35.57	+11.08
黔西南	253.49	103.50	254.62	104.72	199.96	81.65	-53.53	-21.85
黔南	316.00	127.37	311.40	125.53	298.20	118.40	-17.80	-8.97

注：①南宁市和黔东南州老区覆盖县份少，相关指标数据不列出比较；②数据来源：根据各州（市）年度国民经济和社会发展统计公报及调研资料整理。

二、特色产业规模不大

左右江革命老区的农业生产多数是小农户生产,主体分散,势单力薄,难以抗御自然灾害和市场风险,合作社和多主体合作经营的项目不多,生产规模小。"十三五"时期老区发展了许多特色农业优势产业,但由于地理环境、种养加工技术和要素投入有限等原因,只有商品林、芒果、砂糖橘、糖料蔗、蔬菜、桑蚕、茶油、茶叶、猕猴桃、百香果等部分产业初具规模,而牛羊、鱼类、优质大米、薏仁米、香糯、土鸡、土猪、香猪、寿桃、牛心李、刺梨、肉联加工、果品加工等特色优势产业规模都还很小,产值低,效益不够明显,对农民增收促进作用还不大。加上农民思想比较保守,获取市场信息不准,缺乏农业科技,使农业生产带有极大的盲目性和跟风现象,常常出现"种什么,什么不好卖;卖什么,什么不值钱"的情况,严重打击农民从事农业生产的积极性,因此很多农民都到外地打工,不愿意搞农业。长此以往,产业规模就难以扩大。

三、产品竞争能力不强

老区从事农业生产者,思想意识还停留在解决温饱问题的阶段,只追求有得吃、能吃饱、有产业即可,不讲究产业、产品的质量和市场需求状况,凭着传统经验抓生产,没有掌握农业生产标准和技术规程,生产出来的农产品质量不高,品质不好,不上档次,缺乏市场竞争力,卖不出好价钱。调研发现,当前老区各县(市、区)生产的无公害、绿色、有机、地标"三品一标"农产品在同类农产品中占比都还比较低。具体表现在以下几方面。

(一) 低端劣质农产品的无效供给多

所谓低端劣质农产品是指在生产、包装、保鲜、贮存、运输、销售中没有达到产品质量安全标准和保障人体健康安全要求,不符合市场需求而造成无效供给的农业(主要包括种植业、畜牧业、水产业)初级产品。主要表现在两个方面:一是生产过程大量使用化肥、农药等有毒物质的投入品,生产出来的农产品化学成分和农药残留浓度不符合质量标准和食品安全标准,食用后会对人体健康有害。主要包括化学稻米、玉米、小麦、蔬菜、水果和喂养有生长激素饲料的猪、鸡、鸭、鱼等农产品。二是不注意对农产品的产中管理养护和产后分拣、清理、包装、储存、运输等细节,产品的形状、色泽、品相、口感、大小等没有吸引消费者的眼球和引起消费者的购买欲望,由此消费者不愿意购买而造成滞销或无效供给。农产品的无效供给,不仅造成生产者得不到已经付出的劳动价值和投入成本的损失，还浪费了土地和时间资源，劳民伤财。

（二）中高端优质农产品有效供给不足

中高端优质农产品，是指质量优良、品质出众的农产品，它不仅在产品的外观、包装、口感、风味、用途等方面是同类产品中的佼佼者，为消费者所青睐，而且在质量上能够保障人体健康、生命安全、营养均衡，是深受消费者待见的产品。它具体包括无公害、绿色、有机、地标"三品一标"农产品和功能农产品，尤其是绿色、有机、地标"两品一标"农产品、功能农产品和名牌农产品。简而言之，中高端优质农产品就是安全、好吃、好味、好看、健康、抢手的农产品。这是一种以农业生产发展和农民增收为目标，借助地域特色和农业资源禀赋，以高新农业生产技术与应用为支撑、以城镇高收入消费群体为主要营销对象生产经营的科技含量高、优质、绿色的农产品。

下面，具体介绍和分析左右江革命老区各市（州）"三品一标"发展情况。

截至2021年12月31日，百色市有效期内"三品一标"认证总面积为126.27万亩，占全市耕地面积673万亩的18.76%，认证总个数313个，位居广西第一（见附录一）。其中，无公害农产品80个，认证面积为47.23万亩，年认证产量38.73万吨；绿色食品认证企业114家，141个品种，认证面积为54.6457万亩，年认证产量100.16万吨；有机农产品认证企业12家，75个产品，认证面积24.39万亩，年认证产量40385.7吨（见附录二）。此外，广西全区获中绿华夏有机食品认证146个，面积29.66万亩，百色占74个，面积24.38万亩，个数和面积分别占广西的50.68%和82.20%；认证农产品地理标志总数17个（见附录三）；从2020年到2022年6月30日，共有22家企业，46个产品获得"圳品"（专供深圳市场的农产品）认证（见附录四）。

河池市在抓"三品一标"认证工作的同时，发挥自身特色，发展富硒特色农产品，打造富硒稻米、杂粮、特果、特菜、特油等产品品牌，建成独具特色的富硒产业链，使富硒产业发展成为百亿元新兴产业，建成中国富硒农业之乡，每个县（区）建立2个以上1000亩相对连片的示范基地。截至2019年底，全市建成"长寿·生态·富硒"特色农产品基地25个，富硒作物面积达83.07万亩，富硒农产品总产量达10万吨，总产值30.1亿元，比普通农产品增收13.15亿元。

崇左市虽然"三品一标"工作在广西排名靠后，但也重视其发展，制定了《2020年崇左市发展"三品一标"农产品工作方案》，部署认证工作。其中，广西崇左市湘桂糖业有限公司白砂糖已获得"绿色食品"认证，认证面积23.3万亩，认证产量14.76万吨。

云南省文山州2014年全州就获得"三品一标"认证农产品45个（无公害农产品13个、绿色食品23个、有机农产品5个、地理标志登记产品4个）。2019年12月又印发《文山州推进农产品"三品一标"认证及管理工作实施意见》，更进一步推动全州"三品一标"持续健康发展，2020年发展到246个，绿色食品发展迅速（见表4-2）。

表4-2　2020年云南省文山州"三品一标"发展情况

品名	企业个数（个）	产品个数（个）	产地个数（个）	种植业（万亩）	渔业（万亩）	畜牧业（万只/万头/万羽）	年产量（万吨）	产值（亿元）
绿色食品	37	157	—	31.65	—	—	24.27	16.63
有机农产品	54	80	—	2.45	0.0035	291.76	4.69	5.08
地理标志产品	—	9	—	445	—	120	80.33	148.23
无公害产品	—	—	39	527.04	8.46	197.21	—	—
合计	91	246	39	1006.14	8.4635	608.97	109.29	169.94

数据来源：文山州砚山县农业农村局提供。

贵州"三黔"从2017年开始就大力推进农业供给侧结构性改革，培优种植品种，提高农产品品质，打造农产品品牌，推广农业标准化生产。通过艰苦努力，在"地无三尺平"的自然条件下推行农业标准化生产，取得初步成效（见表4-3、表4-4和表4-5）。

表4-3　2018年贵州省"三黔"无公害农产品产地认定情况

地区	新增认定 产地颁证数（个）	新增认定 生产规模（万亩）	复查换证 产地颁证数（个）	复查换证 生产规模（万亩）	合计 产地颁证数（个）	合计 生产规模（万亩）	目标任务量（万亩）	目标完成率（%）	占全省比例（%）
全省	2074	1536.13	941	682.62	3015	2218.75	1951.1	113.72	
黔西南州	154	123.52	65	36.13	219	159.65	141.57	112.77	7.26
黔南州	187	133.90	149	118.04	336	251.94	222.62	113.17	11.1
黔东南州	195	156.04	145	98.44	340	254.48	231.61	109.87	11.3

数据来源：黔西南州、黔南州、黔东南州农业农村局提供和对"三黔"调研资料的整理。

表4-4　2018年贵州省"三黔"畜牧业和渔业无公害农产品产地认定情况

地区	畜牧业 产地颁证数（个）	畜牧业 养殖规模	渔业 产地颁证数（个）	渔业 养殖水域面积	颁证数合计（个）	目标任务量（个）	目标完成率（%）	占全省比例（%）
全省	728	4236.97	48	1.9053	776	718	108.08	
黔西南州	76	539.22	1	0.0015	77	60	128.33	9.92
黔南州	173	298.34	9	0.0118	182	151	120.53	23.45
黔东南州	69	460.38	14	1.5768	83	71	116.90	10.70

注：①数据来源为黔西南州、黔南州、黔东南州农业农村局提供和对"三黔"调研资料整理；②畜牧业养殖规模单位为万头、万只、万羽、万群，渔业养殖水域面积单位为万亩。

表4-5　2018年贵州省"三黔"无公害农产品和绿色食品认证情况

地区	无公害农产品任务数（个）	无公害农产品完成数（个）	无公害农产品完成率（个）	绿色食品任务数（个）	绿色食品完成数（个）	绿色食品完成率（%）	占全省比例（%）
全省	1260	2868	227.6	127	204	160.6	
黔西南州	57	282	494.7	8	4	50.0	9.31
黔南州	76	361	475.0	10	13	130.0	12.17
黔东南州	85	318	374.1	9	10	111.1	10.68

注：①数据来源：黔西南、黔南、黔东南州农业农村局提供和对"三黔"调研资料的整理；②单位：个；%。

特别是黔西南州积极开展"三品一标"农产品认证监管工作（见附录五），2019—2020年有机农产品认证有火龙果、鳙鱼、草鱼三类（见表4-6），种养面积59700亩，产量4175吨；绿色食品认证产品20个，有13家企业，面积4.4万亩，其中，粮食（薏仁）5577吨，水果13889吨，食用菌450吨，茶叶20吨；地理标志农产品认证22个，其中，2017年和2018年各1个，2019年12个，2020年8个，并着手建立"贵州绿色农产品"质量安全溯源体系。

表4-6　2019—2020年黔西南州有机农产品认证情况

县（市、区）	申报产品	面积（亩）	企业名称	申报状态
贞丰县	火龙果（3000吨）	2000	贵州钏泰农业科技发展有限公司贞丰分公司	初次获证 2019/9/14
兴义市	鳙鱼（625吨）	25000	贵州万峰湖润丰实业发展有限公司	初次获证 2020/11/06
	草鱼（250吨）			
晴隆县	鳙鱼（300吨）	32700	贵州益寿生态养殖有限公司	初次获证 2020/12/03

数据来源：黔西南州统计局、农业农村局提供。

从以上左右江革命老区这几年对无公害农产品、绿色食品、有机农产品、地理标志农产品"三品一标"的认证情况分析，可得出以下结论：

第一，左右江革命老区各市（州）对"三品一标"农产品的发展和认证工作都比较重视，积极组织各种经营主体生产经营，并开展产品申报评审等各项工作。

第二，左右江革命老区获得无公害和地理标志农产品的认证较多，获得有机农产品和绿色食品认证的相对较少。

由此证明，左右江革命老区确实存在"中高端优质农产品有效供给不足"的现象。

（三）高端优质农产品有效需求不足

这种"有效需求"不能满足，或者说是"错位需求"现象，是农业经济发展的动力作用发挥不充分的表现。比如，广西河池市南丹县生产的富硒营养调理大米，经国家权威部门检验，有三十多项指标完全符合国家标准，在广州、上海售价每斤16元；贵州黔东南从江县生产的香禾糯是地方特有糯稻种，采用"稻鸭鱼共生模式"等自然农耕稻作和传统的有机农耕稻作方式栽培，已入选贵州省名特优粮食作物品种，具有米质优良、营养丰富、口感香柔、食而不腻等特点，在北京售价每斤30元。这些高端优质农产品主要销往北京、上海和广州等大城市，本地及周边地区消费不足，有销路但不很畅销。这就是"高端优质农产品有效需求不足"的典型问题。

（四）中端农产品无特色

特色农产品是指依据当地原始地理地貌、土壤、水资源等独特的生态环境和人文环境，由传统生产工艺生产的或有上百年生产历史的具有地方特色的农业产品，包括当地特色的农产品和特色农副产品。

中端农产品没有特色，主要指的是无公害农产品、A级绿色食品生产没有上述特点，没有吸引消费者的特别优点，其消费对象定位于中产阶层和工薪阶层或农民自身，或者有高端产品的品质和效果，但价格便宜，或者品质接近高端产品，但消费者没有能力消费。

上述这些情况反映了老区各县份在农业供给侧结构性改革中取得了一定的成效，但是，在增创特色产业的同时，对中高端产品的规模化品牌化打造还需要下大功夫，以增强区域农产品在市场上的竞争力、增加农民收入，突显改革的成效。

四、新业态新产品不多

农业新业态是指涉及农业产业的不同产业间借助互联网等新技术组合创新形成的新的生产、经营、营销、商业模式的组织形态，这种新的产业模式就叫作新业态。老区不仅三次产业融合程度不高，农产品加工率低，已经形成规模的产业也只有初加工，精深加工尚未形成市场竞争力，休闲农业、景观农业、乡村旅游、功能农业、创意农业、生物农业、农业工厂、智慧农业、数字农业、农业会展不多，农业多功能新业态也少，田园综合体尚未完整呈现或农民从中不受益。产业链延伸、农业功能拓展、科技要素渗透等融合方式创新不多。

左右江革命老区注重开展创新行动，并部分实现了"农业+互联网"等生产和营销模式。例如，黔西南州册亨县利用大数据种植和管理糯米蕉——在糯米蕉园区建成大数据中心，运用大数据技术、理念和方法，收集、鉴别、存储糯米蕉产业从种植源头到生产、加工再到销售终端所产生的全部数据，并建立数据库，通过参数、模型和算法来组合和优化种植管理数据，监测管控、服务全生产链的各个环节和生产主体，为生产操作和经营决策提供依据，实现部分自动化控制和操作。在销售环节上建立"互联网+糯米蕉"的电子商务交易服务中心+乡镇电商体验馆+村级体验店电商平台，通过电商平台，构建集"农户+合作社+买卖惠+快递包裹"为一体的农村邮政电子商务服务体系。3500亩糯米蕉产量约10500吨，每日可销售10吨，初步建立起数字农业新业态。

云南省文山州烟草专卖局开发"互联网+烤烟"模式，应用物联网、区块链、云计算、大数据等技术手段，将科研、企业、市场等资源要素融入烟叶生产全环节，建立微信小程序，实现"一部手机种烤烟"。

崇左市扶绥县雷达现代农业合作社，2020年依托清华大学专家团队的技术优势，把1000多亩的低洼低产甘蔗地进行提质改造，把旱地变成"鱼稻共生"高标准水田，又从中国科学院亚热带农业生态研究所引进巨型水稻，并在稻田里投放"百草浆产生活性螺旋藻",利用螺旋藻的保水、保温并作为鱼类饵料的特性,采用仿野生种养技术实行稻渔综合种养,实现一水两用,一亩多收,降低生产成本,提高土地亩产和收益,初步实现绿色、环保和效益多重共赢,等等。

但是,由于左右江革命老区地处贫困地区、大石山区、边境地区、少数民族聚集区,受到历史和客观条件限制,虽然农业创新发展取得一些成果,但总体上创新能力还不强,开发新产品少,更谈不上创新形成现代农业新业态,大多是学习外地经验,做一些模仿式创新。老区不仅三次产业融合程度不高,农产品加工率低,已经形成规模的产业也只有初加工,精深加工尚未形成市场竞争力,观光农业、乡村旅游景点不多,农业多功能新业态也少,田园综合体尚未形成完整产业链,缺乏管理经验和操作手段,没有产生预期的效益,资源闲置,农民不受益还丧失了土地等。产业链延伸、农业功能拓展、科技要素渗透等融合方式创新不多。

五、农业基础设施滞后

左右江革命老区各地党委和政府十分重视加强农田水利基础设施建设,但由于受土地等自然资源的影响和财力等其他资源制约,各市(州)、县(市、区)发展不平衡、不充分,与其他地方相比明显落后。归纳为以下几个方面。

(一)生产性基础设施相对落后,不能有效确保农业可持续发展

农田水利建设、生态环境治理、生态农业综合开发等项目难以有效展开,多地一些生产性基础设施普遍存在着老化或陈旧现象,新建和更新改造投资严重不足;普遍存在"重项目建设,轻设施管理"或是"有人建,无人管",管护机制不健全,许多小型基础设施普遍存在无人管理问题;部分地区特别是大石山区农业生态环境形势依然严峻,农业水资源短缺或遭受轻微污染,保护任务艰巨。就整个区域来说,现有的农业生产性基础设施未能有效满足绿色农业、品质农业的生产需要和农业的可持续发展的要求。

(二)农业服务技术人员服务能力较弱

农林牧渔技术服务人员偏少,能力相对较弱。一是受就业观的影响,农村农技专业人员培养出现危机。二是部分基层农技专业人员不够务实,存在只卖种子化肥,不做技术服务工作现象。

(三)非生产性农业基础设施建设落后

一是部分村庄规划建设落后,生活垃圾和污水处理不当,人畜饮水和生产用水安全性仍需提高。二是农村沼气、农村道路、农村电力等劳动保护和安全服务

基础设施有待改善。三是天然林、水源林、水资源保护，防护林体系、育种育苗，自然保护区生态保护、湿地保护、农林生态环境保护等尚需加强。

（四）流通性基础设施承载力孱弱

一是为农产品贮藏、流通、交易服务的农产品专业市场设施建设普遍落后。二是不少农村交通设施、产业道路设施建设滞后。虽然基本实现了村村通公路，但通达自然村公路质量较差，无人管护，水毁、塌陷、山体滑坡等造成的道路问题因未能及时处理而越来越严重；有的村内道路虽经过整修，但道路狭窄、路面质量差、排水设施欠缺。这种状况严重制约了农村各项事业的发展以及农民生活水平的提高，直接制约着农村流通体系的建设，进而在某种程度上抑制了现代农业的发展。

（五）农业机械化相对落后

江河流域河谷地区和高山平原地区农业机械化程度相对较高，其他地区特别是大石山区，农业机械使用率比较低，粮食和甘蔗等重要农产品生产由于机械化程度低种植面积难以稳定。此外，设施农业发展滞后，直接制约了老区现代农业的发展。

第二节　原因分析

左右江革命老区农业供给侧结构性改革存在粮食生产不稳定、低端产品供给多、优质产品供给不足、高端产品有效需求不足、新业态新产品发展不多、农业基础设施落后等一系列问题，核心问题就是老区生产供给的农产品对市场需求的适应度不高。具体分析起来主要有下列几个方面的原因。

一、群众思想观念还停留在温饱时代

（一）群众对农业供给侧结构性改革认识模糊

老区群众长期习惯于"生活过得去即可"这样的满足感，长期抱着过上温饱生活愿望搞生产，有得吃、吃得饱、样样有就很知足，不太会追求吃得好、吃得健康那么多的花样，对什么农业供给侧结构性改革不关心也不了解，甚至一些乡村干部对乡村振兴战略实施中深化农业供给侧结构性改革认识也很模糊，不仅不了解乡村振兴和农业供给侧结构性改革的目标、方向、任务、内容和要求，也不了解农业供给侧结构性改革和乡村产业振兴的关系，更不知道要做什么、怎么做。大多数农民群众认为，改不改革，是政府的事、上级的事、干部的事，没有推动乡

村发展的大局观念和发展的长远目光，没有看到和不会把握农业发展机会，缺乏生产经营技术和管理能力，参与农业改革发展的意愿不强。所以，在推进农业供给侧结构性改革过程中存在着"上热下冷""干部干群众看"等现象。农民的内生动力不足，参与积极性不高，主动性、创造性尚未充分调动起来。

在家庭承包经营体制机制下，对普通小农户来说，什么无公害、绿色、有机、功能等农产品并没有多大的吸引力，政府出钱让他们去学习培训农业生产新技术都不愿意去，特别是山区农村的农民，他们认为做小农业赚不了钱，做大农业既没有钱也没有人组织，青壮年劳动力都外出务工经商，没有人去学这些生产新技术，更没有多少人愿意做新农人、新农业，在家的老人习惯地种一点甚至干脆就买一点够吃的即可，通过农业生产赚钱养家已经不是农民选择的方向和主要任务。个别政府工作人员，也是抱着温饱思维抓生产，农民不愿种地也不能强迫农民去种，即使在脱贫攻坚阶段和现在乡村振兴阶段，推进产业项目也只能做一点算一点，能做什么就做什么，能产什么就产什么，保证群众有饭吃就行，没有更多考虑和选择长远的、质量好的、健康的、可持续发展的项目和产品生产，以完成任务为重。所以，政府这方面的推动力也可能是会打折扣的。

（二）农民不愿意联合经营

广大农民已习惯于家庭经营，跳不出小农户自由独立生产经营的圈子，不愿意与其他经营主体合作进行联合经营，还是按照传统农业方式耕作。搞家庭农场又劳动力不足、技术不高、土地面积不大，搞不起来；由于运行机制不完善，合作社大多数名存实亡。山区农民除了在山上种一些林果外，大多数农民特别是青年农民都到外地打工，农民在农业供给侧结构性改革推动乡村产业发展中发挥不出应有的主体作用。

（三）村集体经济发展不大

农村和农民"等靠要"依赖思想都比较突出，村级发展普遍依靠财政资金支持，自有资金和社会资本投入少、占比低。由于大部分乡村都还没有制定建设发展规划，村集体经济发展项目在乡村难以落地，已经落地的项目又是重建设轻管理，农村集体产权制度改革推进不扎实，"三变"改革名存实亡。受土地面积限制，农户承包经营的土地要通过集中流转、整村入股等形式盘活农村土地资源、规模发展难度大，农户自愿流转不多，资金筹集难。新型农业经营主体数量虽然有增加，但总体规模偏小，加工企业因为"吃不饱"而不愿进来，产业不配套、链条短，农产品附加值不高，市场竞争力弱，辐射带动乡村经济发展不强，农业产业化进程慢。所以，村集体经济发展不大，集体经济年收入达50万元以上的经济强村数量还很少。

二、农业生产方式仍以传统生产为主

左右江革命老区59个县都处于交通基础设施相对落后、生态环境优美但十分脆弱的地区,多数县份没有被工业开发和矿山开采污染,客观上为发展绿色农业创造了优良的环境条件,只要在主观上按照绿色农业技术标准来生产,生产出来的农产品都可以冠名为"绿色"产品,绝对不会因为土质、水质和气候原因而出现产品品质问题。因此,老区生产出来的各类农产品之所以出现"低端或劣质"和"无效供给"问题,主要是主观上的原因,具体表现为经营者重生产轻管理和不重视技术推广应用。

(一)没有真正掌握农业生产技术标准

老区群众已经习惯于家庭经营的小农户农业生产方式,农业大户、家庭农场、农民合作社、农业产业化龙头企业等新型农业经营主体虽然有了一定的发展,但数量少。大多是单家独户生产或者几户共同生产,组织各家各户农民起来共同生产的情况实在是很少且很难见到。因为,在家庭经营体制下,一个村民小组或一个自然村只有一个组长,做事没有人商量,他的职能只是充当村"两委"的传话筒和召集人,没有组织权,更没有决策权。因此,他没有能力号召和组织本组农民学习更新农业生产技术和发展生产,长此以往,农民也就不能掌握新的农业生产技术标准,包括种子选育、行株距离、测土配方、防治虫害、投入品使用等,只能任由农户凭着各自经验去劳作。基地、园区的农业生产,尽管生产基地、合作社和农业企业在组织生产前也会对所有参与生产的农民都进行技术培训,但农民大多是被动应付参加,对学习内容一知半解,这样的学习培训,对生产者掌握生产技术标准的实际效果就可想而知了。

(二)农产品生产运输过程管护不到位

因农产品的形状、色泽、口感、大小问题和包装、贮存、运输环节等问题造成的产品不好卖或无效供给,都是生产经营者主观上的管护不到位的问题。比如,粮食、果瓜、畜禽、水产品生产没有进行测土配方施肥、不搞设施或者设施简陋、环境不卫生、果瓜不装套任由雪霜冰雹袭击、投入品使用增斤加两、重要环节检查疏漏、包装不讲究、贮运不小心,等等,都会影响产品的品相品质,难以吸引消费者的眼球。

(三)缺乏对农产品市场供需信息的了解

造成无效供给还有一个重要原因是农产品生产者缺乏市场调查,不了解市场供需信息，不会做产品营销，不做好农产品生产规划而盲目生产导致周期性生产过剩，或长期大规模种植单一作物品种，失去竞争优势，导致农产品不好卖。特别是在"市场起决定性作用"背景下，如果不做好市场调查、产销对接和农业供给侧结构性调整，那么，一些农产品周期性滞销的问题还会继续存在。例如，2018年百色市田阳、田东两个县（区）西红柿种植面积25.3万亩，产量约96.6万吨，当年西红柿滞销50万吨，田阳县大量西红柿烂在地里，农户无奈将其倒入江中。西红柿滞销的主要原因是当时全国西红柿种植规模已经比4年前增加了6倍，田阳的邻县田东种植面积也增加了1.2万亩，但是销售渠道没有发生变化、没有拓展。

2018年夏，广西荔枝丰收，供大于求，滞销40万斤，每斤0.5元都无人购买，生产成本无法回收，果农非常苦恼。其他农作物，如咖啡、莲藕、马铃薯、辣椒、花生、洋葱、大蒜等农产品也跟着出现了滞销。

2018年9月，贵州省黔西南州兴义市顶效镇200万斤红薯，每斤0.4元也无人问津，因滞销全部堆在地里。

2018年秋，获得国家农产品地理标志认证的"罗城毛葡萄"，因为葡萄丰产、当地收购企业少、收购效率低等原因出现滞销，很多葡萄错过了最佳采摘期仍没能卖掉，农民遭受严重损失。这些都是供过于求或重生产轻销售的产销对接不好而造成的无效供给。类似这些菜贱伤农情况屡屡发生，令人痛心，也直接影响农民再生产的积极性。

此外，新冠疫情发生也是造成农产品滞销的重要原因。例如，百色砂糖橘是领跑广西柑橘产业的主导品种，根据对砂糖橘与其他柑橘市场走势的分析，砂糖橘市场定价的高低是柑橘价格的风向标，砂糖橘的行情好坏在一定程度上反映着当年柑橘产业的市场行情，只要砂糖橘价格可以，全年整体的柑橘价格就不会很差，但砂糖橘价格一旦开局形势不好，其他柑橘品种就会受到不小的冲击。2018年以前，百色市西林县等地生产的砂糖橘批发价都在每斤5元以上，2019—2020年因新冠疫情发生而部分滞销，价格下跌，2020—2021年跌至每斤0.8—1.5元。

2020年初，经文山州商务局调查，由于疫情原因，全州陷入滞销困境的农产品生产企业共有7家。其中，马关县蜀丰食品有限公司生产的蚕豆400吨、豌豆200吨、小铁头400吨出现滞销。

2020年12月文山（西畴）浩弘农业开发有限公司生产品质优良的有机猕猴桃约300吨，就有60吨出现滞销。

2020年2月，贵州省黔西南州贞丰县白层镇村民，因新冠疫情影响，交通封闭，近8000万斤甘蔗卖不出去，原本村民的"致富畅销季"变成了"滞销季"。以往每斤0.7元卖家自己跑到家门口拉货，2020年每斤0.4元都没有人来收购，县区内又没有加工厂，毫无销路，农民辛苦劳动一年没有得到经济收入还要赔进蔗田和投入成本，为了来年的再生产还要请人把田地里的甘蔗砍掉处理，然后重新种下蔗种。当然，这是特殊的客观原因。

三、农产品销售定位以本地市场为主

长期以来，老区群众农产品生产满足于自给自足，剩余产品拿出来卖得很少，商品率低，即使生产的数量多，也主要卖给本地市场，没有胆量闯荡外部市场。只有比较大的农业公司和外来企业来到当地生产，才有可能开拓外部市场，并为适应和拓展外部市场需求而进行有针对性的生产。区域农产品在供给本地市场和供给外地市场时，所面临的生产技术标准和要求是有差别的。因此，无论是本地市场还是外部市场的需求，都有一个供给的有效性问题。关于区域生产供给的农产品对市场需求的适应性问题，英国经济学家马尔萨斯曾经研究过"市场总供给与总需求的关系"，提出了"有效需求不足"理论，他和他的继承人凯恩斯认为：第一，有效需求决定生产（订单农业）；第二，有效需求不足会导致经常性周期性的普遍生产过剩，产生经济危机；第三，生产与消费或供给与需求关系的平衡是生产能够持续发展的基本条件；第四，供给与需求之间的平衡具体表现为产品能够顺利生产并实现顺利销售。实现产品顺利销售，必须确保有足够的"有效需求"，也就是说消费者要有足够的购买力。他认为"有效需求"是一种能支付生产费用的需求，具体就是能支付商品生产所需要的地租、工资、利息等需求。在市场经济条件下的农产品的生产与销售、供给与需求问题，用马尔萨斯的"有效需求不足"理论来分析尤其是对"有效需求决定生产"观点的理解很直观。当然，能够实现订单生产最好，但是在市场经济和小农经济条件下如何采取订单生产实现有效供给则另当别论。

而有效需求这个问题既有消费观念的问题，也涉及消费构成等原因：一是富裕人群把营养、口味、卫生和健康作为消费时首先考虑的因素；二是消费群体的购房、投资、子女教育和医疗、养老等占据了消费开支的很大一部分；三是由于城乡居民收入水平不一，还有为数不少的低收入人口，不具备高端消费能力；四是高收入消费群体偏少，中等收入群体不愿消费，低收入群体消费不起，多数基层干部和群众舍不得消费。这些因素共同造成了农业高端优质产品发展受滞受阻。

因此，生产无公害、绿色、有机农产品，其实就是考虑到了这些因素，相当于分三个等级，最低是无公害，这是确保人体健康的底线。此外，高端优质农产品的宣传力度和营销模式也十分重要。

农产品实现有效供给必须同时具备三个条件：一是农产品生产者有出售农产品的愿望；二是农产品生产者有生产供应的能力；三是农产品生产者生产出来的农产品符合消费者的需要。只有同时具备这三个条件，才会形成农产品的有效供给，否则就会出现部分或全部无效供给。当前造成无效供给的主要原因就在于第二、第三两个条件不具备，只有出售农产品的愿望，但没有生产供应的真正能力，生产出来的产品不符合消费者期望的质量标准，无法引发消费者的购买欲望。

四、农业生产要素投入不足

（一）城乡要素结合乏力

人、地、钱、技术、管理、数据、信息在乡村产业发展中尚未实现有效结合、优化配置。如人力、资金倒流。农村劳动力、资金流入城市多，城市人才、资金、管理、技术、数据流入农村少。又如土地，一方面，受"耕地非粮化、非农化"治理等保护政策约束，畜禽养殖、农产品加工、冷藏物流、粮经作物种植等争地矛盾问题日益突出，土地资源紧缺状况长期存在，难以满足产业转型升级所需要的基本要素。同时乡村规划缺失，招商引资项目难落地、企业扩大规模受阻、产业配套设施无地可建。另一方面，山区耕地撂荒，流转不畅，土地资源闲置浪费比较严重，产业发展不稳定。乡村原本最富有的生产要素就是土地和人力，但由于农业投入产出倒挂、小农经济赚不到钱又无人组织规模生产，外出务工的收入远比在家务农的收入多等原因，越来越多的农民不愿当农民，一些山区农村有人力也不愿意种地，土地撂荒现象越来越严重，造成土地和人力的极大浪费。企业和投资者也要看是否有利可图才会考虑或选择下乡，将资金、技术、数据等要素与土地、人力相结合开展农业生产，交通便利、土地平坦的地方有人愿意投资，而交通不便、土地零散的地方便无人问津。由此导致山区乡村人力、土地、资金等生产要素投入严重不足，技术、数据无从应用，导致产业发展不快不大不强。

（二）财政支持力度不足

国家对老区的战略支持已经十分重视，本来有了战略就会有项目，有项目就有资金，但老区毕竟是老区，基础设施、人文素质、销售路径等均比其他地方落后一大截，成本比其他地方都高。特别是设施农业投资大，几乎就是一个个小工厂，本地没有多少农户有能力自己投资搞设施农业，集体经济也还没有这样的能力，龙头企业也不多，外地企业也得考虑在不属于自己的土地上搞建设，并且农业投资原本就没有多大利润空间，租用土地的时间与投入产出是否合算的问题，如此一来，多数企业都望而却步。国家在这方面的补贴少，只有用地支持政策、种粮直补、良种补贴、农资综合补贴、农产品产地初加工支持政策，没有投资设施农业的补贴政策。但也有省份如广东、浙江、山东、辽宁、湖南、安徽等自己制定了一些地方补贴政策和投融资政策，鼓励新型经营主体大力发展设施农业。老区省级政府应因地制宜制定政策通过示范带动发展，或以财政资金奖补引导和撬动金融资本和社会资本投入设施农业建设。

(三)高标准农田建设滞后

2023年中央一号文件要求，加快把所有永久基本农田逐步建成高标准农田。而老区各个市(州)高标准农田建设进展缓慢，相对滞后，完成率低。如百色市耕地面积有505万亩，永久基本农田356万亩，其中旱地就有300万亩，占耕地面积的59.41%。由于各级财力有限，截至2022年底，全市高标准农田建设累计完成面积只有159.58万亩，占全市耕地面积的31.6%，占永久基本农田面积的44.82%；黔西南州到2022年累计建成高标准农田67万亩，占耕地面积277万亩的24.2%；文山州截至2022年底，共建成高标准农田14.49万亩，占耕地面积342.5万亩的4.23%。进展比较快的有河池市，到2022年累计建成高标准农田243.48万亩，占耕地面积560万亩的43.5%，占永久基本农田面积444.45万亩的54.8%；还有黔南州，到2022年累计建成高标准农田284万亩，占耕地面积的53.58%。从总体上看，差距都还很大，其他设施建设投入也是捉襟见肘。

此外，基础设施、公共服务等方面都需要国家的大力支持。如农村公路通达到屯到户、公路养护修复、公路安全防护设施，农村供水供电、污水处理设施维护维修、农田水利设施、高标准农田建设、农业园区设施建设、设施农业和老旧设施改造提升、农产品产地仓储、冷链物流设施、村屯文体活动设施、文化夜校建设、信息网络设施、数字乡村建设，等等，都需要大量投入。

五、设施农业发展相对缓慢

上述老区农业不仅基础设施落后，机械化程度低，科技创新能力不足，而且设施农业发展十分缓慢。2008年农业部就印发了《关于促进设施农业发展的意见》，十多年过去了，山东、江苏、福建、辽宁、河北、河南、四川、湖南、陕西等省搞得轰轰烈烈，从小拱棚、塑料大棚、日光温室到连栋温室、玻璃温室、PC板温室的工厂化、智能化、规模化，不断提档升级，推动农业产业形成从育苗、生产、仓储、加工到营销的全产业链。但整个左右江革命老区除了兴义、安龙、都匀、长顺、三都、罗甸、平塘、独山、榕江、文山、砚山等县（市）搞了一些初级的种植业设施农业和田阳、田东、扶绥、龙州、巴马、隆安、从江等县（区）搞了一些畜牧水产业设施农业外，其他大部分县份还保持着原来的生产方式。河谷地区群众长期认为河谷气温高，一年三熟没问题，没有必要搞设施农业，就如右江河谷地区甚至有百色国家农业科技园区作技术后盾、作示范，都推广、发展不起来，没有发挥带动作用，山区更加没有人发展。2021年中央一号文件《中共中央　国务院关于全面推进乡村振兴　加快农业农村现代化的意见》又强调加快发展设施农业和智慧农业，它们是实现周年生产，增加农产品有效供给，提高农产品产量、质量和保障食物安全的有力措施，希望老区各地抓住这次机遇，迎头赶上。

六、制约产业发展的其他因素

除了上述农民思想观念落后、农业生产要素投入不足、设施农业发展相对缓慢以外，还有以下因素制约老区乡村产业大发展。

（一）农业经营主体发展能力弱

老区农业生产经营方式仍以小农户生产为主，新型经营主体不多，产业化龙头企业少、实力不够强，联农带农富农能力弱，多数重点产业生产组织化程度低，农产品以初级产品销售为主，普遍缺乏产业门类广、科技创新强、综合实力强、带动能力强的重点产业化龙头企业带动发展。如广西百色市市级以上农业产业化重点龙头企业有147家，而国家级农业产业化重点龙头企业只有1家（茶叶产业），全市种植面积最大的芒果、蔬菜、山茶油产业都没有一个国家级农业产业化重点龙头企业带动发展。这也是因为除了右江河谷乡村条件较好以外，其余各县乡村都处于石山地区，耕地少而零散，规模经营难度较大，限制了龙头企业的发展，更难以引进外地龙头企业。

（二）不注重深化农村改革

没有注重和深化农村土地制度改革、农村集体产权制度与经营体制改革和农业供给侧结构性改革，农业规模集约经营程度不高，产品质量低，产品品牌少，产品价值不高，农民收入普遍较低。农村集体经济组织发展缺少资金支撑，大部分村集体经济收入主要依靠村旧房、集体林地、水域出租，产业发展不强、效益不高，集体经济增收渠道少。

(三)三次产业融合程度低

由于各市(州)农业发展规划往往只是就农业论农业,不注重产业的关联互促性,没有考虑与农产品加工业和农产品储运销等服务业相配套,造成了农业发展与农产品加工业和农业服务业发展关系不紧密,产地冷链物流设施配套建设滞后,农产品初加工与精深加工发展缺乏统筹,"接二连三"不紧密,带动作用不明显,三次产业融合发展后劲不足,产业链短。如广西百色市至今尚未建成一个在全国全区有较大影响力的规模农产品加工产业园,各县份农产品加工园配套设施不齐全,加工业企业"小散乱",规模效应和集聚效应都比较低,只有右江、田阳、田东等几个区县集中度比较高。加工企业技术装备相对落后,以鲜销和初加工为主,主要农产品加工转化率仅为40%,远低于全区的65%,精深加工转化率不到10%,除芒果有20万吨加工能力外,其他产业基本没有精深加工环节。生猪、家禽大多也仅有屠宰初加工,标准化屠宰企业尚未建成,分割包装销售量少。农产品加工粗放与丰富的农产品资源优势不匹配,农文旅休闲农业发展层次低,还未形成热点景点线路。电商不发达,参与电商销售的农产品数量少,开展网上销售农产品的经营主体不多,产品数量少,部分农产品销售渠道不畅,带动当地产业发展能力不强。

(四)区域公共品牌不强

特色产品不需要全面,而是需要名气和影响力。但老区农产品品牌多而不精,名气不大,价值不高。如百色市2022年全市有效期内"三品一标"农产品虽然有363个,"圳品"认证农产品59个,都位列广西第一,但并未充分发挥其优势作用,仅打造了百色芒果、百色番茄、百色红茶等6个农产品区域公用品牌,除了百色芒果有一定竞争力和影响力外,其他产业的品牌打造仍需加强。就茶叶产业来说,百色是广西最大茶叶生产基地,全市大小茶厂77家,缺少一个统一的品牌,没有价格话语权。全市茶叶种植面积33万亩、产值9亿元,而梧州市六堡茶种植面积13.66万亩、产值16.8亿元,这就是说,百色茶产业面积是人家的2.4倍,产值却只是人家一半多一点。老区各市(州)都有同样的弱项。

(五)农业科技装备应用相对落后

从县域宏观层面看,多数县域缺乏种质资源库,农业科技推广机构力量有限,基层农技人员少,农业科技交流机会不多,设施农业和数字农业发展缓慢。从微观层面看,农业企业实力都不强,技术人员缺乏,经营者主要考虑获取短期利润,科研经费投入少,难以做到通过长期潜心开展重要技术研究来提高产品产量并掌握核心技术。

因此，各经营主体普遍只是做了一些诸如品种引进、果树嫁接等简单的技术推广，生产方式粗放，农产品单产不高，产出的中低档产品多、科技含量低、附加值不高。如百色市2022年全市芒果种植面积137万亩，全国第一，但是挂果产区平均亩产只有950公斤，而四川攀枝花芒果亩产1150公斤，相差200公斤；山茶油种植面积213万亩，全国第三，茶籽平均亩产量只有120斤；八角林180万亩，干果平均亩产只有40斤。山茶油、八角大多数为低产林，由于前几年发展资金重点投向脱贫攻坚，低产林改造难以兼顾。此外，农业机械化、设施农业、智慧农业发展缓慢。

第五章

先进地区农业供给侧结构性改革经验借鉴

左右江革命老区农业供给侧结构性改革，不仅要根据本区域的资源禀赋和农业发展的基础条件来推进，而且很有必要借鉴先进地区的经验来提升本区域改革的质量和水平。以下着重分析山东、四川、浙江、陕西、湖南、广东等省各具特色的改革经验，主要包括：明确农业供给侧结构性改革的目标方向和动力、立足产业高质量发展推进农业供给侧结构性改革、深化农村土地合作经营改革、强化金融支持农业供给侧结构性改革功能、保障粮食和重要农产品有效供给等，十分值得学习借鉴。

第一节 明确农业供给侧结构性改革的目标方向和动力

四川省围绕"一条主线"、坚持"两个导向"、突出"三大重点"、着眼"四大调整"、激活"五大动力"、狠抓"六个落实"，扎实开创农业现代化新局面。

一、围绕一条主线：推进农业供给侧结构性改革

改革开放初期的农村改革是围绕解决人民群众的温饱问题，解放生产力，发展常规农业，大量施用农药化肥，提高产量，确保大家都够吃、吃得饱。那么，温饱问题解决以后，人们的生活追求发生了改变，推进农业供给侧结构性改革的目的就是要解决一些产品已经相对过剩、一些新产品又供不应求而不能满足市场需要甚至缺乏等问题。因此，必须通过调整农业生产结构，减少普通"大路货"中的低端农产品生产，大力发展绿色、有机、无公害和高端、个性化、差异化的农产品。同时，要树立生态文明理念，修复生态环境，促进农业可持续发展；要激活农业农村发展动能，促进三次产业融合，增加农民收入等。

二、坚持两个导向：市场需求、供给质量

（一）坚持市场需求导向

对于农产品生产，哪个年代都要求遵循市场需求导向，只不过导向不同而已。过去是卖方市场，农业生产的主要目标是解决农产品短缺，由此促进了化学农业的产生；现在是买方市场，"吃不饱"的时代已经过去了，人们消费追求的是吃得好、吃得健康，对农产品、食品的需求更加多样、更加精致了。所以要改变不

合理的农业供给结构，即改变为了供应市场而生产的农产品的品种和质量，更好满足消费者需求，减少低端、无效供给，扩大中高端、有效供给。

(二)坚持供给质量导向

大力发展质量、功能和品质农业，让人民群众吃上安全、放心、健康的农产品，既是满足人民的新渴望、新期待，也是新时代党和国家让全体人民过上好日子的新举措；是贯彻落实习近平同志提出的"要坚持质量兴农，把农产品质量安全作为现代农业发展的'生命线'，转变农业发展方式，创新农业经营方式。要以'最严谨的标准、最严格的监管、最严厉的处罚、最严肃的问责'建立覆盖从田间到餐桌全过程的监管制度，确保广大人民群众'舌尖上的安全'"的具体要求。

三、突出三大重点：建设基地、发展加工、争创品牌

(一)建设农产品生产基地

建立全国优质粮油生产基地、国家优质商品猪战略保障基地、全国优质特色农产品供应基地。截至2021年底，四川省粮食总产量达716.4亿斤，时隔20年再次登上700亿斤台阶；全省生猪出栏6314.8万头，油菜籽产量达338.7万吨，均继续保持全国第一位。

(二)发展农产品加工业

大力发展农产品加工业，建成全国优质农产品加工基地，努力实现每个五年规划规模以上农产品加工企业总产值都翻一番。截至2021年底，四川省已经实施了"川字号"农产品初加工提升和精深加工拓展行动，拥有规模以上农副食品加工企业15611户，比2016年增加1792户。农副食品加工业规模不断壮大，增加值平均增长3.9%。

(三)争创农产品品牌

在全省推动实施农产品品牌"孵化、提升、创新、整合、信息"建设五大工程，不断培育壮大农产品品牌体系。大力开展惠民购物全川行动、川货全国行、万企出国门市场拓展"三大活动"，实施川菜走出去、四川美食全球行活动，不断扩大"四川造"农产品知名度和市场占有率。截至2021年底，四川省乡村地区限额以上批发零售业和住宿餐饮业实现网络销售从无到有的突破，网络零售额和餐饮收入实现27.7亿元，比2016年增加27.4亿元，农产品销售正走出一条现代化发展的新路子。

四、着眼四大调整：调整产品结构、产业结构、经营结构和服务方式

（一）调整产品结构

四川省"十三五"期间，重点抓好五大农产品主产区建设，即成都平原经济区的都市现代农业，川南经济区的农产品优质原料基地建设和农产品加工一体化发展，川东北经济区的生态、绿色、有机、富硒等特色农产品生产和精深加工业，攀西经济区的亚热带特色农业和立体特色农业，川西北经济区的高原生态特色农牧业。推进猪、菜、果、酒、茶、药、烟等"川字号"特色优势产业做大做强，不断扩大优质农产品规模，提升农产品质量，进一步挖掘一批功能性食品。

（二）调整产业结构

积极创造条件建设产业融合发展示范点、示范区和农民增收新产业新业态示范县，打造一批示范县（区）、特色小镇、美丽新村和田园综合体，发展休闲农业、生态康养、文化创意农业，推进三次产业融合发展。到2021年底，四川省约有8300个村开展了休闲农业和乡村旅游接待，占乡村总数的27.2%。开展乡村旅游的村，村民人均可支配收入达2万元以上的约占46.7%，比没有开展乡村旅游的村高出29个百分点，乡村旅游对促农增收成效十分明显。

（三）调整经营结构

以放活土地经营权为重点，落实"三权"分置改革，依法推进土地经营权有序流转，发展适度规模经营和多主体合作的经营方式。例如，达州市开江县甘棠镇，多年来由于长期施用农药化肥，导致出现农业效益低、农民增收难、土地撂荒多、大量劳动力外出务工等现实问题。镇党委政府从农业供给侧结构性改革入手，围绕做足涉农资金、种养方式、产业结构、为农服务、新村建设、集体经济"+"字文章，采取经营主体多元化、生产方式绿色化、集体经济组织化、供给方式现代化等措施，发展集美丽新村、现代农业、乡村旅游、文化体验于一体的"稻田+"田园综合体1万余亩，并成功创建国家级稻渔综合种养示范区，实现亩产"千斤粮、万元钱"，从根本上解决了"谁来种地、地怎么种"等农业增效、农民增收难题，成为推动乡村产业振兴、农村经济发展的好样板。

（四）调整服务方式

发展农业社会化服务是促进现代农业发展的途径，坚持政府引导与市场机制相结合，积极搭建公益性与经营性相结合的服务平台，支持新型农业经营主体为小农户开展各种农业社会化服务，建立和完善县、乡、村三级电子商务运营服

务网络,发挥好供销社的积极作用,加快推进现代农业发展。

五、激活五大动力:人、地、钱、主体、市场

(一)培育"三类人"

四川省十分重视培育新型农业经营主体,重点培育"三类人",即新型职业农民、农业科技人员和返乡农民工。加快涉农领域"放管服"改革,完善返乡农民工创新创业支持政策,有序扩大返乡创业专项资金支持规模。重视培育新型职业农民,对经过培育获得"新型职业农民"认定者给予一定额度的信用贴息贷款,作为启动资金带动其他农户共同发展乡村产业,让他们成长为新型农业经营主体。

(二)盘活"三块地"

即盘活承包地及撂荒土地、宅基地及闲置农房、农村建设用地,发挥出土地要素的应有效能。特别是激活农民撂荒的承包地,通过建立土地股份合作社,招引家庭农场、各类专业合作社、农业产业化龙头企业等新型农业经营主体经营,完善利益联结机制,农民按股分红、按劳分配。

(三)用好"三块钱"

即用好财政的钱、金融的钱和社会上的钱。以财政资金撬动金融资本和社会资本,吸引更多的钱投入乡村产业发展。在政策和制度上,充分保障金融资本和社会资本取得合理的收益,形成长效机制。

(四)激活主体

落实扶持新型农业经营主体发展的各项政策举措,支持农业龙头企业做大做强,加强农民合作社示范社建设,建立健全家庭农(林)场名录及服务管理制度;加快推进供销合作社改革发展,使其发挥积极的带动作用。

(五)激活市场

深入贯彻新发展理念,加快构建以国内大循环为主体、国内国际双循环相互促进的新发展格局,对内实行"价补分离",完善粮食和重要农产品目标价格制度,健全主要由市场决定的农产品价格机制,努力扩大内需;对外充分利用国际国内两个市场,办好各种展会活动,提升"川字号"农产品在国际国内市场的占有率。

六、狠抓六个落实：十大行动、组织领导、项目对接、推进机制、督促检查、总结推广

（一）十大行动

即实施产业基地建设、农产品加工业壮大、川字号品牌创建、农业清洁生产、科技创新引领、农业供给新业态发展、新型职业农民培育创业、经营和服务主体培育、山水田林保护修复、民族地区产业脱贫等行动方案。

（二）组织领导

在推进农业供给侧结构性改革过程中，涉及的项目及其关联的政策、生产要素等很多很复杂。因此，要研判、制定和完善改革工作方案，加强领导，组织实施。

（三）项目对接

各级各部门要筛选项目、明确项目，对接到县，落实到牵头部门、责任单位，细化工作方案。责任单位要加强与上级部门沟通和与建设单位衔接，确保项目落实。

（四）推进机制

建立健全党委政府领导牵头抓总、部门分工负责、各方积极参与、形成强大合力的工作推进机制。

（五）督促检查

制定督查方案，定期开展检查评估和督查结果通报。对决策执行不力、工作不实、落实不到位等问题，责成整改，及时纠正。

（六）总结推广

在推进农业供给侧结构性改革中，大力支持和鼓励各地大胆实践和创造。要及时总结推广好的做法和经验，宣传各地先进典型，激发改革力量。

到2021年底，四川省创建国家农业产业园13个，数量居全国前列，建成省星级园区107个。全省菜、茶、果、药、渔5个产业共实现产值3569.1亿元，比2016年增加1042.6亿元，对第一产业产值增长贡献率达42.1%；全省农林牧渔业总产值9383.3亿元，比2016年增加2566.4亿元，年平均增长6.6%，农业经济实现高位提升，经济总量由2016年的全国第四位上升至2021年的第二位，全省农民人均可支配收入达17575元，比2016年增加6372元，年平均增长9.4%，城乡居民收入差距由2.53∶1缩小至2.36∶1，改革取得了明显成效。

第二节　立足高质量发展推进农业供给侧结构性改革

浙江省是全国县域经济最为发达的省份之一，在"八八战略"引领下推进农业供给侧结构性改革，实现"提质增效转方式，稳粮增收可持续"发展。他们的做法是：做稳战略产业、做大畜牧产业、做强特色产业、做亮新兴产业、金融支持改革。

一、做稳战略产业

浙江省在调整农业结构中不放松粮食生产，2016年在实施稳面增产和绿色增效行动中，全省新建粮食生产功能区70万亩，新启动一批市县级粮食生产功能区提升项目，并将粮食生产功能区全部划入永久基本农田示范区，实行最严格保护，通过依靠科技、增加投入、完善设施、长久保护、强化管理，使粮食生产功能区成为粮食稳产高效模式的示范区。到2021年全省粮食播种面积1510.1万亩，比2020年增加20.0万亩，增长1.3%；粮食总产达124.2亿斤，比上年增产3.0亿斤，增长2.4%，确保粮食稳产增产。

二、做大畜牧产业

2013年以来，浙江省注重保生态、保安全、保供给和促增收协调发展，深入推进畜禽养殖污染综合整治，一批环评差的养殖场被"关停并转"。同时实施湖羊、生猪、蜜蜂、兔等特色产业振兴计划，扎实推进美丽生态牧场建设，到2020年底，共培育1000家新牧场、提升10000家老牧场、建成20个美丽生态畜牧业示范县。到2021年，全省猪牛羊禽肉总产量为103.10万吨，同比增长15.2%。其中，生猪存栏640.23万头，同比增长2.0%，年末存栏恢复至2017年末的116.8%。其中能繁母猪存栏69.31万头，同比增长19.4%，全年生猪出栏773.91万头，同比增长16.3%；猪肉产量65.15万吨，同比增长20.2%。

三、做强特色产业

浙江注重发挥本省资源禀赋优势，在"特、优、高、深"上下功夫，做优做精、做大做强特色产业，大力实施区域特色精品农业，重点实施水果、茶叶、食用菌、中药材等提升发展行动计划，实现品种显著优化、品质大幅提高、品牌趋向高端、产业链全面延伸，推进传统优势产业转型升级。

例如，浙江西部的衢州市常山县是"中国胡柚之乡"，过去由于生产经营体制落后，经营主体兼业化、老龄化、弱化，加之橘园零散化，在全国柑橘总体产能过剩背景下，常山胡柚也出现"卖难"。针对这些问题，常山县实施胡柚产业振兴发展行动计划，积极引导和鼓励新型经营主体规模经营，提升改造，改良品种，淘汰"三低"橘园，促进胡柚全产业链转型升级、"接二连三"。到2021年底，常山县胡柚种植面积已有10.5万亩，年产量14万吨，产业总产值20亿元，相关从业人员约10万人，直接带动农民增收5.6亿元。

四、做亮新兴产业

浙江大力发展时尚农业、创意农业、休闲农业等新兴产业，孕育催生出越来越多"农业+旅游""农业+健康"等一二三产业融合的新业态。"十二五"期间，休闲旅游呈爆发式增长态势，2015年全省农家乐接待游客2.1亿人次，休闲观光农业产值227亿元。"十三五"大力开展"互联网+"现代农业行动，培育超亿元农产品电商企业5家、超千万元农产品电商企业45家，累计建成300个农业物联网示范点。到2021年，浙江省的农家乐接待游客人数达到3.9亿人次，比2015年增加了1.8亿人次，休闲观光农业产值达到469.4亿元，是2015年的2.07倍，全省城乡居民收入比为1.94∶1，成为全国城乡居民收入倍差小于2.0的3个省份之一。

例如，安吉县是浙江省典型的山区县，2001年开始实施"生态立县"发展战略，时任浙江省委书记的习近平同志两次深入该县调研，2003年肯定了安吉的发展道路，2005年表扬了安吉做法是"高明之举"，并提出"绿水青山就是金山银山"的著名论断，给安吉坚持实施"生态立县"战略坚定了信心。2008年以来，安吉坚持以"两山"理念为指导，以"中国美丽乡村"建设为抓手，大力发展生态农业、生态工业和生态旅游，走出了一条"生态美、产业兴、百姓富"的可持续发展之路，建成了全国首个休闲农业与乡村旅游示范县、全国生态农业建设先进县等。到2021年GDP达到566.33亿元，年均增长10.44%，财政总收入达110.79亿元，年均增长15.13%，农林牧渔业增加值实现28.40亿元，全县森林覆盖率达到70.3%，"三品一标"认定产品150个，认定面积109.02万亩，农村居民人均可支配收入达到39495元，增长10.6%，城乡收入比为1.67∶1，接近了发达国家水平，成为先行共同富裕的典范。

五、金融支持改革

浙江省于2015年就建立了农业发展投资基金，积极引导金融资本和社会资本投入现代农业建设。发展农村信贷，省级信贷担保机构向市县延伸，引导有条件的村成立村级合作担保组织等。完善农村征信体系，简化贷款手续，小额支农贷款无需担保，帮助农民解决资金瓶颈问题。创新开发生猪保险，带动发展畜牧业金融保险和社会化服务。

浙江省农业供给侧结构性改革的成功经验主要有以下几点。

(一) 生态建设竖起全国样板

浙江省以治理和修复农业生态环境为重点，从根本上破解农业资源环境约束问题，探索经济发达地区生产生态生活协调发展的体制机制。作为全国唯一的现代生态循环农业发展试点省，构筑完善产业布局生态、资源利用高效、生产清洁安全、环境持续改善的发展体系，强调落实主体责任，启动农业生态与农村环境污染防控监管长效机制建设。先后出台畜禽养殖污染防治办法等相关法规30多项，选择40个市县整建制推进现代生态循环农业建设。始终坚守生态环保这条底线，以壮士断腕的决心推进畜禽养殖污染治理，实行畜禽养殖环境准入制度，建立畜禽养殖污染网格化管理和动态巡查机制，畜禽养殖污染和死亡动物无害化处理两条"软肋"基本破解。构建政策支持、技术支撑、齐抓共管"三大体系"，不断巩固"五水共治"（治污水、防洪水、排涝水、保供水、抓节水）成果，持续推进农业水、气、土综合治理，到2017年完成"一控两减四基本"目标，到2020年建立全省域范围现代生态循环农业制度体系和长效机制。

(二) "两区"建设经验在全国推广

浙江从2010年开始启动创建粮食生产功能区和现代农业园区两项重大工程。以"两区"为主平台，集聚政策、资源、资金、技术，创新管理体制机制等，提高农业全要素生产率，在稳定粮食生产的基础上加快现代农业发展，着力打造粮食生产和现代农业的先行区、示范区和引领区。农业"两区"富了农民钱袋子，也鼓了浙江的米袋子，"两区"产出水平比周边地区平均高出20%。到2017年，全省累计建成粮食生产功能区10172个、819万亩，现代农业园区818个、516万亩，提前一年完成建设任务。浙江省"两区"建设经验从2015年开始连续四年写入中央一号文件在全国推广。

(三) 走绿色高效的农业现代化道路，构建浙江农业"绿富美"

浙江省牢牢把握生态优势就是发展的根本优势，将生态文明、现代农业和美丽乡村建设有机结合起来，生态治理不仅治理出"山清水秀"的美景，也治理出了无限商机，"绿水青山"生态资源有效转化为绿色经济生态资本。到"十三五"末，浙江已建成高效生态、特色精品、安全放心的绿色农业强省，率先基本实现农业现代化。

（四）践行开放发展理念，变"浙江农业"为"浙江人农业"

突出外向发展，推进农业走出去，积极鼓励农业企业、合作社和专业大户"走出去"，到省外、境外建粮食、水果、蚕桑、畜牧养殖等生产基地，运用好省外、国外的资源和市场，着力培育对外合作新格局。据不完全统计，全省现有上千家农业企业、几十万农户在省外建立各类农产品生产基地，相当于在省外新建了一个"浙江农业"，境外农业投资遍布亚洲、非洲、大洋洲、拉丁美洲、北美洲、欧洲的60个国家和地区。还经常组织山区26县农产品出口产销对接推介活动，助力山区县农优产品走出大山，跨越大洋，加快推进山区县乡村振兴，实现农民共同富裕。

（五）重视引入工商资本，助力推进农业供给侧结构性改革

浙江通过积极组织开展招商引资和项目对接，引进工商资本、民间资本甚至外资投资开发适合企业化经营的农业项目，扶强扶大农业龙头企业。例如，浙江天子股份有限公司就在常山县投资建设3万亩胡柚标准化园等。

（六）健全农业支持保护体系，促进金融保险服务现代农业

金融保险是推进农业供给侧结构性改革的重要支撑。浙江现代农业发展水平高，对农业金融保险需求强烈，同时地方金融创新十分活跃。浙江省每年都安排财政资金上百亿元建立农业基金（乡村振兴投资基金），撬动金融资本和社会资本的持续有效投入，放大效应可达十倍以上。还率先在全国创新实施生猪保险与无害化处理联动模式，促进畜牧业金融保险和社会化服务。

浙江省在推进和深化农业供给侧结构性改革过程中，也遇到不少问题，诸如生猪养殖大量调减后调入量增加可能带来疫病风险与供给安全问题、养殖业废弃物污染处理问题、农业结构调整进程中的非粮化非农化问题、工商资本不从事粮食生产问题、"大众农业"与"精致农业"的关系处理问题、龙头企业与农户的利益联结问题，等等，都须在改革中逐步深入研究解决。

第三节 深化农村土地合作经营改革

土地是人类赖以生存和发展的重要资源,是农业生产最重要的物质基础,也是农业供给侧结构性改革中的关键要素。湖南、陕西等省以完善"三权"分置为核心的农村土地合作经营改革为抓手,激活农业土地要素,解放农村劳动生产力,培育发展新动能,促进农业农村经济的稳定发展,很值得各地学习借鉴。

一、坚持"三权"分置,理顺土地合作经营体制

以土地所有权、承包权、经营权"三权"分置为前提,对农村土地进行统一整合、产业开发、合作经营。

(一)完善土地确权

湖南等省按照明晰集体所有权、稳定农户承包权、放活土地经营权的要求,做好土地确权登记颁证工作,明确农民土地承包权和经营权的权能,为开展土地合作经营提供重要基础。

陕西省还于2017年在全国率先出台农村集体产权制度改革实施意见,全省突出确权、赋权、活权,实行部门协作、五级联动,整省推进确权登记颁证,分类推进产权制度改革,激活资源要素,发展动能持续增强。

到2020年,陕西全省已有97.22%的农民拿到了土地承包权证,给5733万亩耕地发放了"身份证",让614万农户吃上"定心丸",带动全省土地流转率超过23%。全省13538个村集体有了收益,占有集体资产村的73.2%;年度分红村达到5349个,123.7万名农民拿到分红,分红总额达4.8亿元。土地流转率高、管理得好的地方,农民收入提高较快,例如榆林市补浪河乡2020年全乡农民人均纯收入1.8万元;收入中等水平的延安市南沟村,2020年农民人均纯收入近1.6万元,集体经济产值达到256.5万元,纯收入35.9万元。

(二)组建土地合作社

湖南省在做好土地确权登记颁证工作和不改变农村家庭经营基本制度的前提下,按照"确地确权确股"原则,以村民小组为基本单位组织建立土地股份合作社,引导村民以家庭承包经营的土地作为股份,把农户分散的土地承包经营权集中起来。同时召开村民大会,选举土地股份合作社的股东代表,成立议事委员会,代表村民小组负责对合作社的土地进行具体管理和经营。土地合作社与农户

签订协议,把合作社的土地所有权、承包权和经营权所有者的利益紧密联结起来,为三者利益诉求和解决矛盾纠纷提供协商平台,并对土地实行统一整理、产业开发和合作经营。其中土地合作社不参与具体农业生产经营,主要依靠土地价值提升、分享生产经营者收益和发展农业社会化服务获得稳定收入来源。村民可以自愿以现金、财产和技术入股组建农民专业合作社,参加土地竞标进行专业化生产和提供专业化社会服务获得收入,也可以承包土地合作社发包的土地进行农业经营,成为专业大户或家庭农场主。

(三)建立土地银行

湖南省最先由长沙市宁乡市大成桥镇鹊山村发起建立的农业资源经营合作社,后来更名为"土地银行"。即在土地股份合作经营的基础上,土地合作社采用银行运作模式经营管理土地:农民自愿将土地承包经营权存入"土地银行",收取存入"利息","土地银行"再将土地划块,实行土地经营权竞价贷出,采取公开竞价方式,价高者中标,贷给职业农民、家庭农场、专业合作社、龙头企业等新型农业经营主体耕作,收取贷出"利息",耕作主体则按照"土地银行"的经营方向、保护土地、绿色农业等要求进行生产,实现土地规模化、集约化经营,按经营合同如期付给"土地银行""利息",周而复始地安排再生产。需要退出经营,则提前半年以上向"土地银行"提交终止经营报告,便于"土地银行"招引新的经营主体经营。"土地银行"赚取差额利息的收益,按章程用于自身发展、建立风险金和给银行股东分红等。成立土地银行,对入股合作社的土地进行统一规划和整理,加强农田基础设施建设,改善农业生产条件,实行土地经营权公开竞价贷出,提升土地价值,是土地承包经营方式改革的深化,更加有利于土地效能的发挥。土地流转中的存入和贷出均按实测面积而非发包面积,流转收益分配按全村在籍人口数而非土地承包人数,让农民的土地始终保持增值。

二、坚持合营共享,强化土地合作经营保障

(一)农民主导

明确农民主体地位,农民既是土地合作社的股东,也可以参与具体生产经营,确保了土地的承包权和经营权始终在农民的主导之下。

(二)村组统筹

充分发挥村级组织在土地合作经营中的作用,以村为单位,在充分征求农民意见的基础上,因地制宜制定和不断完善合作经营方案,充分发动群众参与土地合作经营。

（三）利益共享

土地股份合作社实行"基本分红+二次分红"的收益分配方式，在保障每位农民基本土地收益的基础上，对土地股份合作社多出的经营收益按入股比例进行"二次分红"，把土地经营收益最大限度留在了农民手中。

三、坚持市场配置，提高土地合作经营效率

建立健全土地经营权流转交易体系，建立完善新型农业生产经营体系，不断提高劳动生产率、土地产出率和资源利用率。

（一）培育新型职业农民

湖南省对有意愿从事农业规模化经营的农户都进行重点培养，采取政府购买方式适时组织培训、经验交流、聘请专家授课、现场指导等，不断提高农民科学种养能力，打造适应现代农业生产要求的新型职业农民队伍。采取自愿申请、民主投票的方式，从每组选择一定数量年龄在50岁以下、愿意耕种且经过培训技术相对成熟的农民确定为新型职业农民，合作社将全村土地划分成若干个片区，分别租给这些职业农民来耕种。土地流转出去后的村民若还想自己种植一点口粮田，也可以向这些职业农民返租小块土地，按统一标准种植。

陕西省也十分重视培育新型农民，政府早在2011年就开始思考如何解决"谁来种地"的问题，2012年开始先行试点进行职业农民培育，从抓点示范、多点发力到整省推进，探索出"在经营主体中培育、在产业链中成长、在服务体系中成熟、在政策扶持中壮大"的培育路径，建立了"政府主导、政策扶持、制度保障、产业带动"的培育机制。2016年，省农业厅还联合西北农林科技大学成立了陕西省职业农民培训学院，围绕"3+X"农业特色产业发展布局加强对全省职业农民的培训力度。截至2021年底，全省共培训新型职业农民20.63万人，认定12.69万人。使一大批老农民变成了新农民，一批高素质的青年农民成长为种养大户、家庭农场主和农民合作社领办人，一批大学生、返乡农民工和退伍军人加入爱农业、懂技术、善经营的新型职业农民队伍中来，成为全省农业发展、农业供给侧结构性改革和乡村振兴的带头人和生力军。

（二）发展适度规模经营

土地股份合作社采取租赁、流转、入股等多种形式，将整理开发后的土地流转给适合的农业经营主体发展适度规模经营，解决了农户分散经营甚至土地丢荒等问题。制定统一的生产标准，要求统一品种和服务。优先支持本村农户组建的专业合作社和家庭农场经营，再采取竞价方式租赁给其他有种植意愿的农民

耕种。

(三) 推广全程社会化服务

在实施土地合作经营的村，每村配套建设一个农业综合服务中心，由土地股份合作社牵头组建农业服务公司，按照生产标准提供统一的农资供应、生产技术、农业机械、烘干存储、加工营销等服务，有效提高农业的专业化、机械化、标准化、市场化水平。

第四节　强化金融支持农业供给侧结构性改革功能

山东省人民银行济南分行于2017年初就联合山东省委农工办、山东省农业厅、财政厅等7部门联合印发《关于山东省金融支持农业供给侧结构性改革的意见》，成为全国率先出台金融支持农业供给侧结构性改革专项意见的省份。

山东金融支持农业供给侧结构性改革的总体目标是要在农村金融服务覆盖率、农村金融服务可得性、农村金融产品创新和金融支持区域农业高新技术产业示范区辐射带动作用上实现"四个突破"。主要措施有：一是创新农村金融体制机制。健全完善分工合理、功能互补、适当竞争的银行支农服务体系。二是创新农村金融产品和服务方式。创新新型农业经营主体抵押、质押和担保方式，优化信贷管理体制和贷款利率定价机制，以增强金融对乡村振兴的服务能力和水平。三是做好金融精准扶贫工作。开展"金融支持产业扶贫进万家"活动，推进产业扶贫和金融精准扶贫政策有效融合，促进提升产业容纳、承载、带动贫困户脱贫致富能力，以巩固脱贫攻坚成果并衔接乡村产业振兴。四是推进乡村金融基础设施建设。深化乡村支付环境建设和乡村信用体系建设，为农民提供安全优质的支付服务。五是充分利用区域农业高新技术产业示范区作为国家级农高区的政策优势，推动各项金融改革措施在示范区先行先试，稳步推广。六是加强金融政策与财税政策的协调配合，健全完善风险分担补偿机制，完善金融支持农业供给侧结构性改革的政策扶持和保障体系。

浙江省除了不断加强"三农"财政投入外，每年还拿出超百万元的资金支持农业供给侧结构性改革，设立产业基金投资乡村振兴项目，到2021年7月已经投资20多个项目，累计投资金额近50亿元，带动股权债权投资近100亿元，发挥"四两拨千斤"的作用。省产业基金还与招商局集团和安吉县政府共同发起设立安吉两山乡村振兴绿色发展基金，借助本省科技力量，建立产业链上下游创新联动，加大对乡村数字化、智能化、机械化、网络化产业的投资；又与省旅游投资集团、杭州银行、杭州联合银行、南方建筑设计院等10家国资、民资、上市公司共同发起设立浙江省古村落保护利用基金，以"乡村+"的方式，让古村古镇焕发出新的生机，助力乡村文化和产业振兴。

广东省于2017年11月底发布《推进农业供给侧结构性改革实施方案》，提出了优化农业产业和结构布局、大力培育新型经营主体、强化科技创新驱动、推进一二三产业融合发展等八项重点任务，计划到2020年实现创建特色产业优势区50个、培育新型职业农民5万人以上、"三品一标"产品数量3000个以上等，这些任务现今都已完成。与山东、浙江等省一样，广东省每年安排财政资金建立农业基金（乡村振兴投资基金），此外还特别设立了农业供给侧结构性改革基金，重点支持全省农林渔业中具有一定收益的农林渔业现代种业建设、农林渔业设施装备、发展绿色农林渔业、农林渔业新业态新产业等经营性股权投资项目。这是全国首只农业供给侧结构性改革基金，运作几年来，该基金成为广东省乡村产业发展的"加速器""孵化器"，成为全省贯彻落实乡村振兴战略和农业供给侧结构性改革决策部署的市场化运作平台。截至2021年底，基金累计完成认缴208亿元，实缴105亿元，投资项目51个，在促进广东省乡村产业升级、弥补产业链短板和实现高质量发展方面发挥积极作用。

一、发挥国有资本辐射带动农业发展作用

带动多元资本138亿元投向广东省农业产业，带动比超过1∶2。带动产业资本，做强广东省农业产业链。引入新希望、温氏、海大、江西正邦、江西双胞胎、湖南唐人神、深圳诺普信等省内外农业龙头企业和知名上市公司，广东农垦等省属国企，味千拉面等跨国企业。带动地市政府资金，精准扶持产业链关键环节、关键企业快速成长。与韶关、茂名等农业大市共同设立农业产业基金。带动金融资本，打通社会资本，赋能乡村振兴瓶颈。联合农业银行设立全国首只由银行业金融机构参与并落实具体项目投放的省级乡村振兴基金，构建了银企合作新格局。

二、扶持重点优势产业和产业链关键环节

基金投资51家企业，覆盖14个地市，围绕省级重点优势产业和产业链关键环节布局，涵盖畜禽牧、水产、粮食、果蔬、花卉、南药等细分领域，以及农资、农产品加工、农业生产服务和信息化、供应链和冷链等三产融合新业态，构建农业农村产业生态。

三、赋能农业龙头企业，推动农业发展进步

基金在省农业农村厅、各地市政府和主管部门的支持下，实地调研、落地投资，解决融资难题，开展持续规范性辅导和增值赋能等，帮助农业企业规范管理和弥补短板，增强信用。农业基金进入后，先后有多家企业成功进入上市程序，申报为国家级龙头企业、产业园牵头企业、高新技术企业、"菜篮子"工程参与企业，体现农业企业的龙头带动作用和市场主体力量不断增强。

四、建立联农带农机制，促进农民共同富裕

通过"基金+龙头+农户"模式建立联农带农机制。基金投资的农业企业以合同雇用、采购粮食、购买种苗、合作承包、承办产业园内项目、利润分成等方式，直接或间接带动当地合作社、农户超过10万户，促进农业农村发展、农民共同富裕，体现国有控股企业在推进农业供给侧结构性改革和促进乡村振兴上的责任担当。

第五节 保障粮食和重要农产品有效供给

山东省认真贯彻落实中央决策的改革部署，勇担农业大省责任，走在农业农村改革前列，扎实推进新旧动能转换，农业高质量发展迈出新步伐。

一、大力发展粮食产业经济，确保粮食安全

在全国粮食供给已由总量不足转为结构性矛盾，优质粮食供给不足、深加工转化滞后等问题突出的情况下，山东省把维护国家粮食安全作为首要政治任务和深化农业供给侧结构性改革的着力点，坚持粮食生产不放松，确保粮食安全。2018年1月10日，山东省按照国务院的部署，印发了《关于加快推进农业供给侧结构性改革 大力发展粮食产业经济的实施意见》，提出以加快粮食产业新旧动能转换、增加绿色优质粮食产品供给、保障粮食质量安全和带动农民持续增收为重点，大力发展粮食产业经济。在73个新增千亿斤粮食产能县整建制推进粮油绿色高质高效行动，确保全省粮食总产继续稳定在1000亿斤以上，逐步扩大优质强筋小麦、优质高蛋白大豆、高油酸花生、特色杂粮杂豆和优质饲草料的种植面积。到2020年末，全省1418家粮油加工企业实现工业总产值4636亿元，销售收入达5045亿元，均居全国第一位。

(一) 培育粮食产业化联合体

山东省发挥市场在资源配置中的决定性作用，深化国有粮食企业改革，培育国有、集体、非公有资本交叉持股的新型市场主体。推动大企业由大到强、中小企业高精特专发展。鼓励国有粮食企业与新型农业经营主体、多元主体之间合作融合，培育粮食产业化联合体。在农业企业发展中，通过产权置换、股权转让、兼并重组等方式优化资源配置，发展一批粮食产业化龙头企业。在农业产业化龙头企业认定过程中，扶植一批具有核心竞争力和明显示范带动力的粮食产业化龙头企业。引导龙头企业与其他新型农业经营主体和农户构建稳固的利益联结机制。支持粮食企业"走出去"开展跨国经营与合作，培育粮食领军企业集团。推广"生产基地+中央厨房+餐饮门店""生产基地+加工企业+商超销售"等新模式。推动主食产业化，开展主食产业示范提升工程，认定一批示范单位、培育一批主食产业化龙头企业。推进米面、玉米、杂粮及薯类主食制品工业化生产、社会化供应。

(二) 打造地方粮油好品牌

山东注重粮食品牌建设，在"齐鲁灵秀地、品牌农产品"建设中，通过特色产品认定、商标注册与应用、"山东品牌中华行"活动和粮食文化元素发掘等，打造"齐鲁好粮油"品牌。在粮食生产中，大力发展"三品一标"粮食产品，培育发展一批公共品牌，推行"中国好粮油"质量标准，建立粮食产业企业标准领跑者激励机制，推出更多"中国好粮油"品牌。同时，依托国家粮食物流通道和节点，加强粮食物流基础设施和应急供应体系建设，打造对接北粮南运主通道，拓展海上粮食流入通道和内河散粮航运通道，强化黄淮海小麦流出通道，优化省内西粮东送及毗邻省间粮食流通通道，完善粮食市场物流体系。

(三) 发展粮食全产业链

积极推进"粮头食尾""农头工尾"建设，促进一二三产业融合，支持粮食企业以全产业链提升价值链。上游对接农业经营主体，发展绿色、生态、循环农业，下游延伸建设物流营销和服务网络，实现粮源基地化、加工规模化、产品优质化、服务多样化，提高粮食综合利用率和产品附加值。促进粮食精深加工与转化，增加专用米、粉、油和功能性淀粉糖、蛋白等食品以及保健、化工、医药等方面有效供给。主动开发利用粮食文化资源，发展休闲观光、体验式消费等新业态，形成粮食全产业链。2021年又出台了《山东省"十四五"粮食流通和物资储备发展规划》，提出强化粮食安全保障、提升基础设施现代化水平、推进数字化转型、健全地方物资储备体系和粮食品种品质品牌、粮食质量追溯提升行动等。

（四）聚焦科技兴粮推动科技创新

山东通过培育创新型粮食领军企业，加强营养健康、质量安全、节粮减损、加工转化、现代物流、"智慧粮食"等领域的基础研究。一是加快粮食科技创新。鼓励科研机构、高校聚焦企业需求，通过共同设立研发基金、实验室、成果推广工作站等方式，推动信息、生物、新材料等科技创新。二是实施"科技兴粮工程"。建立科技成果转化信息服务平台，推动科技成果产业化。发挥粮食领域国家工程实验室、重点实验室、院士工作站作用，加强粮食科技成果集成示范基地、科技协同创新共同体建设。三是实施"人才兴粮工程"。注重选拔一批在改革发展中作出突出贡献的粮油企业家，纳入全省企业家队伍建设规划。加强本科高校和职业院校粮食相关学科专业建设，完善政产学研用结合的协同育人模式，培养粮食产业实用人才。深入开展职业技能培训，培育"粮工巧匠"，鼓励企业建立"首席技师"制度，提升职工技能水平。

二、调整产业结构，增加优质农产品供给

山东省在稳定粮食生产的基础上，调整产业结构，出台菜、果、茶、食用菌、中药材、桑蚕、蜂业等特色产业提质增效转型升级实施方案，大力发展具有区域特色、比较优势明显的"名特优新稀"农产品。同时，深入挖掘品牌价值，整体打造"齐鲁灵秀地、品牌农产品"金字招牌，增加优质农产品供给，切实增强国内外市场竞争力。

陕西省也坚持特色现代农业发展定位，2017年以来围绕农业供给侧结构性改革目标，立足追赶超越，整合行业资源，强产业、保供给、促增收，推动农业转型升级，实现农民快速增收，农业经济稳中向好。全省立足发展粮、果、畜、菜、茶五大主导产业，不断调优生产结构，促进特色农业产业蓬勃发展。

（一）实施"粮改饲"

陕西省在稳定粮食产能的基础上，实施"粮改饲"工作，调减籽粒玉米面积，扩大青贮玉米规模，种粮结构更加优化。2017年全省粮食种植面积4567.95万亩，总产量1216.2万吨，粮食生产能力稳定在1200万吨。到2021年，全省粮食播种面积4506.5万亩，秋粮生产虽然因受陕北严重旱情等不利因素影响而造成减产，但粮食总产量仍达1270.4万吨，单位产量有所提高。同时，青贮玉米种植面积有所扩大，促进了畜牧业的更大发展。

（二）优化产业布局

陕西省积极调整水果产业布局，实施苹果"乔化北扩、矮砧西植"、猕猴桃

"东扩南移"工程。2017年全省水果总面积1923万亩、总产量1750万吨。2021年全省苹果果园面积达931.7万亩,较2017年少148万亩;园林水果产量为1896.5万吨,比2017年多出146.5万吨。

畜牧业坚持"北羊、南猪、关中奶畜",淘汰小户散养,规模化养殖比重达到53%。到2021年底,全省肉类总产量127.97万吨,比2017年增加了16.17万吨。

(三)积极发展设施农业

陕西省持续推进设施农业发展,逐步形成关中设施蔬菜、陕北山地蔬菜、陕南食用菌和大棚蔬菜产业带以及秦岭冷凉地区高山露地蔬菜产业板块。2017年全省蔬菜播种面积765万亩、产量1760万吨,设施化水平达到40%,设施蔬菜规模位居西北首位。到"十三五"末,全省设施农业面积362万亩、产量1260万吨,较"十二五"末分别增长31.6%和51.8%。

产业发展带给农民群众的收入越来越高,截止到2021年底,陕西省农村居民人均可支配收入从2017年的10045元提高到14745元,增加了4700元;城乡收入比为2.76∶1,比2017年下降了0.24个百分点。

三、全程推进农业标准化生产

着力构建与质量兴农、绿色兴农相适应的农业地方标准体系,制定和完善农业生产地方标准和技术规程,确保主要农作物生产有标可依。持续推进农业标准化生产基地建设,大力推行农业良好生产规范,结合开展绿色高质高效行动,整建制推广标准化生产技术模式,推动全省农业标准化生产水平显著提升。

四、全面提升农业产业化经营水平

山东省在提升农业产业化经营水平方面主要抓好三项工作:一是抓好经营主体培育。采取项目带动、示范引领、政策扶持等措施,大力培育新型农业经营主体和农业社会化服务主体,逐步提高农业规模化经营水平。二是搭建产业平台载体。加强涉农资金整合,创建国家级现代农业产业园、特色农产品优势区和田园综合体,加大对平台载体建设的集中投入,把平台打造成农村一二三产业融合发展的样板区和农业创新创业、"双招双引"的加速器。三是积极拓展产业功能。不断拉伸产业链条,推动产业链相加、价值链相乘、供应链相通的"三链重构",积极发展现代乡村新产业新业态,不断开创乡村产业振兴的新路径和新境界。

五、提高农业发展质量

2017年以来,陕西省立足农业高质量发展,突出要素聚集,大力推进绿色农业发展。到2020年全省共培植认定362个省级现代农业园区,重点打造杨凌、洛川国家级现代农业产业园,培育12个省级加工园区,主要农产品加工转化率超过60%,农产品加工业产值比达1.8∶1。大力推进农业绿色发展,在18个县(区)积极实施有机肥替代化肥、畜禽养殖废弃物资源化利用项目,使化肥、农药使用量逐年下降。种养循环、果畜结合的发展模式和标准化生产在全省稳步推进,测土配肥、地力评价工作实现全省农业县(区)全覆盖,全省主要农作物耕种收综合机械化水平达到65%,秸秆机械化综合利用率达到82.6%。发展"农业+文化""农业+旅游""农业+教育""农业+康养"等新产业新业态,带动农户8.6万户,年营业收入121亿元以上。

第六章

深化左右江革命老区农业供给侧结构性改革的主要方向和目标

中共中央、国务院《关于深入推进农业供给侧结构性改革 加快培育农业农村发展新动能的若干意见》明确指出："推进农业供给侧结构性改革，要在确保国家粮食安全的基础上，紧紧围绕市场需求变化，以增加农民收入、保障有效供给为主要目标，以提高农业供给质量为主攻方向"。2017年以来，左右江革命老区按照中央的要求，不断推进和深化农业供给侧结构性改革，取得了显著的成效。随着脱贫攻坚战、小康社会建设的全面胜利和社会主义现代化建设以及乡村振兴战略的全面实施，老区人民将深入贯彻落实党的二十大精神，继续按照中央的统一部署，以深化供给侧结构性改革为主线，以推动高质量发展为主题，弘扬老区精神，坚定不移贯彻新发展理念，坚持质量第一、效益优先，切实转变发展方式，推动质量变革、效率变革、动力变革，加快培育农业农村发展新动能，推进品种培优、品种提升、品牌打造和标准化生产，实现农业提质增效、农民增收致富、农村和谐稳定。

第一节 深化左右江革命老区农业供给侧结构性改革的主要方向

按照中央关于农业供给侧结构性改革的总体部署和《"十四五"推进农业农村现代化规划》的要求，深化左右江革命老区农业供给侧结构性改革的主要方向就是大力发展特色农业、生态农业、绿色农业、功能农业和品质农业，切实提高农产品供给质量。

一、发展特色农业

左右江革命老区是集革命老区、民族地区、边境地区、大石山区、水库移民区、欠发达地区于一身的特殊区域，94%的土地为大山、坡地，仅有少量的丘陵、平地，农业生产经营不可能像平原地区那样规模化集约化，只有依托自身地域、气候特点，发展特色农业，力争在"特"字上下功夫，做到"人有我优、人优我强、人强我特"，"特"出品牌，"特"出效益。

（一）创建"一村一品"特色产业示范村镇

农业农村部《2021年乡村产业工作要点》提出，培育一批"产品小而特、业态精而美、布局聚而合"的"一村一品"示范村镇，形成一村带数村、多村连成片的发展格局。就左右江革命老区近几年实施农业供给侧结构性改革的实践来看，地方特色品牌的产业不少，但零星分散，且同质化严重，难以形成优势。为此，建议政府提前介入，聘请专业机构做好前期调查研究和评估论证，提出"一村一品"产业的发展规划，接着进行试点发展。试点工作一定要做好跟踪服务，包括生产管理、技术服务信息等要全过程记录，切实做好"试点"到"示范点"的信息台账，为"一村一品"示范村镇的创建提供翔实的经验借鉴，更好地引导农业经营主体安排生产。

（二）打造优势特色产业集群

"十三五"期间，左右江革命老区在农业供给侧结构性改革方面，成效较为突出的是优势特色产业的培育和打造，例如，广西南宁隆安县火龙果、香蕉、荔枝等水果种植业，规模效益明显；广西崇左市统筹发展糖料蔗战略性产业，扶绥县发展"双高"甘蔗及蔗糖加工，带动能力增强；贵州黔东南州榕江，黔南州都匀、平塘、独山等县规模发展优质蔬菜供应大湾区则效益显现。云南文山州文山市集约化发展"三七"特色产业，广南县八宝镇组织经营主体规模生产特色优质大米"八宝米"实现稳粮增收。左右江革命老区核心区百色市现代特色农业不断提质增效，水果、蔬菜、油茶、茶叶、蚕桑等特色产业的规模和品牌影响力逐步扩大，芒果种植面积居全国第一，油茶种植面积居广西第一、全国第三，百色芒果入选国家优势特色产业集群，并获评中国-欧盟地理标志互认的农产品，是国家农产品地理标志保护工程示范样板。百色也是国家特色农产品优势区，田阳区被国家认定为百色番茄中国特色农产品优势区，还创新建设农产品供港基地，大力发展畜禽产业。以上这些都为优势特色产业集群的培育打造起到了很好的示范带动作用。在此基础上，各地市（州）都明确提出了"十四五"的发展目标。例如，百色市提出，实施农业现代化示范区建设五年行动，实施水果、蔬菜、蚕桑、糖料蔗、茶叶等优势特色产业提质增效工程；因地制宜推进一批重大畜禽养殖基地建设；统筹推进大水面净水渔业生态养殖。黔西南州提出，要全力稳定粮食生产，保障粮食生产安全；做大做强水果、蔬菜、食用菌、中药材、薏仁米、茶叶等特色优势种植业，大力发展生态畜牧渔业和农旅一体化建设。突出特色，重点发展，优化布局。在发展优质水果上，兴义重点发展柑橘、百香果、沙梨、芒果，兴仁发展枇杷、猕猴桃、蓝莓、软籽石榴，安龙发展樱桃、百香果、香蕉、李子，贞丰发展李子、百香果、芒果、火龙果，普安发展百香果、桃子，晴隆发展柑橘、百香果、李子，册亨发展香蕉、百香果、柑橘，望谟发展芒果、百香果、香蕉、火龙果，义龙新区重点发展桃、杨梅、梨、百香果，等等。下一步，左右江革命老区各级政府应加强统筹协调，按照农业农村部的部署和要求，农业发展努力构造"串珠成线、连线成块、连块成带、集群成链"，把老区乡村产业建成"主导产业突出、规模效益显著、产业链条健全、综合竞争力强"的区域特色产业集群和优质高效产业发展新高地。

（三）培育知名特色品牌

按照农业农村部的要求，开展乡村特色产业调查分析，不仅要发展名优特农产品，逐步扩大产业规模，还要发展农产品加工业、手工业，打造"特字号""乡字号""土字号"产品"金字招牌"。经过几年来的实践探索，左右江革命老区在农业供给侧结构性改革方面做了大量工作，也取得显著成效。但在不少工作上还存在薄弱环节，政府这只"看得见的手"作用发挥效果不明显，比如产业发展的指导引领上、特色品牌的培育上常常出现脱节掉链，任由市场这只"看不见的手"摆布，结果导致不少具有良好发展前景的产业（产品）由于培育扶持乏力，还没长大成为品牌就"胎死腹中"。因此，老区各级政府要有针对性地"培育"和加大资金技术扶持力度，发挥乡土人才、"土专家"的作用，把自己手中的农产品打磨成为知名特色品牌。立足自身优势，发展绿色、有机、地理标志农产品，以农业科技园、现代农业产业园、现代农业产业示范村镇示范带动，坚定不移地推进"一县一业""一村一品"建设，打造知名特色品牌。例如，云南文山州明确提出，"十四五"期间，将按照"政府主导、企业主营"双轮驱动的思路，加强政策支持和资金扶持，积极整合各种优势资源和要素向产业龙头企业集中，扶强龙头企业，做响绿色品牌，推动"产品落在品牌上、品牌落在企业上、企业落在基地上"。坚持政府、协会、企业联手，有计划推动地理标志农产品培育、申请和保护，加大"三品一标"认证力度，着力打造一批文山三七、文山蔬菜、文山高峰牛等地域品牌、区域品牌（文山市成为左右江革命老区唯一获得2021年全国63个农业全产业链典型县称号）。积极开展多种形式的品牌展示、推介和宣传活动，提升品牌影响力，提高产品市场占有率，打响优势特色品牌。

二、发展生态农业

发展生态农业是生态文明建设语境下的应有之义，是利用现代管理手段和现代科学技术成果建立起来，能获得比较高的经济效益、生态效益和社会效益的新型业态。发展要加强生态文明建设，坚持践行"两山"理论，常态实行河长制、林长制，推进山水林田湖草综合治理，修复良好的生态环境，为生态农业发展夯实基础。随着农业供给侧结构性改革的不断推进，左右江革命老区在发展生态农业方面也进行了有益的探索。如崇左市扶绥县的稻鱼共作的生态循环农业模式——"稻渔工程"，充分利用鱼粪给水稻提供养分，肥水还田，底生藻类，保住肥水，水稻、鱼虾、螃蟹、田螺等和谐共生，从而形成良好的生态循环系统。这样的生态农业发展在左右江革命老区可以说是方兴未艾。下一步，各级党委政府要加强对农业生产经营主体的引导、服务，切实把粮食生产和主要农产品与经济作物的生产结合起来，把大面积的粮食种植与林牧副渔业结合起来，把生态农业的发展与第二、三产业的发展结合起来，加快推进产、学、研深度融合，把高校和科研院所专家的研究成果及时转化应用到农业生产经营中来，协调解决好发展与环境之间、资源利用与保护之间的矛盾，促进经济与生态的良性循环。

三、发展绿色农业

"绿色"将是未来农业发展的一个永恒的底色。"绿色农业"的内涵很丰富，是以先进科技和管理理念为指导，促进农业安全和生态环境安全并持续发展的发展模式，是农业供给侧结构性改革的应有之义。

（一）绿色农业必须以绿色生态的可持续为前提，以资源环境代价的最小化和农业效益最大化为取向，以农业提质、农民增收为目标

以百色的芒果产业为例，当前芒果生产管理没达到精细化水平，广种薄收，培土浇肥、滴水灌溉等没有做到精准操作；还有农药化肥膨化剂的滥用，等等，势必浪费土肥和影响果品的质量。因此，要更新理念，把先进的科学技术、管理手段充分运用于农业生产全过程。要把传统农业和现代农业有机结合，以高产、稳产、高效为目标，以提高产品质量为根本，加大科学技术、信息、人才等软投入，使老区农业发展方式脱胎换骨，展现出鲜明的时代特征。

（二）发展绿色农业，就是调整生产方式，突出一个"绿"字

推行绿色生产方式，修复治理生态环境，既还历史旧账，也为子孙后代留下生存和发展空间。要完成农业供给侧结构性改革这个任务，调整好生产方式就要依靠科技进步促进绿色农业发展。对左右江革命老区来说，更要侧重于增加绿色农业产品品牌的科技含量，提高产品的附加值；用高新技术改造和装备传统农业，发展设施农业、智慧农业，实现绿色农业高新技术化，进而实现经济效益的最大化。要制定向发展绿色农业倾斜的政策，加大对绿色农业的投资，实施"绿色农业工程"，有效衔接工业化城镇化协同推进共同发展。

（三）发展绿色农业，要以农业供给侧结构性改革为抓手，大力倡导和推进农产品标准化建设

食品质量安全问题事关老百姓的切身利益，是最大的民生问题。而食品质量安全问题又是农产品质量安全的重要内容。近年来，左右江革命老区各县（市、区）都围绕农业供给侧结构性改革的主要目标，立足地域优势、生态优势、产业优势，积极发展"三品一标"农产品，以"三品一标"申报认证为契机，带动农业经营主体走绿色发展、质量兴农之路，推动了老区特色优势农业产业提档升级，实现了中高端优质农产品的不断丰富和有效供给。农产品标准化建设已经被纳入国家顶层设计，实践中各地各级政府都能够按照国家标准和技术规程管理农产品生产、加工各个环节，相关职能部门按照国家标准规定对农产品生产进行的指导和监管也日益常态化、正规化。但仍存在一些不容忽视的问题，比如"标准"有待制定和完善；推进的力度有待加大；公众"标准"的意识淡薄和认知水平有待提高；等等。因此，发展绿色农业，首先要提高生产经营主体和公众的"标准"意识，其次要制定和完善各种农产品的"标准"和生产技术规程，进一步健全和完善农产品生产、加工和投入品各个环节的技术规范，建立健全标准监管、推行、未按照标准执行的处置办法等体制机制；要加大农产品的标准化宣传力度，以多种形式向涉农领域普及产品标准常识和辨别办法，确保公众对农产品标准的知情权，强化监管环节的标准贯彻落实，提升标准的执行力和严肃性；要加大投入，鼓励通过发展设施农业来发展绿色农业，完善基础设施建设，为农产品标准化生产夯实基础，建立完善农产品标准化生产的奖惩机制，通过补贴、奖励、以奖代补和处罚等办法，激发生产经营主体开展农产品标准化生产的积极性和自觉性。

四、发展功能农业

注重农产品的功能化和营养化将是未来农业发展的趋势。通过生物技术等手段使农产品不仅保持原有的营养成分，而且具有人体需要的某些微量元素和保健功能。我国轻工业中长期发展纲要有关"食品工业科技发展战略目标"中就提出"调整食品工业和产业结构，开发方便食品、功能食品和工程食品等各类新型农产品"，说明功能农产品和功能食品是未来农业和食品工业发展趋势和国家实施健康大战略的迫切需要。

（一）左右江革命老区具有发展功能农业的广阔前景

由于地域、气候、土壤等自然条件禀赋，左右江革命老区生产的许多

"土""特"产品都具有保健功能,就是功能农产品。比如猕猴桃、百香果、刺梨、核桃、山楂、金银花和中药材等都富含多种维生素、氨基酸、脂肪酸、胡萝卜素和铁、硒、锌等人体需要的微量元素,都可以加工成为功能食品和保健品,还有各种富硒、富锌农产品。现在这些产业已初具规模并成为一些县域的特色产业。比如广西乐业县大量种植猕猴桃、刺梨和核桃,计划种植各10万亩,截至2020年底已经种植猕猴桃4.5万亩,刺梨2.3万亩,核桃5.7万亩,成功创建了广西壮族自治区级现代特色猕猴桃产业(核心)示范区。又如黔南州长期发展刺梨产业,近年来种植面积保持在60万亩以上,截至2020年10月种植面积已达61.7万亩,在平塘、独山、长顺等县已建有刺梨产业园区,参与刺梨种植农户9.14万户;黔东南州榕江、从江、黎平三县大力发展百香果产业,种植面积已分别超过8万亩、6万亩和5万亩;河池市发展的大米、蔬菜、水果、茶油、鸡蛋等富硒农产品,已经打响了"巴马富硒米""东兰富硒墨米""南丹巴平富硒米""金城江侧岭富硒米"等富硒产品品牌。这都为发展功能农业、开发功能食品打下坚实的基础。

(二)要坚持"前端谋划、中间协同、后端转化"的开发思路

"前端谋划"就是发展功能农业要做好提前谋划,从产业布局、产品定位、品种选择、发展规模等方面依据市场(供给侧和需求侧结构分析)以及本地实际充分论证评估,拿出一揽子解决方案,为解决可能遇到的问题、制约因素特别是技术瓶颈做好各方面准备。"中间协同"就是为了弥补短板和不足,以开放的思维谋求创新发展的空间。老区发展滞后的突出表现就是科研投入不足、人才缺乏、研发的基础条件差等,严重制约了农业科技创新和现代特色农业的发展。因此,必须做好产中各环节的协同工作。要进一步解放思想,以开放的思维推进创新,以协同的办法克服"先天不足",注重"借用外脑""巧借外力"来"借梯登高"。"后端转化"就是要通过供给侧结构性改革,着力打通创新成果应用的"最后一公里",真正把创新成果转化为产业发展实效。老区不仅科技研发能力较弱,创新成果的转化水平也较低。因此,要实现"弯道超车",必须紧紧围绕农业供给侧结构性改革这条主线,强化创新成果的实践运用,推动创新成果向现实生产力转化,让创新成果在产业发展中实现价值最大化。

(三)要用现代工业化理念发展功能农业和食品工业

要开发方便食品、功能食品和工程食品等各类新型农产品,做强做优农产品加工业。近年来,柳州以现代工业化理念发展螺蛳粉特色产业就是一个生动的例证。2014年,首家袋装柳州螺蛳粉生产企业诞生。2019年,"柳州螺蛳粉"电子商务产业园开园。2020年,"柳州螺蛳粉产业学院"成立。柳州螺蛳粉(很多原材料

取自左右江革命老区)成为饮食界"产学研深度融合"的代表,以"走心"的方式精准捕获了都市年轻人的"胃"(口味、营养、味道),从而晋升"网红"、热销全球,仅2020年一年的销售收入就达110亿元,且带动了相关配套及衍生产品130多亿元的销售收入,袋装柳州螺蛳粉仅在网上就卖出了11亿袋。2021年4月26日,习近平同志到广西柳州螺蛳粉生产集聚区考察调研,对螺蛳粉这个特色产业表示肯定:"真是令人惊奇!小米粉搞出这么大规模的产业来,不容易,值得好好研究总结。"老区要贯彻落实好习近平同志的重要讲话精神,在农业发展中要在突出特色农业的"功能"、开发系列"功能"农产品上下功夫,以科技引领,发展富硒、富锌等微量元素农产品及其价值开发,以"功能"强化特色,提高功能农产品的附加值。

五、发展品质农业

品质农业是改造传统农业、发展现代农业的方向和途径。所谓品质农业,就是以农业规模化、区域化为基础,以标准化生产、产业化经营为手段,以名优品牌创建、产品质量认证为标志,以农产品优质安全为核心,以实现农业产业生态、经济、社会等多重效益共同显现为目的的高产、优质、高效、生态、安全的现代农业生产体系。品质农业的内涵要求与农业供给侧结构性改革方向完全一致。左右江革命老区发展品质农业,要按照大生产的格局,发挥区域农业特色优势,适度集中生产要素从事现代农业生产,形成较大的生产经营规模,为社会提供较大批量的优质农产品。要通过标准化生产、产业化经营,加大农业科技在生产管理过程中的应用,实现对农业生产从农田环境、投入品、生产过程到产出食品的全过程控制,从技术和管理的层面提高农业产业和农产品的品质。在生产经营方式上,通过龙头企业牵头,实行"公司+基地+农户"等经营模式加以发展。截至2020年底,左右江革命老区核心区百色市已建成现代特色农业核心示范区(园、点)2476个,发展农业产业化重点龙头企业115家,有机农产品认证数量、面积居广西第一。百色市的水果、蔬菜、油茶、茶叶、蚕桑等特色产业的规模和品牌影响力也在逐步扩大,芒果种植面积居全国之首,油茶种植面积居广西第一、全国第三。按照发展规划,突出抓好绿色食品、有机农产品和地理标志"两品一标"认证,坚持以市场为导向,做强做优做大百色芒果、番茄、红茶、山茶油等农产品区域公用品牌,新增一批富硒、长寿特色品牌,提升农产品的市场占有率和附加值。可以预见,随着农业供给侧结构性改革的深入推进,农业无人做、农民增收难、高质量发展动力不足的问题将会得到有效解决。

六、推进三次产业深度融合

"十三五"期间,左右江革命老区各市(州)积极探索实践,农村一二三产业融合发展呈现良好势头。例如,云南文山州就以更宽的视野、更大的格局构建了现代农业产业体系,聚焦优势产业、聚集资源要素,创造了产业发展的"文山速度"。截至2020年底,全州以三七为主的中药材种植面积就超过160万亩,"文山三七"商标在62个国家和地区注册;蔬菜、辣椒、肉牛等农业生产经营龙头企业发展到259户,"三品一标"产品增至217个。引进和培育天士力、苗乡三七实业、瑞丰年等农业种植强档企业,建立以三七中医药、蔬菜、瓜果、花卉、中药材等为特色的农业产业集群。国家A级旅游景区由"十三五"初期的4家增加到35家,丘北普者黑成功创建为国家5A级景区。各市(州)依托自身的主导产业、特色产业不断壮大产业集群、推进农文旅融合发展,为乡村振兴打下坚实基础,为农业供给侧结构性改革搭建了良好平台。下一步,各地的举措将更加有力、发展步伐将更加迅速,例如,百色市提出:"加快农文旅深度融合发展,着力建设'泗水缤纷'等一批田园综合体,争创一批国家一二三产业融合发展示范园区。""加快推进深圳—百色、北京—百色农产品供应链项目,扩展'百色一号'果蔬专列'南菜北运'绿色通道功能,形成稳定的产业链供应链。加快构建绿色农产品加工体系,发展果蔬、粮油等精深加工业,打造农产品加工集聚区,促进农村一二三产业融合发展。"黔南州提出,"继续调整优化农业产业结构,以茶叶、蔬菜、水果、生态畜牧、中药材作为特色高效的主导产业,推动乡村产业发展,促进农村一二三产业融合发展"。惠水县做大做强刺梨等特色农产品精深加工,建设特色农产品加工产业集群;罗甸县依托艾纳香、砂仁、金花茶等特色优势中药材资源,建设民族医药产业集群;都匀市重点发展以中成药、药用胶囊为主的医药大健康产业集群;依托旅游资源优势,将荔波、平塘、罗甸、三都建设成为生态特色旅游城市。展望未来,左右江革命老区在推进三次产业深度融合上必定会闯出一片新天地。

第二节　深化左右江革命老区农业供给侧结构性改革的目标

深化农业供给侧结构性改革仍然要坚持以保障有效供给、增加农民收入为主要目标,把产业结构和品种结构调整和优化好,从过去追求产品数量转到提高产品质量上来,化解供需失衡、供需错位等矛盾,提供更多适合市场需要的优质农产品,打造出结构合理、高效优质的农产品品牌,保障农产品的有效供给,从而提高农民收入。结合《左右江革命老区振兴规划》实施的目标要求,深化老区农业供给侧结构性改革的主要目标包括以下几个方面。

一、到2020年,以农业为基础的综合经济实力显著增强,基本公共服务均等化程度总体达到全国平均水平,全面建成符合老区人民期望的小康社会

《左右江革命老区振兴规划》于2015年2月获得国务院批复实施,同年12月中央农村工作会议上首次提出农业供给侧结构性改革,2017年中央一号文件出台后,老区各级党委政府抓住机遇,不断深化改革,农业农村经济发展保持了稳中有升的良好态势,到2020年底,左右江革命老区59个县全部脱贫,所有贫困县全部摘帽,老区和老区广大农村群众特别是贫困群众实现了全面脱贫,2021年全面实现小康。老区农业发展呈现出明显的变化趋势,主要体现在:一是在稳定粮食生产的同时,农林牧副渔各产业快速发展,还涌现出休闲农业、生态农业、设施农业、互联网+农业等新产业和新业态;二是在稳定家庭联产承包责任制的基础上,土地流转、租赁等共享发展的理念催生了农民专业合作社、农业龙头企业等新型农业经营主体,农业经营格局发生了颠覆性的变化;三是广大消费者从追求吃得饱向吃得好转变,广大农民的生产经营理念也发生了重大变化,从过去的重产量增长、规模扩张向重质量效益、发展特色优势产品和增加收入方面转变;四是农产品不仅种类极大丰富,而且政府主导的安全优质农产品公共品牌"三品一标"已普遍成为人民群众农产品生产消费的主导产品,农产品越来越能够满足城乡居民消费不断向中高端、品牌化、差异化、多层次发展的需要,农村的综合经济实力显著增强,城乡居民收入差距逐步缩小。与此同时,农村的交通、能源、信息、物流等基础设施建设大力推进,基本公共服务日益改善,不断缩小了与城市

的差距。总的来看,左右江革命老区农业供给侧结构性改革第一阶段的目标基本实现,农业产业结构得到合理的调整,农产品质量明显提高,竞争力明显提升,农产品的有效供给得到保障,满足了城乡居民的需求,农民收入得到大幅提高,农业可持续发展能力明显增强。

二、到2025年,以现代农业为基础的现代产业体系基本确立,"四化"实现同步发展,农产品供给与需求实现动态平衡

左右江革命老区实现全面脱贫和全面小康以后,农业还是"四化同步"的短板,农村还是全面建设社会主义现代化的短板。随着"十四五"规划的实施,《左右江革命老区振兴规划》也进入最后五年实施的第二个阶段,老区各级党委政府要增强紧迫感和使命感,不断深化供给侧结构性改革,在把传统产业做优、把主导产业做强、把新兴产业做大、把特色产业做实的基础上,全面贯彻"巩固、增强、提升、畅通"八字方针,深入推进增要素、壮产业、提质量、深融合、紧对接、强基础,加快建设现代农业经济体系,促进老区乡村产业振兴、农村经济高质量发展。正如百色市提出的,"'十四五'时期,经济增速保持高于全国和广西平均水平;现代化经济体系建设取得重大进展,新型工业化、信息化、城镇化、农业现代化进程加快"。到2025年,打造水果、蔬菜、家畜家禽3个百亿元产业,蚕桑、茶叶、渔业3个二十亿元产业。抓好绿色食品、有机农产品和地理标志品牌认证,做大做强百色芒果、番茄、红茶、山茶油等农产品区域公用品牌,新增一批富硒、长寿特色品牌。加快推进深圳—百色、北京—百色农产品供应链项目,扩展"百色一号"果蔬专列"南菜北运"绿色通道功能,形成稳定的产业链、供应链。加快构建绿色农产品加工体系,发展果蔬、粮油等精深加工业,打造农产品加工集聚区,促进农村一二三产业融合发展。河池市提出,到2025年,基本实现农业基础现代化、乡村产业现代化、农村环境生态化、农村生活现代化和乡村治理现代化,粮食安全得到有效保障,农业基础设施条件得到改善,农业经营体系进一步完善;农业"十大百万"产业发展基础更加稳固,产业布局更加优化,产业体系更加完善;农村人居环境得到持续改善,农村生态环境明显好转;农民收入不断提高,生活更加方便,农民精神更加富足,城乡居民人均收入比下降到2.43以下;农村承包地"三权"分置政策体系不断完善;等等。加快数字乡村建设,发展以数字技术为基础的新经济业态,加快数字产业化、产业数字化进程,促进生产要素的快速组合和优化配置,推进老区现代农业绿色发展和持续健康发展。

三、到2030年，现代农业"三大体系"的架构基本形成，为老区农业高质量发展和乡村全面振兴提供有力支撑

习近平同志强调指出："我国农业正处在转变发展方式、优化经济结构、转换增长动力的攻关期，要坚持以农业供给侧结构性改革为主线，坚持质量兴农、绿色兴农，加快推进农业由增产导向转向提质导向，加快构建现代农业产业体系、生产体系、经营体系，不断提高我国农业综合效益和竞争力，实现由农业大国向农业强国的转变。""十四五"期间，老区各级党委政府要认真贯彻落实习近平同志的指示精神，锚定现代农业经济提质增效这一重点，着力构建农业产业、生产、经营"三大体系"并取得扎实成效。

（一）在巩固脱贫攻坚成果衔接乡村振兴上，继续调整优化农业结构，抓好产业发展，不断夯实农业发展基础

要与全国各大中城市建立农产品供销点，发展农产品加工业，提升农业产业链整体效益；要深入挖掘乡村旅游资源，打造特色鲜明、形式多样的乡村旅游项目，积极主动推进农文旅、休闲健康养生等产业和新业态融合发展，构建新型农业产业体系。

（二）在推进农业供给侧结构性改革中大力倡导绿色生产方式

继续强化生态文明理念深入人心、自觉行动，促进生态环境承载压力逐年减轻；加强农业科学技术研发和推广运用，让广大农民群众学科技用科技的意识日益增强，促进农业科技在推动农业现代化中的作用越来越突出；加快发展农业机械化，使农业机械成为当代农村的主要"劳动力"。例如，百色市2021年全市农机总动力为311万千瓦，共投入各类农机具15.65万台，完成机耕面积315.60万亩，占全市耕地面积673万亩的46.9%，机种面积48.4万亩，机收面积104.845万亩。显然，这样的机械化程度还很低，与现代农业发展要求不相适应。必须加大农业机械的推广普及、补贴和投入力度，努力降低农业生产成本，提高劳动生产率，促进新型农业生产体系的构建，不断提高农业生产力水平。

（三）通过新的组织形式优化配置农村的生产要素资源，解决农村地区土地和劳动力资源的错配导致"无人种地"的突出问题

发挥好市场和政府（政策）这两只手的各自作用，引导和规范家庭农场、农民合作社、农业龙头企业等新型农业经营主体健康成长并在发展现代农业中发挥带动作用。同时积极培育和发展农业社会化服务主体，出台政策鼓励从事农业经营和服务的各类主体参与农业社会化服务体系建设，打造具有革命老区特色

的农业社会化服务组织,为农业经营主体提供全产业链服务。农业经营主体和农业服务主体的相互合作与融合,必然促进新型农业经营体系的加快构建,必将更加有力地推动农业高质量发展和乡村振兴,加速推进农业农村现代化。

习近平总书记指出,推动高质量发展是做好经济工作的根本要求,是经济发展从"有没有"转向"好不好"的过程。农业高质量主要体现在供给有保障、产品品牌响、产业竞争力强、经营效益高、农民收入好、发展方式优、生态环境美。老区现代农业"三大体系"构建,农业改革发展要努力实现以下具体目标:一是提高经营者素质。把从事农业生产者都培养成为爱农业、懂技术、善经营的新型职业农民。二是提高农业生产效率。注重农业生产标准化、机械化、科技化、智能化,不断提高劳动生产率、土地产出率和资源利用率。三是提高农产品质量。老区生产出来的农产品质量好、品相好、品位好、品质优、营养均衡,确保安全健康。四是提高产业效益。充分发挥老区生态环境优良作用,注重发展中高端农产品,这类产品价格高又卖得好,经营效益高,让农业有赚头、有奔头。五是提高粮食和重要农产品供给水平。区域的粮食和重要农产品不仅完全满足本区域人口需要,还能够大量外销。六是提高农产品市场竞争力。老区生产出来的农产品有特色,在功能、品质、价格、服务等方面胜人一筹,在国内外市场上具有明显的竞争优势。七是提高农民收入。要建立完善利益联结机制和分配制度,让农业发展成果更多惠及广大农民,不仅让新型经营主体受益,更要让小农户以土地、劳动力等要素平等分享农业高质量发展的成果,使共同富裕的农业农村现代化迈上新台阶。

第七章

深化左右江革命老区农业供给侧结构性改革的措施建议

习近平总书记指出:"积极推进农业供给侧结构性改革,全方位、多途径开发食物资源,开发丰富多样的食物品种,实现各类食物供求平衡,更好满足人民群众日益多元化的食物消费需求。""要在保护好生态环境的前提下,从耕地资源向整个国土资源拓展,宜粮则粮、宜经则经、宜牧则牧、宜渔则渔、宜林则林,形成同市场需求相适应、同资源环境承载力相匹配的现代农业生产结构和区域布局。""树立'大食物观',向森林要食物,向江河湖海要食物,向设施农业要食物,向植物动物微生物要热量、要蛋白。"因此,老区各县(市、区)要立足资源优势,全面深入贯彻落实新发展理念,深化农业供给侧结构性改革,向土地、森林、江河湖泊、设施农业要食物,把青山绿水当作广大人民群众的大饭碗和菜篮子,提高供给质量。以提质增效为目标,调优产业、产品、品种结构,推进农业特色、绿色、有机、生态、安全发展,提升品种、品质、品牌,扎实推进供给侧改革,推动老区农业高质量、可持续发展,满足广大城乡人民对农产品质量及生活品质提高的需求。

第一节　发展壮大特色农业

乡村振兴,产业兴旺是重点、重要支撑和核心要素。习近平总书记指出:"乡村振兴要靠产业,产业发展要有特色,要走出一条人无我有、科学发展、符合自身实际的道路。"要发挥区域自然禀赋优势,因地制宜,强化园区示范、龙头带动、科技支撑、产销对接、政策支持,不断发展壮大区域特色产业。

一、发展特色种植业

种植业是农业农村经济的基础产业,是保障粮食、食糖、蔬菜、水果等重要农产品有效供给的战略产业。左右江革命老区的种植业有较好的发展基础,有土山、石山、河谷平原、高山平原和丘陵等多种地形,生态环境总体上保持良好,经过30多年的石漠化治理,逐步改变了刀耕火种的传统生产方式,生态环境逐步得到恢复,交通条件大幅改善,有着丰富的种植农产品传统和许多优质独特的品种。如百色市的河谷芒果,田东香米,田阳西红柿,西林砂糖橘,田林油茶、竹笋、灵芝,隆林板栗,乐业猕猴桃、核桃,德保脐橙,靖西大香糯、大山楂等;河池市的东兰油茶、墨米,巴马粳米,火麻,蝴蝶果,宜州桑蚕,果蔗,环江香粳、香糯、腊月橙，金城江鸳鸯柑，南丹巴平米、黄腊李、长角椒、天峨香菇、木耳等；崇左市的江州香米、糖料蔗、澳洲坚果、天等指天椒、大新苦丁茶、扶绥龙眼等；南宁市的隆安火龙果、香蕉、荔枝、中草药、马山旱藕、金银花等；文山州的广南八宝米、铁皮石斛、文山三七、砚山辣椒、花卉、富宁八角、沙梨、丘北莲藕、辣椒、麻栗坡小粒咖啡、马关核桃、西畴猕猴桃、香椿、阳荷等；黔西南州的晴隆薏仁米、兴义仓更板栗、普安茶叶、薄壳核桃、贞丰顶坛花椒、安龙六月李、望谟花椒等；黔南州的都匀毛尖茶、贵定云雾茶、罗甸脐橙、茶叶、火龙果、蔬菜、荔波蜜柚、血桃等；黔东南州的从江香禾糯、黎平茶、榕江百香果、水蜜桃等。建立稻米、芒果、砂糖橘、柑橘、沙梨、荔枝、山楂、八角、油茶、板栗、核桃、油桐、花椒、花卉等种质资源库和种植基地，推进县域种植支柱产业大发展，有效促进农民收入的增加，为区域脱贫攻坚、小康建设和城乡人民生活的改善作出了重要贡献。如贵州根据本省的土壤和气候条件，以黔东南、黔南、黔西南州为重点，确定25个县种植百香果，2020年全省种植面积达到17.5万亩，计划到"十四五"末发展到20万亩。黔东南州又以榕江、从江两县为重点，这两个县即于2020年6月率百香果专班人员到有30多年种植百香果历史的广西北流县级市考察学习，回来后立即制定发展规划和政策，发动群众大力种植百香果，到2021年底，两个县种植百香果面积共达8.23万亩，产果量6.38万吨，产值8.14亿元，当年产果大部分进入精深加工，极大促进产业发展和农民增收。

这些立足区域资源禀赋和农作物生产特点的特色种植业要保持发展下去，进一步优化产业结构和区域布局，用工业生产管理思路来管理，每种重要农产品都要有生产标准和技术规程，建立粮食园区、蔬菜园区、林业园区、水果园区、药材园区等产业园区，严格按照标准和规程进行园区化、专业化、标准化生产，久久为功，把一个个产业园区做成做好做优，不断扩大种植规模，提高产品质量和品种品质，促进种植业高质量发展，为老区农业农村现代化建设发挥更大的作用。

（一）稳定粮食生产

深入实施国家粮食安全战略，推进藏粮于地、藏粮于技，重点发展水稻、玉米、小麦三大主粮为主，糯米、小米、薏米、黄豆、绿豆等豆类，红薯、马铃薯等薯类，红芽芋、芭蕉芋等芋类以及其他特色杂粮为补充的粮食生产体系，落实主体责任，落实上级安排的生产任务，稳定粮食播种面积，着力提高质量，巩固提升综合产能，确保区域谷物基本自给、口粮绝对安全。要充分发挥各县土地、气候等优势生产稻米、玉米、小麦三大主粮。同时，要因地制宜生产荞麦、黑麦、燕麦、小米、薏米、高粱等谷类作物，甘薯、红薯、山药等薯类作物和绿豆、黄豆、红豆、黑豆、豌豆、蚕豆等食用豆类作物，丰富市场供给。

（二）扩大油料生产

油料作物是食用油脂和饲料蛋白的重要来源，随着人民生活水平的提高和消费转型的升级，食用油料消费和食品加工用油料需求旺盛。各县（市、区）要大力发展油茶、油菜、花生、向日葵、芝麻等特色油料作物，深挖潜力、扩大面积，依靠科技、提高单产，千方百计提高油料生产能力。注重品质，扩大面积，提高产量，丰富市场需要的食用植物油供给来源。

（三）发展糖料蔗生产

糖料是食品工业的重要原料，食糖是人们日常食用的食品饮品中常用的原料。因此，糖料蔗生产也是国家重要的战略性产业。各县要着力注重建设糖料生产基地和产业园区，选育推广高产高糖抗逆品种，加快蔗田宜机化改造，推进品种改良和全程机械化，稳定种植面积，提高单产水平和含糖量。

（四）种植精品水果

坚持"适地适栽"原则，种植具有区域特色的芒果、柑橘、猕猴桃、火龙果、百香果、桃果、李果、苹果、沙梨、柚子、荔枝、葡萄、香蕉、糯米蕉、甜瓜、西瓜等精品水果，调整品种结构和熟期结构，推广轻简化、机械化、智能化栽培技术和生产模式，发展水肥一体化、测土配方施肥、有机肥施用等绿色低碳技术，不断扩大种植面积，科学管护，提高产量，提升品质。

（五）种植特色蔬菜

高度重视建立国家"西菜东运""南菜北运"基地、标准园区和冷链物流，发展区域特色的"三品一标"蔬菜生产，供应北京、上海、福建、湖北、重庆、粤港澳大湾区等各大城市、地区和地方市场，满足群众需求。左江、右江、都柳江等河谷平原重点发展京白菜、卷筒青、上海青、莲藕、空心菜、芹菜、苋菜、韭菜、番茄、丝瓜、黄瓜、茄瓜、豆角、大蒜、小葱等蔬菜；云贵高原重点生产大白菜、普通白菜、辣椒、茄瓜、佛手瓜、番茄、莜麦菜、生菜、西芹、西蓝花、芥蓝、甘蓝、萝卜、角薯、茭白、生姜等品种和蘑菇、黄菇等各种食用菌。

（六）发展茶叶生产

以市场需求为导向，坚持适区适种原则，鼓励老区有茶叶生长气候优势的各县（市、区）稳定发展茶叶种植。要加强茶叶品种选育和老茶园改造，建设好绿色优质茶叶基地，重点生产优质绿茶、红茶、黑茶，优先发展白毫茶、苦丁茶、普安茶、毛尖茶、云雾茶、黎平茶等，推进茶叶标准化生产，科学管理，提高品质、单产和效益,进一步提升百色凌云白毫、河池环江石崖、崇左扶绥姑辽、黔南都匀毛尖、黔西南晴隆翠芽、黔东南黎平雀舌、文山广南普洱等茶叶品牌品质,推进老区茶产业高质量发展。

(七)种植中草药

随着我国中医药事业的发展,中药材消费呈稳步增长态势。各地要扩大种植面积,提升药材质量,提高安全水平,助力健康中国。要做好品种选育,加强野生中药材种质资源保护和开发利用,加快野生药材驯化和人工繁育,提纯复壮并推广一批道地性强、药效明显、质量稳定的品种,诸如三七(田七)、铁皮石斛、灵芝、七叶一枝花、金银花、金钱草、万寿菊、艾纳香、何首乌、青蒿、麦冬、重楼、红花、黄精、川芎、白及、草果、钩藤、天麻、太子参、牛大力、广豆根、猫豆等。

(八)发展其他特色种植业

发挥区域优势,发展其他有地方特色的种植业,重点发展市场前景好、已经形成规模生产的烟草、蚕桑、剑麻、棉花、花椒、花卉、魔芋、甜菜、野菜、牧草等。推广在同一田块中,采用"马铃薯—西瓜—玉米—水稻"等多季节间作套种立体高效栽培技术,即入冬种植马铃薯同时预留西瓜穴,马铃薯收获前种植西瓜,马铃薯收获后套种玉米,玉米收获后种植晚稻。实现一年三熟四收,提高土地产出率和经济效益。

二、发展特色林业

林业是特殊的种植业,也是具有多种功能和效益的一个产业。多年来,左右江革命老区按照中共中央、国务院于2003年6月25日颁布的《关于加快林业发展的决定》的要求,大力实施重点生态工程、天然林保护工程等,严格天然林采伐管理,发展商品林和经济林,坚持开展国土绿化行动等,针对老区"林业产业规模小、科技含量低、结构不合理,木材供给与社会需求之间的矛盾仍然突出的实际",深化老区林业供给侧结构性改革,不断推进区域特色林业健康发展。

(一)深入实施重点生态工程

实施山水林田湖草生态保护修复工程,推动山水林田湖草一体化保护和修复。采取封山育林、植树造林、人工造林、退耕还林还草、荒山造田、平整土地、水土流失治理、石漠化综合治理,防止水土流失、土地退化、耕地侵蚀和土壤肥力下降。加强湿地保护修复和湿地公园建设,以国家公园为主体的自然保护地体系建设和野生动植物保护,如大王岭、岑王老山、金钟山、紫林山、大龙山、南盘江、北盘江、红水河、龙江河、西洋江、驮娘江、左江、右江、都柳江、剑江、万峰湖、澄碧湖、七百弄、拉希等森林公园、湿地公园、地质公园、自然保护区、天然林保护区和公益林保护区等（见附录表7-1和表7-2）。

按照2019年6月中共中央办公厅、国务院办公厅印发的《关于建立以国家公园为主体的自然保护地体系的指导意见》要求，加强协调和联合有关部门，建立包括国家公园、自然保护区和自然公园的自然保护地联合工作机制，成立"自然保护地基础数据中心"，对自然保护地数据进行统一管理和维护。定期开展生态环境和生物多样性状况调查和评价，并在各部门相关规划的基础上，科学制定自然保护地发展规划。综合考虑自然保护地的人员配置和机构建设，加大财政资金投入力度，合理安排自然保护地基础设施和管理能力建设、日常管护费用等，逐步提升老区自然保护地的科技支撑能力和现代化管理水平，构建以国家公园为主体的老区自然保护地体系。

同时，要建立自然保护地储备机制。依据国家自然保护地空间布局总体方案，做好本地自然保护地空间布局和设立方案，加强做好相关基础工作，如针对本区域的果子狸、黄猄、红趾山雉、松鼠、橡子树（青冈树）、铁木、苏铁等珍稀濒危野生动植物，建立专门的栖息保护地，在处理好农业生产与生态环境保护关系基础上，将有显在和潜在重要生态功能的自然资源地都纳入当地自然保护地储备库备案并实施生态系统保护和修复，待条件成熟后再按照有关程序逐步转入国家自然保护地体系之中并加强管理。

加强野生动物保护，禁止一切非法猎捕野生动物、候鸟等行为，常态化开展打击野生动物违规交易和整治破坏野生植物资源行动，加强重点物种抢救性保护，加强穿山甲、苏铁等极度濒危野生动物和极小种群野生植物抢救性保护，使多种珍稀濒危野生动植物种群得到逐步恢复发展，保护生物多样性。

认真落实中共中央办公厅、国务院办公厅印发的《关于全面推行林长制的意见》精神，全域市县建立了林长制，压实各级党委政府保护发展森林资源的主体责任，不断探索"封、造、改、治、建、用、护"相结合的生态保护修复综合治理新举措，加强森林防火及安全生产，建立专业防火队和火险预警机制，防止和减少森林火灾发生。探索天然林、公益林托管模式，林业经营收益权和公益林补偿收益权市场化质押担保贷款和森林保险，促进区域森林可持续发展和良好自然生态环境的保持、恢复和提升。

（二）发展商品林

我国作为发展中国家，经济社会发展需要大量来自商品林的木材，商品林又是国土绿化的重要组成部分,解决国家发展和木材供需矛盾、经济建设和生态建设的矛盾仍然要坚持立足于国内,通过大力发展商品林和加强对商品林的科学砍伐管理来解决,确保国家经济安全和生态安全。发展林业就要大力发展工业原料用材林、建筑用材林、速生丰产用材林和一般用材林、薪炭林、经济林。要根据本区域的实际,以提供林产工业原料为重点发展商品林,主要种植速生桉、杉树、松树、椿树、樟树、桦树、槐树、白蜡树、榆树、黄花梨、苦楝树、酸枣树、梧桐树、核桃树等速生、质优、经济效益和绿化效益并重的优质树种,为工业和建筑业提供充足、优质和多样化的木材资源,为乡村产业振兴、增加农民收入注入活力。发展商品林要服务于区域主导产业发展和市场需求,要坚持做好林地确权发证工作,在明晰林地经营权的前提下,鼓励国家、社会、集体、农户多主体植林,采取"公司+合作社+农户"等经营模式,强化政策扶持和政府服务,市场培育,计划砍伐,长短结合,允许集体、个人依法以林地林木抵押申请银行贷款,推进商品林规模化、集约化发展,对培育周期长、大径级、珍贵树种用材林的经营主体给予适当的补助和奖励,实施低产低效林改造工程,推进国家储备林建设,促进商品林高质量发展,实现经济、生态、社会效益同步提升。

(三)发展经济林

经济林是特殊而重要的商品林,亦称"特用林",它的种类包括果树林、食用原料林、药用林、化工业原料林和其他经济林等五大林种。都是利用树木的果实、种子、树皮、树叶、树汁、树枝、树根、花蕾、嫩芽等,以生产油料、干鲜果品、工业原料、药材及其他副特产品(包括淀粉、油脂、橡胶、药材、香料、饮料、涂料及果品等)为主要经营目的的乔木林和灌木林,是具有特殊经济价值的林木和果树,如木本粮食林、木本油料林、工业原料特用林、城市景观林等。经济林是森林资源的重要组成部分,也是五大林种中生态效益和经济效益结合得最好的一种,它是集生态、经济、社会三大效益于一身,融农业、加工业、服务业三次产业为一体的绿色富民可持续产业。发展经济林产业正是把"绿水青山"变成"金山银山"最直接、最有效的一条途径,也是农业供给侧结构性改革的好办法,国家鼓励大力发展。

左右江革命老区自然条件复杂,气候类型多样,经济林木资源丰富。如生产果品为主的经济林有:芒果林、柑橘林、沙梨林、龙眼林、板栗林、枣树林、桃李林、柿树林、核桃林、坚果林等;生产食用油料为主的经济林有:油茶林、油橄榄林、乌榄林、油棕林、山桐子林等;生产工业原料为主的经济林有:松林、泓森槐、乌桕林、白蜡林、黄檀林、黑荆树林、橡胶树林、漆树林、栓皮栎林、棕榈林、蒲葵林、八角林、樟树林、花椒林等；生产药材为主的经济林有：肉桂林、杜仲林、厚朴林、枸杞林、槟榔林等；生产用于城市景观为主的经济林有：红松、黑松、马尾松、松柏、苏铁、柳杉、银杏树、紫薇树、鸡冠树、凤凰树、木棉树、扁桃树、七叶树、皂角树等。此外，还有茶树、桑树、柞树、椿树、梧桐树、桂花树、茉莉树、咖啡树等其他经济林，都有各自的经济价值。各县（市、区）要在县域林业发展规划指导下，结合植树造林、绿化环境实现良好生态效益的基础，立足本地资源禀赋和林产发展基础，按照"突出特色、统筹谋划、集中连片、绿色发展、示范引领"的要求，因地制宜、因势利导，采取灵活多样的经营模式，鼓励各经营主体大力发展，重点发展油茶、板栗、核桃、八角、坚果等一批高新特色经济林，建设特色林产业基地，采用各种技术措施，打造各具特色的标准化经济林产业示范园加以引领，推动区域经济林产业逐步壮大，促进区域生态产业化和产业生态化的良性协同、绿色发展。

（四）发展林下经济

左右江革命老区林业资源丰富，林地空间广阔，利用林地空间发展林下经济产业大有可为，也是增加农林群众收入的一条好途径。各县（市、区）要根据本地实际，选择林粮、林菜、林菌、林药、林畜、林禽、林草、林花、竹藤、森林休闲等模式加以发展。

如黔东南州黎平县是贵州全省最大的林业县，该县坚持靠山吃山、靠林吃林，高度重视发展林下经济产业，以"龙头企业+合作社+基地+农户"的模式加以发展，在搞好农村集体土地所有权和农户承包使用权确权登记发证等林地产权确权工作的基础上，通过农户林地流转、入股经营、基地就业、订单农业、代养托管等方式，让林地产生出"租金""红金""薪金""定金""酬金"等收益，完善利益联结机制，调动各经营主体的积极性，确保农民林上林下有收入。截至2020年9月，该县林下中药材种植面积9.75万亩，林下菌类种植面积1642.69亩，林下养鸡存栏42.069万羽，林下养蜂27694箱。

（五）常态化开展国土绿化

统筹山水林田湖草漠系统治理，根据本区域气候、地质等实际，深入推进大规模国土绿化行动，不断推进国土绿化事业取得新进展。首先，持续开展全民义务植树活动。倡导"爱护自然、尊重自然"的生态文明理念，自觉遵循人与自然和谐共生的规则，夯实农业绿色发展、可持续发展的基础。常态化开展植树造林，选好适应西南地区气候特点的树种，按技术要求种植、管理，提高成活率。坚持各级领导干部身体力行、带头尽责，推动义务植树持续深入开展，发挥示范引领作用。全社会人人动手，鼓励和引导广大人民群众一起为祖国大地绿起来、美起来尽一份力量。其次，各部门发挥专长，协同推进。如教育系统积极组织师生参加全域植树造林活动，将生态文明、人文修养、劳动实践融入绿化建设，提高师生爱绿、植绿、护绿意识，营造美丽绿色的育人环境，引导学生牢固树立生态文明理念；交通运输系统结合"四好农村路"示范创建，恢复路域植被，栽植树木花草，美化沿线景观等；水利系统在流域治理的同时，因地制宜推进河湖生态岸线绿化带建设，美化河湖沿岸景观等。

三、发展特色畜禽业

畜禽养殖业是农业农村的重要产业，是帮助农民增收致富的重要途径，也是提高城乡人民生活水平所必需。左右江革命老区畜禽养殖业有良好的发展传统和基础，一些畜禽产品久负盛名。过去主要采取传统的家庭散养和圈养、自由放养、集体放养、国有牧场养等形式养殖，如这个区域曾经成为黄牛的重要农产品生产基地，主要是通过国有牧场养殖，基本上每个县都有若干个牧场集中养殖。要转变畜牧业生产方式，加快建设畜禽产业园（场），采取"公司+合作社+农户"饲养管理方式，推动老区养殖专业化、规模化、机械化、智慧化发展，进一步提高养殖水平，促进区域特色畜禽产业重振雄风。

（一）加强畜禽养殖小区建设，提高畜禽养殖规模化水平

重视发展现代畜禽业，用现代物质条件和技术武装畜禽业，进一步更新换代畜禽机械自动喂养、疫病绿色防控、粪污清洁处理等设施装备，逐步推进老区畜禽业机械化、智能化装备普及应用，改善畜禽业生产的基础设施条件，提高产业规模化、现代化生产水平。要将畜禽标准化养殖小区建设与乡村产业发展、人居环境整治和乡村建设等方面结合起来统筹考虑，县域统筹规划和建设。依托资源优势和产业基础，以"一乡一业""一村一品"的产业布局稳步推进标准化畜禽养殖小区、畜牧产业园区建设，规模化养殖、标准化生产，加强畜禽疫病防治，确保畜禽业健康发展。如黔西南州望谟县2017年以来就建设牧场、畜禽养殖小区规模养猪养牛，并强化畜禽规模养殖场粪污治理，推动畜牧业稳定发展。2020年非洲猪瘟病毒流行高峰期，贵州、广西、云南多地猪肉价格每斤上升到30元以上时，望谟县还保持在17元左右，保障肉类供应，满足市场需求，稳定价格稳定民心。

（二）加强畜禽龙头企业建设，提高畜禽养殖专业化水平

畜禽养殖龙头企业不仅要有养殖实力，更要有养殖的专门技术，能够规模化养殖，还能够带动农民群众共同养殖致富。要用现代经营形式推进畜禽养殖

业规模化、专业化发展。要立足区域资源优势和锚定畜禽业稳定发展目标，坚持"政府扶持、多元投入建设、多主体养殖"的方针，重视培育和扶持畜禽产业龙头企业，建设标准化畜禽生产基地，发挥龙头企业带动作用，发展畜禽规模养殖，注重生物安全隔离区建设，努力形成一批规模较大、设施完善的现代畜禽养殖基地，夯实现代畜牧业发展基础。如广西百色市田阳区引进华润集团五丰公司建立生产基地，规模化生产肉猪、肉牛、肉鸡，专门供应香港市场；田东县引进四川钱记公司农业循环经济500万只蛋鸡养殖项目，设施化规模化养殖蛋鸡，专门生产鸡蛋供应深圳市场，顺带利用鸡粪生产加工有机肥料、复合微生物有机肥料和微生物有机肥料副产品就近销售，带动当地群众流转土地大面积种植有机水果，增加农民收入和县域财政收入。

（三）加强疫病防控和投入品监管，提高畜禽养殖标准化水平

用绿色发展理念引领畜禽产业发展，树立质量意识和品牌意识，提高产业标准化水平，为城乡居民提供优质、安全、健康的畜禽产品，提高人民的生活品质。要注重动物疫病防控工作，及时了解掌握和科学分析国内外、区域内外的动物疫病发生变化情况，建立健全强制免疫、监测预警、检疫监督、应急管理等制度，改善动物防疫专用设施和基层动物疫苗冷藏设施，建设动物防疫指定通道和病死动物无害化处理设施，加大畜禽业投入品的监管力度，监管工作中心向基层转移，深入养殖小区、园场、基地、农户巡查，确保畜禽产品质量安全。

（四）加强清洁畜禽业建设，提高畜禽养殖生态化水平

用现代产业体系提升畜禽业生产，以项目建设推动养殖污染治理和粪污资源化利用，以肥料化还田利用为主攻方向，发展绿色有机农业，通过农牧衔接、种养结合、农牧循环，提高畜禽粪污资源化利用率。引导畜禽规模养殖场实施圈舍标准化、集约化、智能化改造，推动标准化养殖场改造养殖饲喂、动物防疫及粪污处理等设施装备，提高养殖清洁化、生态化水平。建设畜禽粪污区域集中处理中心，完善规模养殖场处理设施，建设村粪污集中暂存处理点，配备粪污还田设备。建立畜禽粪污等农业有机废弃物收集、转化、利用体系，通过"规模化养殖场设施贮存发酵""散户养殖就近沤制晒干还田"和"区域集中无害化处理后还田或肥料化加工成为商品肥料出售"等途径，实现由"粪污"到"粪肥"的转化。实行雨污分流、清洁生产、干湿分离，做到防雨防渗防溢流，防止污染环境。种植专用的青饲料玉米、苜蓿、毛苕子、草木樨、三叶草、黑麦草等，科学建造贮制设施，生产加工青绿饲料、青贮饲料、黄贮饲料、微贮饲料和氨化饲料，全面推广牛羊圈养技术的规模化饲养方式。

（五）加强良种推广，提高畜禽养殖科技化水平

以畜禽产品龙头加工企业为引领，统筹规划，加大投入，加强地方良种保护和开发，强化自主育种能力，尽快培育具有自主知识产权的优质新品种，增加本地畜禽良种数量，减少对外地良种的依赖，打造全国知名的畜禽产品品牌。推广家禽、生猪、羊群立体养殖、机械化养殖，从喂养到粪便清理都使用机械化操作，节省人工，降低成本。

（六）加强畜禽专业合作组织建设，提高畜禽养殖组织化水平

高度重视培育新型职业农民发展畜禽业，提高养殖组织化、标准化水平，推进乡村社会组织多样化和管理民主化发展。积极引导、扶持和发展畜禽产业养殖合作社、技术服务合作社、流通服务合作社和产业联合体等专业合作经济组织和经纪人队伍，把更多的农民组织到一起，提高农民进入产业发展和市场的组织化程度，推进畜禽养殖产业稳步发展。如广西龙州县利用粤桂扶贫协作建设甘牛生态循环产业项目，采用"企业+村级养殖小区+家庭农场"模式，带动村民养殖肉牛，产业规模达到年养殖10万头，带动村集体经济和农民增收。

（七）加强畜禽业品牌建设，提高区域产品知名度

一个地方拥有的品牌多少反映了这个地方经济发展的水平，背后体现了地方的发展实力和营销策略。左右江革命老区具有独特的盆地、丘陵、山地、高原等多种地域和气候特点，本身就是无可替代的品牌，按照"三品一标"要求进行标准化专业化生产的区域特色优质畜禽产品就是有机绿色无公害产品，在市场上具有独特的市场竞争质量优势和价格优势。因此，各级政府和各经营主体都要树立畜禽产品品牌意识，用战略眼光抓品牌，用品牌抓市场，用市场抓发展。要积极培育地方特色、生态体验、大宗优势等品种品牌。依托"百色产地""文山产地""黔南产地"等区域公用品牌，指导企业创新线上线下一体化销售形式，拓宽销售渠道，方便城乡居民购销，加强和深化与粤港澳大湾区、长三角、京津冀等地区城市产销合作，组织企业参加产销对接会、博览会等，加强品牌宣传推介，扩大区域畜禽品牌影响力，增加优质畜禽产品订单量和供应量。

（八）建设现代化饲料产业体系，推进畜禽饲料专门化生产

饲料是动物的粮食，也是人类的间接食品。其质量安全，不仅关系到饲养动物的健康生长，更与动物产品质量和人类健康密切相关，由此可以说，没有安全的饲料，就没有安全的畜禽产品，更没有人类的健康。要进一步加快"粮改饲"建设步伐，鼓励、扶持青贮玉米、苜蓿和饲用燕麦等种植生产，推动粮食作物、经济作物、饲料作物三元种植结构协调发展。扶持饲料加工企业扩大产能，增强饲

料供应能力,保障区域畜禽养殖有稳定的饲料供应。建立饲料产品质量安全和生产供应安全监测保障机制,督促引导饲料企业(基地)由数量规模向品质效益转变,紧盯食品质量安全目标,提高饲料产品整体质量水平。

四、发展特色水产业

水产品是人类优质蛋白的重要来源,它富含优质蛋白、氨基酸、维生素和矿物质等,特别是含有人体需求量较大的亮氨酸和赖氨酸,是人类的重要食物和动物的重要饲料成分。水产品中的结缔组织含量远比畜肉少,鱼类肌纤维较短,蛋白质组织松散,水分含量高,极易被人体消化吸收。随着人们收入水平的提高,越来越多的人把营养性需求作为食品消费的第一需要,对水产品需求量也不断增加,水产养殖业也不断发展。同时,发展水产养殖业需要水,人们日常生活也需要水,左右江革命老区虽然有十分丰富的养殖资源,有众多大小江河湖泊、水库和池塘,但都处于西江珠江流域的上游,如果过度发展江河流域饲料养鱼、水库网箱养鱼、池塘养鱼养鳖养虾,过度投放鱼饲料、饲药,残饵残药量多、粪便直排水体,必将给江河流域带来不同程度的水质污染,严重威胁区域自身水域和整个西江珠江流域的水质安全。

因此,要认真贯彻落实绿色发展理念,转变渔业发展方式,落实好农业农村部等十部委(总局)2019年2月印发的《关于加快推进水产养殖业绿色发展的若干意见》和农业农村部2020—2021年印发的《关于实施2020年水产绿色健康养殖"五大行动"的通知》《"十四五"全国渔业发展规划》等精神,坚守发展和生态两条底线,彻底改变在人类饮用的水源水体中大面积进行投饵养殖水产品的粗放养殖方式,以生态养殖、提质增效、稳量增收为着力点,实施绿色优渔、质量兴渔、品牌强渔战略,建立和完善生态健康养殖制度,在江河、湖泊、水库发展不投饵生态养殖;禁止在饮用水水源一级保护区、自然保护区核心区和缓冲区等开展水产养殖;在饮用水水源二级保护区和准保护区从事水产养殖,要限制生产方式,发展智慧渔业,控制养殖密度,采取污染防治措施,在养殖及捕捞过程中不得影响水源地水质。

(一)合理调整养殖产业结构

全面取缔在江河、水库、水池等人类饮用的水源水体中大面积进行高浓度投饵的养殖方式,积极发展绿色生态江河养殖、低污染库湖养殖、集约型工厂化池塘健康养殖、低碳高效循环流水养殖、陆基高位圆池等设施渔业和稻渔综合种养模式等,发挥水产养殖业在山水林田湖草系统治理中的生态净化作用,促进水产养殖业绿色化、生态化、品质化发展,实现水产养殖业绿色高质量发展。

(二)大力推广生态水产养殖模式

老区各市(州)、县(市、区)应根据上述要求和本地实际,推广以下几种生态水产养殖模式,发展绿色渔业生产。

1. 大水面生态增养殖

倡导在江河、湖泊、水库等水体中大力发展不投饵自然养殖方式,根据本地江河、水库、湖泊等淡水水体生态容纳状况,以"人放天养"原则进行水产增养殖。适时在水体中人工放入优质鱼苗,采用让鱼类自然生长、自然繁殖的生态养殖方式。可选择水质保护型、资源养护型、生态修复型等增殖和生态环保型网箱养殖等方式。

2. 露天池塘循环水养殖

根据鱼、虾、蟹池塘养殖特点,在池塘、山塘内通过配置智能机械等设施进行水质、底质调控和精准管控;在鱼塘群内利用排水渠、闲置塘、水田等构建生态净化系统对养殖尾水进行集中生态净化处理。通过栽植水草、水生经济植物、投喂螺蚬来实现塘内塘外同步净化,用生物制剂、机械增氧来为塘内塘外调水净水,精准投喂饲料,精准防控病害,减少投入品的使用,并继续抓好蟹池水草排放和清塘药塘及尾水排放的管理工作,切实加强水产养殖污染管控。

3. 工厂化循环水养殖

发展设施渔业,建设大棚养殖工厂,在大棚鱼塘内不定期对养殖水进行杀菌消毒、物理过滤、生物净化、脱气增氧等处理,使养殖水得以循环利用并对养殖过程进行水质、水温全程控制的健康养殖。

4. 陆基圆池循环水养殖

利用陆基圆池与池塘相结合的养殖方式。以陆基圆池为养殖载体,池塘为水质净化区,实现养殖尾水生态循环利用的低碳高效循环流水养殖。

5. 稻鱼鸭菜综合种养

以利用稻田进行水稻生产为基础,结合本地实际开展稻虾、稻蟹、稻鱼、稻鳅、稻鳖、稻鸭等多种形式的综合种养,提高稻田使用效率和经济效益,或在养殖池塘水面进行蔬菜无土栽培,利用鱼鸭与植物的营养生理、环境、理化等生态共生原理,鱼鸭粪便作肥料,使鱼鸭与蔬菜共生互补,通过营养物质循环利用、水质调控、生态防病及质量安全控制,实现池塘鱼鸭菜生态系统内物质循环健康养殖,达到养鱼不换水、种菜不施肥、资源可循环利用的鱼菜共生生态种养,既减少养殖废物排放,又提高种养效益。

（三）优化养殖生产布局

合理规划发展生态健康养殖和生态养殖示范区、养殖集中区建设，提升养殖装备化和信息化水平，强化渔业生态养殖科技支撑，配套建设水产养殖污水污泥治理设施，推动一二三产业融合发展，实现由数量增长型向质量效益型转变。完善水产养殖生产、经营、服务体系，发挥养殖主体绿色渔业发展的创新创造活力，加强水生动物疫病防控和质量安全监管，推进左右江革命老区水产养殖业高质量发展。

五、调优产品品种结构

按照"品种培优、品质提升、品牌打造和标准化生产"的新"三品一标"要求，农产品结构调整要坚持以发展壮大"名、特、优、新"农产品为原则，以农业增效和农民增收为核心，以项目和示范点建设为推动力，以培育区域特色产业为立足点，巩固提升名牌优质传统农产品，根据区域自然条件研发培育特色农产品品种，实现重要农产品的种源自主可控，提高产品竞争力，提升市场占有率，确保农业持续、稳定、健康发展。

（一）调优产业内部结构

根据市场需求、市场价格和本地生产技术条件、可生产的产业产品品种、产品质量等实际，调整优化大农业内部的农、林、牧、渔业的发展比重。在保障粮食和重要农产品供给安全的前提下，根据市场需求状况，确定农、林、牧、渔各产业的生产比重，并将任务层层分解，落实部署、组织实施、跟踪检查、解决问题、逐项落实。

（二）调优种植品种结构

实施优粮、优果、优菜、优蔗、优林、优草、优桑等工程，淘汰低端低效农产品生产，大力发展无公害、绿色、有机和地理标志认证的"三品一标"农产品生产，整体提高经济、社会和生态效益。"优粮工程"就要生产有机优质营养粮食作物。"优果工程"不仅要把各种水果按照标准化要求种好管好收好卖好，而且要对老果树及时更新换代或者改种新品种，如淘汰质量一般、品相不好的猕猴桃，改种营养价值更高、更受市场欢迎的软枣猕猴桃等。"优林工程"就要优化经济林产业布局，坚持高起点规划、高标准建设和管理，把经济林产业打造成为区域"两山"实践创新基地，产生更加明显成效。如实施"改桉退桉"工程，二三十年前为了尽快扩大森林覆盖面和满足造纸工业、建筑业等对木材、木板的大量需求，各地都大量种植速生桉，发展桉树人工林，其面积不断扩大，产量也不断增多,有效地减轻了对其他树种的砍伐压力,极大地保护了森林生态系统。但是,一些地方发展桉树人工林没有做好规划和必要指导,整座山、水源地、重要水库、城市、村庄及周边都大量种植桉树,出现了因桉树叶落入水体腐烂后造成水体变黑、变臭,甚至影响了小生物生长的情况,在一定程度上破坏了饮用水的水质和生物多样性的原生态系统。因此,要规范种植桉树人工林,搞好树木种植规划,引导桉树等各种树林规范发展。首先,在水源保护区、自然保护区、旅游风景区、公益林地、重要水库、江河两岸、城区、村庄、永久性基本农田、一般耕地、园地等非林地及其周边不种植桉树人工林和其他易于污染水源的树种,已经种植的要有计划地实施"改桉退桉"工程,采取改种泓森槐、马尾松或其他乡土优质树种、珍贵树种等,发展原生态森林,保持水土,改善生态条件;在确实不适合种植桉树的区域,采取"退桉还果""退桉还茶""退桉还蔗""退桉还蕉""退桉种姜"等措施。其次,调整树木种植结构,要因地制宜,适地适树,优化林种、树种结构,要重视改良桉树树种,发展优良桉树品种,注重发展乡土树种和林木良种、营造混交林,一座山不要全部种植同一种树木,而应多种树木相互搭配,保持生物多样性,同时为野生动物活动、鸟类迁徙预留相应的森林空间,保留林地边缘地带当地野生动物赖以生存的乡土树种、植被和溪沟河流等作为保护性走廊和珍稀濒危动植物的栖息地,有利于改善和保护生态环境及林业、野生动植物可持续发展。最后,种树要科学种植、规范管理,各种树木都要有种植标准和规程,按照标准和规程科学种植和管理,有序砍伐,间种间伐,避免掠夺性砍伐造成山地水土流失等恶性生态环境破坏,实现经济效益、生态效益、社会效益相统一和多重兼顾。

（三）调优养殖品种结构

实施"优牧工程""优禽工程""优渔工程"。推广科学水产生态养殖,推动水产养殖朝着绿色、优质、高效方向发展,实行江河自养、库湖限养,重点发展池塘精养、稻渔混养等生态养殖。调减污染大、结构性过剩的鱼类品种和养殖方式,大量养殖青鱼、鲟鱼、鲫鱼、鳜鱼、花鱼、黑鲈、三角鲂、黄颡鱼、赤眼鳟、黑鲤等名特优、低消耗、低排放、高附加值的品种。发展稻田水产养殖主要采用新品种、新技术、新模式,结合乡村旅游开展稻田综合种养,在梯田、稻田中放养鲤鱼、鲫鱼、甲鱼、青蛙、黑蛙、青虾、小龙虾、田螺等优良水产品种,既生产有机稻谷、绿色水产品,又增加旅游项目,实现农业增产、农民增收。畜禽养殖也要选育优质品种,科学化、专业化、标准化养殖,提高品质,打造品牌,提高市场竞争力和经济效益。

（四）调优季节品种结构

掌握各种农产品成熟时间差，错开上市高峰季节，以设施农业的方式，种植反季节蔬菜、反季节水果和反季节水稻、旱稻等作物，或采取稻—菜—稻、烟—稻—麦、稻+青虾—稻+鱼—稻+小龙虾、藕+鱼、藕+龟等模式种植、养殖时令和反季节蔬菜、瓜果、稻鱼等特色农产品，保护和开发野生蔬菜品种资源，打造绿色农产品品牌，发展符合广大民众需求、市场紧缺的品种，从而获得掌握市场价格和经济效益的主动权。

六、做好产品产销对接

过去一段时间，由于重生产、轻销售，出现过生产出来的好产品销售不顺畅，甚至找不到销路而倒入江河等伤农事件，严重地打击了农民群众再生产的积极性。有了教训后，各地都注重做好产销对接工作，一方面，龙头企业在产品生产之前做好生产调查，了解该产品的消费信息；产品上市前，就派经销队伍出去打开销路；与全国各地的经销商、销售公司和专业市场签订销售合同。另一方面，政府积极组织经营主体参加各种农产品产销会，或到国内各大城市举办专场产品推介会，帮助农民和农业企业推销农产品等，产生了良好成效。如百色市利用国家"南菜北运"和中欧班列工程做好"百色一号"果蔬绿色专列（"百色一号"专列是国务院实施"南菜北运"惠民工程的重点项目，是我国首条"南菜北运"铁路绿色通道，2013年12月11日正式开始运营）销售计划，采用汽运快速接驳配送和全程冷链技术，在南宁、深圳、北京、沈阳、武汉、重庆等国内城市及越南、柬埔寨、泰国等东盟国家几个主要城市建立果蔬专列物流分拨中心，依托中欧班列帮助右江河谷及其周边地区把农产品便捷、经济、安全地销往全国各大城市和东盟国家市场，还将东盟国家的优质农副产品运回并销往全国各地，互通有无，密切了我国与东盟国家的贸易关系，还带动了相关产业发展。各市（州）、县（市、区）政府要持续重视、大力支持和用心帮助农业经营主体做好产销对接工作。

（一）推行订单农业生产模式

按照"先找市场、再抓生产、产销对接、以销定产"的工作思路组织开展农业生产活动。政府主管部门有计划地组织开展各种营销活动，通过各级农产品销售运营中心、供销社等相关机构和平台开展订单对接工作，积极引导农户与企业签订种养收购合同，切实帮助农民解决"产什么""销什么"等问题，提高产销对接的精准性和安全性。

1. 市级成立机构负责策划安排协调

各市（州）成立市级农产品销售运营中心或农业发展供销公司，负责收集全市（州）生产农产品情况，对接全国农产品产销公益服务联盟、全国各大中城市农产品销售公司企业和电商平台提供产品信息，对全市（州）农产品产销工作进行总策划、总安排、总协调，指导县级农产品销售运营中心开展订单生产对接工作。

2. 县级成立机构负责具体抓好县域农产品产与销的联系和指导

各县（市、区）成立县级农产品运营中心，具体负责本县农产品生产和销售计划，接受上级农产品销售运营中心的指导，加强联系，了解产销双方信息的真实性等情况，每年筛选适合本县生产的产销信息及时传递给县农业农村局和各乡镇以了解和掌握市场需求情况，然后多方配合组织各生产经营主体对接订单、了解订单、比较订单，展开谈判，综合考虑历年市场价格、成本投入等各种因素，计算出能够接受的合理定价，然后签订合同。订单落实后，还要随时与产销双方保持联络沟通，互通信息，及时作出合理的调整。产品生产出来后按照订单合同组织开展收购和销售工作。

3. 农业经营主体按订单合同生产

各农业经营主体按照订单合同的要求组织各种生产要素进行标准化、专业化生产，加强对生产过程中各个环节的管理监督，保证农产品质量；政府各有关部门和各社会化服务主体及时跟进服务，遇到问题及时解决，确保订单生产任务的顺利完成，按时交货，讲求信誉。

4. 健全农产品产销纠纷化解机制

建立产销双方诚信体系。农业生产，由于自然气候、生产规模等各种客观因素的不确定性，产品规格、质量规定难以细化，订单合同往往就会存在约定条款不尽清楚、违约责任不尽明确的情况，农产品价格不同年份可能会有较大变动，当市场价格明显高于订单价格时，农户可能就会毁约，卖给价格更高的商贩；反之，商家就想压价和毁约等产销纠纷问题时常出现。因此，要依法建立健全农产品产销纠纷化解机制，如增强维权意识、完善合同条文、规范违约处置尺度、简化处置程序、加强信用管理等，有效化解产销纠纷。

（二）组织开展参加各种农业会展

通过举办农民丰收节暨农产品展销会、名特优农产品交易会、中国-东盟博览会农业展、西部陆海新通道农产品交流对接会，组团参加中国国际农产品交易会、中国国际茶叶博览会等各种综合性、专业性会展，为产销双方牵线搭桥，开展农批对接、农超对接、农社对接、农校对接、农企对接、农电对接、农工对接等。

（三）开拓对接域外高端消费市场

主动对接京津冀、长三角、粤港澳大湾区等发达地区，开拓东北市场，开展大中城市驻点批发、个性化定制配送、社区定点零售配送等业务，提高服务水平，提升市场营销效益。甚至可以再开发"文山一号""黔西南一号"等农产品专列专车配送。

（四）建设特色农产品销售市场

加强农产品专业市场和产地集散中心建设，配套建设一批集商品展示、贸易洽谈、商品交易、商务会展、电子结算、仓储配送等功能于一体的大型特色农产品销售市场，提升农产品交易市场标准化、信息化、专业化服务水平。鼓励市、县农产品销售运营中心、农产品供销公司、农业经营公司、龙头企业、产业联合体等有实力的农业新型主体在各大中城市和本地社区建立经销店、专卖店，专柜专销、直供直销，建立稳定的销售渠道。

（五）发展"互联网+"电商营销模式

加强农村基础设施建设，全面实施信息进村入户工程，加快推进数字化乡村，在市、县两级建立农产品信息服务站运营中心，在行政村建有农产品信息服务站和物流服务社，促进农村电商和乡村物流服务业的协调发展，形成覆盖所有建制村的农产品进城和工业品下乡的物流体系，促进城乡商品流通。

第二节　发展绿色农业

绿色农业，是相对于化学农业而产生的新型农业生产活动，它遵循可持续发展规律，按照特定的技术标准和生态循环方式生产，经过专门机构认定，允许合法使用绿色标志的安全、优质、营养、健康、无污染的农产品。在实际生产中具体表现出来的就是无公害农产品、绿色食品和有机农产品，统称为绿色农业。其中的绿色食品还细分为A级和AA级两种等级，A级等次相当于无公害农产品标准的上限，AA级等次相当于有机农产品标准的下限，介于无公害农产品和有机农产品标准的中间。可以简单地说，在农业生产中，对农药、化肥、添加剂（生长激素）、除草剂、农膜和转基因技术等六项化学合成投入品全部不使用的农业才是有机农业；而那些使用很少量化肥、农药和生长激素的农业叫作绿色农业；限量使用这些投入品，但对公众的健康、生命安全和社会生活等都没有造成危害的农业叫作无公害农业；使用适量投入品生产，产品质量接近无公害标准下限的是普通农业；过量使用投入品生产，产品质量大大低于无公害标准下限的农业即为一般农业。绿色农业只包括生产无公害农产品、绿色食品和有机农产品的农业。因此，为保障公众健康、生命安全和提高生活质量，要积极发展绿色农业，推动老区农业向质量效益、持续健康方向发展。在长期生产化学农业背景下发展绿色农业，可采取先发展无公害农业，再发展有机农业、高效生态农业的顺序梯次推进，有步骤地实现区域普通农业向绿色农业转型。

一、常态化发展无公害农业

无公害农业是一种绿色健康的农业生产方式，"无公害"不是一点污染都没有，也不是在农业生产活动中一点都不使用化肥和农药，而是在生产过程中使用适量的、对人体健康无损害的化肥和农药，符合相关要求和标准，注重利用自然资源，科学合理使用生产资料，对外源污染物严格限制，以保证农产品质量安全、公众的健康、生命安全和环境保护为前提，确保环境清洁，对社会生活不造成危害。与此同时，可以通过防止生产和加工方式对环境和产品造成危害或损害，保障农产品质量安全，生产方式符合相关要求和标准。最终，无公害农业会随着无公害农产品生产活动的开展而形成和逐渐明确与完善起来。因此，无公害农业被认为是生态效益、社会效益和经济效益相统一的产业，其生产依赖于高新技术，也离不开传统农业技术，还需要较多的劳动力，其产品开发以市场信誉为首要条件，需要科学管理及法律监督作保障，呈现出了安全、系统、生态友好、可操作和可追溯等多种特征。

（一）加大宣传力度，增强公众绿色农业意识

发展无公害农业，首先要让公众深刻了解发展无公害农业的重要性与紧迫性，不断增强公众生态环保意识。由于长期以来老区大部分农民群众习惯于化学农业生产，只注重个人和组织在农业生产中如何提高农业劳动生产率，不关注生态保护，在日常生活中对无公害农业的了解比较少，因此，要增强他们的环保意识和对无公害农业的支持，就必须继续做好无公害农业知识和生态环保的宣传工作，包括对废水、废气、废渣工业三废和粪便、垃圾、污水生活三废的正确处理方法等的宣传。利用好网络平台，灵活采取线上、线下多种方式，借助官媒、社会主流媒体以及新媒体开展多渠道、多种形式的无公害农业宣传科普活动。通过精心制作宣传片和宣传手册，定时发布宣传信息，宣传生态环境法律法规政策，组织公众参与农业产品开放日活动、组织农业政策法规咨询活动、召开农事新闻发布

会等线下科普宣传系列活动，在公共场所定期悬挂、展示关于生态环保的横幅以及最新的电子标语内容，紧紧跟上时代步伐，运用最新的生态环境保护设备进行生态保护的展示，扩大推广无公害农产品宣传面。让人们充分认识到无公害农业与每个人的生活息息相关，帮助他们培养生态环保意识，建立绿色、环保、低碳、健康的农业生产方式和生活方式，正确认识人与自然和谐相处的良好关系，为无公害农业发展创造良好的环境。同时，要对农民和农业技术人员进行理论和技术方面的培训，促进无公害农业技术的推广应用和发展。

（二）加快无公害农业产业化进程

首先，经营主体要重点关注无公害农业发展的技术问题，各无公害农业经营主体要把国家颁布的《无公害农产品标准体系》《无公害农产品生产技术规程》《无公害农产品技术规范》《无公害农产品质量检测技术》等农业标准及技术规范学深学透，自觉将无公害农业技术体系始终贯穿于整个农业生产过程之中，无公害农业生产过程还要包括农产品生产的产前、产中、产后和产、加、销所有环节，生产经营主体和相关部门必须要做好全过程的管理和服务。其次，加强对无公害农业关键技术攻关。相关部门要组织农业科研院所，利用好专业力量开展无公害农业产业发展的重要技术攻关工作，促进无公害农业技术的新突破和新进展，从而加速无公害农业产业化的进程。最后，政府部门要做好引导。要积极引导更多的龙头企业与合作社、家庭农场、种养大户建立稳定、长期的农业合作经营关系，营造良好的发展氛围，推动无公害农业发展新模式运用，促成农村资本营运与农业产业化有机结合，促进无公害农业产业化发展壮大。

（三）完善国家无公害农产品体制机制

1. 明确发展无公害农业的目标

农业相关部门要将"提供充足的、有营养的、安全无公害的食品"与发展无公害农业当成完善国家无公害农产品体制机制的重要目标，将这些目标具体化并纳入当地经济社会可持续发展的重要目标之中。要利用好关于食品安全性方面的国家政策，建立和完善国家无公害农产品产地环境质量标准体系、农产品安全指标体系，最终实现国家无公害农产品体制机制的不断完善。

2. 普及无公害农业的相关知识

农业主管部门要积极向城乡广大群众宣传无公害农产品优点，宣传合理使用农用化学物质对环境的有效保护，对曾发生过的受污染食物引起中毒的事件的严重后果引以为鉴，帮助群众牢固树立环境保护意识和生态农业发展观念，积极倡导群众选择勤俭、节约、绿色、环保、低碳、健康的农业生产方式和生活方式，最终形成全社会完善的无公害农业生产生活体系。

3. 完善无公害农业发展的相关政策法规

各经营主体要按照国家无公害农业发展标准体系要求开展农业生产活动，并主动接受省（区）一级管理部门的检查认证，不断提高农产品食品的质量和安全性。同时，做好生态环境建设与保护、绿色农业发展的立法工作，为绿色农业发展提供必要的法律保障和制度支持，加快推进生态环境法治建设进程，可以有效地保护和改善农业生态环境。

（四）强化无公害农业生产质量全过程管控

无公害农业将随着无公害农产品生产活动的开展而逐渐形成规模和发展起来，而强化农业生产质量全过程管理就显得越来越重要，必须坚持"预防为主、风险管理、源头治理、全程控制"的原则，做好农业生产从土地到餐桌的全过程质量监控。即在产前、产中、产后、加工、销售、运输、保管、仓储等环节都要及时建立规范完善的农业生产全程记录档案，实现生产有真实可靠的档案记录，做到运输信息可即时查询，产品流向可随时跟踪，主体责任可终身追究，问题产品可立即召回。同时还要明确生产经营者在产品质量安全方面的主体责任，不断完善食品安全监督措施，强化问责执法过程和结果。还要在检验检测网络、农产品质量安全标准体系、无公害农产品生产者的技术指导、农产品质量的抽检、农业投入品销售和使用的管理等方面进行严格的监管和控制。

二、积极发展有机农业

有机农业，其实就是我国最古老的、回归自然生态的农业生产方式。生态有机农业的生产结果都是纯天然、无污染的农产品，虽然产量较低，但品质很好，营养丰富。后来人们发现战争期间发明出来的化学药品硝酸铵、有机磷化合物等物质可以用来生产合成肥料与杀虫剂，对农业的生产起到增产稳产的作用，出于利益驱使以及解决温饱的需要，开始大量使用肥料与杀虫剂。而生产出来的农产品虽然产量提高了，但品质品位下降了，并且对人体健康有很多害处。人们由此逐步深化对农业生产的认识，意识到应该发展无公害的、自然生态的农业生产方式。因此，我们要积极发展生态有机农业，减少农业化学药物对环境和人类的危害，建立有机生态系统，保证农产品纯天然、无污染、品位好、质量优、营养高，确保人们食用后身体健康，无威胁生命安全的问题出现。

（一）普及有机农业知识

在发展无公害农业的基础上，向公众进一步普及有机农业相关知识，紧紧围绕农业供给侧结构性改革，聚焦绿色产业发展，使广大科技人员和农民学习掌握农业发展最新知识。首先，加强有机农业知识的宣传和培训。老区各县（市、区）在各种主流媒体上要加强对有机农业的知识介绍，为广大农民服务，为广大规模种植户、养殖户服务，让城乡广大干部群众了解有机农业的含义、发展意义、生产标准等基本知识，宣传报道发展有机农业的好处，推介有机农业的新品种、新技术、新成果、新经验和发展有机农业方面的相关方针政策，向社会公众及时普及有机农业的理论知识，包括有机农业的基础理论、有机农业技术原理、有机农产品生产和认证标准、土壤培肥与产品品质、有机农产品病虫草害防治、有机菌种的培育方法、肥料发酵的具体操作过程、液肥的制作方法、种植养殖和加工的管理规程、国家对有机农业发展的相关政策等。其次，加强对农业从业人员的知识和技能培训。要紧紧围绕农业供给侧结构性改革，聚焦绿色产业发展，加强对农业从业人员的新知识新技术的培训。各级农业行政主管部门要通过多渠道多方式去加强农业科技人员和农民的知识技能培训。让广大农业从业人员、各个经营主体全面掌握有机农业相关技术知识，无论是经营管理者还是生产加工者，都要取得有机农业生产经营资格证、许可证，才能从事有机农业生产经营。最后，有机农业生产经营者要不断提高自身素质。各有机农业生产经营企业在生产经营有机农业过程中要自觉严格按照生产标准和技术规程进行生产，通过多种形式抓好本企业生产有机农产品的对外宣传推介，做好有机农产品的生产和认证工作，推进农产品食品安全诚信体系建设，保证市场销售的有机农产品食品的安全等，提升公众对有机食品安全的信心，让消费者放心购买有机产品。

（二）转变社会观念，重视发展有机农业

有机农业虽然在我国发展了几十年，但其发展速度却十分缓慢。根本原因就是人的思想观念问题。因此，必须转变消费者的消费观念，有机农业适应现代文明，适应新时代消费者对营养健康食品和良好生态环境等生活质量提高的需要，社会公众应该自觉去支持、引导、生产和消费，形成生产消费新常态。农民要克服从化学农业回到低产农业的思想障碍——认为农业生产好不容易从没有吃、不够吃的自然农业时代跨越到解决温饱的高产农业时代，刚刚赚点钱，现在又要回到过去的低产农业时代，能不能够吃、能不能赚钱，既担心又想不通。要认识到并且相信有机农产品比常规农产品更好卖、更赚钱。过去种植普通稻谷，一年双季一般每亩能产1000斤左右，加工成大米为700斤，按照2020年每斤2.5元算，收入为1750元，减去化肥200元/亩，还有种子40元/亩、拌种剂10元/亩、整地+播

种80元/亩、浇水50元/亩、收割70元/亩,剩余1300元。而生产有机稻谷一亩可以产出800斤,加工成大米560斤,每斤可以卖到15元,收入8400元,它不需要农药和化肥,除种子和劳务等费用外基本没有其他成本,净收入至少8100元,比生产普通稻谷每亩多赚7000元,明算账都在这里。消费者要克服产品价格高、不相信产品生产能够达到有机产品等级的思想。政府部门要深刻理解发展有机农业的意义,克服嫌产品检验检测麻烦的思想,要从满足人民群众追求高品质生活的愿望出发做好工作,引导并提高整个社会对有机农业发展的认识,才能推动有机农业的健康发展。国务院办公厅在2017年印发的《国民营养计划(2017—2030年)》中提出:在同类农产品中"三品一标"(无公害农产品、绿色食品、有机农产品和农产品地理标志)总体占比要提高至80%以上。当前,老区各县(市、区)只有河池市南丹县等少数县份达到30%—45%,其他各县(市、区)大多在30%以内,发展有机农业任重道远。

(三)严格按照有机农业标准进行生产

有机农业利用农业生态系统自身的资源,不使用化学投入品,不利用农业以外的能源,不影响和改变农业的能量循环,不破坏生物循环链结构,利用农业生态系统能量有效循环进行农业生产。有机产品有有机谷物、蔬菜、水果、饮料、牛奶、蜂蜜、药物、酒类等农副产品及其初加工、深加工产品,还包括各种非人类食用产品,如饲料、生物农药、肥料等有机生产资料及林产品、家具、纺织品、皮革、化妆品等生活资料。准备用作生产有机农业的土地在开始生产前2—3年之内,必须禁用化学合成投入品,并作相应的技术处理。只有经过有机产品颁证组织IFOAM(国际有机运动联盟)认可机构认证并颁发证书,才能开始生产。

有机农业有严格的质量管理体系、生产加工过程控制体系、追踪体系,有机产品是按照这些技术管理体系生产加工出来的。有机产品的生产、采收、加工、包装、贮藏、运输等各个环节都必须严格遵守操作标准,禁用化学合成农药、化肥、转基因工程技术及该技术的产物及其衍生物。

(四)做好有机农业的科学选种和保种工作

种质资源好不好,直接关系到农产品的品质。因此,做好有机农业的科学选种、育种、保种工作至关重要。

1. 农户自留特色优良农产品种子

农业经营主体要有存种保种的习惯,重视科学选种。农户要重视设立自家生产农作物的种子小仓库或者合作社统一建设种子仓库,存放具有自身特色的优良农产品种子,不要过分依赖于商业化种子。每年的粮食和其他农作物收割后,要精心挑选,留好种子。留存的种子不能采用烘干的处理方法,由于烘干的温度不容易掌握,过高过低的温度都会导致种子出现各种问题。最好的办法是把经过阳光暴晒和消毒后的种子放在仓库里的瓦缸中保存,这样种子就不易受霉受潮,能够有效地保证种子质量。我国古代农民农业生产都是自留种,而现代的种子,虽有家庭自留种,但更多的则是商业化种子,甚至还有一些基因种子,导致现代的农民逐步失去了对种子选取和支配的主动权。过分依赖商业化的种子,是没有办法建立地方种子库的,所以地方特色优势产品的种子难以保留下来,甚至有的种子快速退化,这对我们的区域农业发展是十分有害的。主要的情况是,现在的农户使用种子留存方法也只能将种子存留一年的时间,当年留存的种子要到第二年用,超过一年不用的种子就变为陈种子(旧种),即相当于假种子,出苗率不高,耽误农时,影响农业生产质量和效益。

2. 建立县域专业种子库

由于不同农作物的种子有不同的保存期限,一些品种的种子只是需要短期保存1—2年,有的种子则需要长期保存,特别是作为战略储备的优良种子和新研发的种子是需要长期保存的,大概需要保存30年,因此它们对储藏的温度和湿度就有不同的要求。老区各县(市、区)要建立起专业的种子库,安装有空调等调节温度和湿度设施的专门标准库房,且安排专业人员进行专门的管理,严格按"合同付费存库、验收合格出库"的办法经营管理。

3. 做好禽畜业的良种保育工作

畜牧业的发展,它的核心竞争力很大程度体现在畜禽良种上,畜禽遗传资源的丰富程度和能否培育优质、高产、特色、抗逆畜禽品种,是衡量一个区域农业可持续发展能力的重要标志。当前老区畜禽遗传资源受外来品种盲目杂交影响,部分品种数量锐减,濒危甚至灭绝的品种在增多。一些畜禽遗传资源处于自生自灭状态。同时,资源保护技术研发滞后。保护畜禽遗传多样性,刻不容缓。必须深化老区畜禽业供给侧结构性改革,发展有机农业,要充分挖掘区域畜禽遗传资源的优势,加强良种繁育体系建设,采取县建中心、乡建基地、场户连片建场的模式,建立特色畜禽遗传种质资源保种场、保护区和基因库,加强种畜种禽培育、扩繁、推广、利用、保护及监督管理,严格行业标准,确保种源安全,推动老区畜禽遗传资源开发利用与保护工作,提高优良畜禽品种的供种能力,满足市场多元化需求,促进老区畜禽养殖业健康发展。

（五）选好有机农业的生产环境和生产方式

1. 要选好有机农业生产环境

有机农业生产基地要选取相对独立的地块，要选择在远离工厂、城镇、交通主干线、化学农业农田，没有发生工业废水废气废渣污染、矿山开采的重金属污染、农药化肥等化学污染、城镇生活垃圾污染等，也没有大量有害物质或有害气体排放的地域，具备良好生态环境和生产条件的地方生产。同时，还要设立隔离带，在有机农业生产基地与常规（化学）农业生产基地之间保持50米以上的缓冲带，也可以选取一片耕地、荒地或草地，一条山沟、一片丛林，一堵墙或者建筑物等物理障碍物，因为可能受到污染的基地都需要由农业农村部认定的监测机构进行环境质量监测，环境质量也都应符合有机产品国家标准中的相关细则和规定，这样才能够保证常规农田打喷农药和灌溉不会影响有机农业生产基地产品的质量。最重要的是，要防止水土流失和污染，确保土壤健康水平达到规定的标准，也就是说只有健康的水土才能培育出健康的作物和食物，从而保障动物和人类健康，实现可持续的有机农业生产。还要选择转换期达到三年以上的地块，即至少最近连续三年没有用过化肥、农药和除草剂等人工合成的化学物质，没有受过重金属污染的地块。因为如果需要申请有机认证，至少在前三年就要开始对土地特别是沙地、盐碱地进行土壤改良，种草吸收土壤里的化肥和农药残留物。因此，我们如果要用先进的科学技术推进有机农业基地建设，例如开展耕地保护与土壤检测和改良，就必须选取那些水源保持干净的地方，还要经常推广病虫草害绿色防控，不断提高土地有机质含量，全面提升土壤质量、改善生态环境，实现土壤肥沃、品质保持、生态平衡、持续发展的目标，为发展有机农业打好基础。

2. 选好有机农业的生产方式

有机农业本身不需要任何外来投入品，只依靠农业生产体系内生物之间的自然循环。因为"生态系统中的生物与生物、生物与环境以及环境各因子之间，不停地在进行着能量的转换与物质的循环；生物量由少到多、食物链由简单到复杂、群落由一种类型演替为另一种类型等，环境也处在不断变化之中"，由此促进了农业生产体系内生物之间的自然循环的形成。随着科学技术的飞速发展，可持续生产技术也在不断出现，从宏观上看，垂直农业、人工智能、区块链、机器人蜜蜂、节能农业、节水技术等就是促进可持续生产的重要技术。如垂直农业，即在田地和建筑物中，利用精确农业技术通过人工控制植物生长所需的光照、温度、湿度和水分等条件，以垂直堆叠的方式种植粮食和重要农产品。又如人工智能驱动的农业技术有助于减少水的使用，人工智能的电网系统可以有效管理和预测可再生能源的需求和供应等。因此，要选好有机农业的生产方式，积极协调种植业和养殖业的平衡，促进生态环境的改善、农业可持续发展和实现农民增收。

3. 选用抗性作物品种

因地制宜选用合理的抗性作物品种，提高作物抗病抗倒能力。例如，在旱薄地应选用抗旱耐瘠品种，在旱肥地则选用抗旱耐肥品种和适当采用轮作倒茬及间作套种技术，保持基因和生物多样性，再通过提高土壤肥力增强有机植物的抗病能力，还要根据当地天气、水利设施等生产条件情况选择合理的灌溉方式，包括自动滴灌、喷灌、人工渗灌等，保持土壤的适度墒情。要注意区分作物的营养生长期(作物生长前期只有根、茎、叶营养器官生长)和生殖生长期(作物花、果实和种子生殖器官形成和生长)，根据不同的生长期制订不同的施肥计划以满足作物生长的营养需要。

（六）科学防治有机农业的病害和合理施肥

1. 采用科学的病虫害防治措施

有机农业由于种子优、抗病能力强，很少出现病虫害。但一种植物生产时间长、抵抗力下降和周围其他物种侵蚀、生态平衡被破坏等原因也会引发病虫害。常用的有机农业病虫害防治技术措施有农业防治、生物防治和物理防治方法等，可因地制宜、灵活选用（见表7-3）。

表7-3 有机农业病虫害常用的防治方法

方法	主要技术措施
农业防治	①选用抗性品种。对病、虫的抗性是植物一种可遗传的生物学特性，用抗性品种更不容易受病虫危害。这是最经济稳妥的防治措施。 ②改进耕作制度，调整作物布局。通过有计划的轮作、覆盖、适时播种等开展农作物耕种和合理布局，可有效减少作物病虫害发生。 ③适时深耕整地，加强田间管理。土壤深耕整地即可破坏有害生物的生存条件，改善土壤中的水、气、温、肥条件和生物环境。 ④合理施用水肥，及时排灌。合理灌溉可使害虫缺氧窒息死亡；施用腐熟有机肥，可杀灭肥料中的病原物、虫卵和杂草种子。
物理防治	①采用外在防护设施。作物栽培过程中采用覆盖塑料薄膜等防雨防晒防虫设施，即可减少病虫害发生。 ②采取人工清除田园病体。当田园出现有害植株，要及时采取人工清除病株病叶并作消杀处理，防止传染。 ③采取害虫群的人工捕杀。当害虫个体较大、群体较小、发生面积不大时，可采取人工捕杀消灭害虫，尽量不用药物，以免污染作物。 ④采用灯光和黄板诱杀害虫。采用灯光和黄板等方式对害虫进行诱杀，减少虫源或驱避害虫。

续表

方法	主要技术措施
生物防治	①利用益虫益鸟益菌治理害虫。保护和养殖猫头鹰、蛇、青蛙、蜘蛛、益鸟、寄生蜂、寄生蝇、寄生线虫等，利用它们捕食害虫。 ②利用微生物防治。微生物是害虫的天敌，可以利用害虫的致病性微生物来防治害虫。 ③利用作物对病虫害的抗性防治。推广生产具有抗性的作物品种并合理布局种植，以达到防治病虫害的目的。 ④采用γ射线或化学不育剂防治。有意培育大量有害昆虫，然后采用γ射线照射或注射化学不育剂，使之成为不育虫，再把它们放飞出去与野生害虫交配，使其后代丧失繁殖功能，以达到抑制和杀灭害虫的目的。

2. 合理施用有机肥

有机作物施肥要遵循"经济简单、多样化、有针对性"等原则。种植作物的底肥一定要早施，水稻、玉米、高粱、小麦等作物在播种时采用有机肥料与种子相拌的办法一起播撒，可以补充种子发芽后需要的养分。要优先使用本有机生产单元或其他有机生产单元的有机肥，适当时期再补充一些速溶性肥料可促进产量的提高。施肥要掌握作物整个生长季的需肥规律，然后根据每种作物对养分的需求合理施肥、全方位均衡施肥。

3. 科学自制有机肥

有机肥可以购买，但最好是自制。我国古代有机农业所需的肥料主要是传统的农家肥，就是由农畜粪便、绿肥、豆科作物、粮食作物秸秆和有机废物等沤制发酵而成，来提高土壤的肥力。所有的农业废弃物经过无害化处理后都可用来制作有机肥料，连烟叶水做出来的肥料都比市面上的化肥含钾的成分高，有利于促进作物蛋白质、淀粉、纤维素及糖分的合成并促进茎秆增粗、抗倒、抗寒。要善于利用动物粪便、作物秸秆、有机废弃物等制作有机肥料，培肥土壤，保持养分循环，保持农业的可持续性。要注意根据土地的承载能力确定养殖的牲畜量，协调种植业和养殖业之间的平衡。

三、创新发展高效生态农业

高效生态农业，是以生态经济系统原理为指导，运用传统农业的有效经验、现代科学技术成果和现代管理手段建立起来的资源、环境、效率、效益兼顾的综合性农业生产体系，是将农、林、牧、副、渔等各业综合起来，将生产、加工、销售、旅游综合起来的现代大农业。生态农业通俗地讲就是将地球上的光合产物及其衍生物通过农民的劳动转化为食物的农业，是绿色食品和有机农业综合体的农业。食物是疾病产生的源头，化学农业是现代人类疾病的根源。从这个角度来讲，高效生态农业，就是保持良好生态环境和生物多样性、实现可持续发展、不制造病人的农业。老区发展高效生态农业，要着重抓好以下几点。

（一）立足老区实际，科学制定发展规划

老区的地理特点是平原地带少，山区丘陵地带多。要因地制宜选择适合当地实际的农业发展模式，河谷平原和高原平原地带可选择发展适度规模化的"大农业"，山区丘陵地带可选择特色精品化的"小农业"。一要以国家发展战略为引领，编制老区农业发展规划。以国家乡村振兴战略为指导，编制《老区现代农业发展规划》，以老区农业协同发展为重点，立足当地现有基础、优势特色、资源禀赋、发展潜力、区位优势、市场前景，做优产业特色、做大产业规模、做强产业集群，推动各环节升级、全链条增值，着力构建出一个由生产到加工，包括物流、研发、示范、服务等环节相互衔接融合的全产业链农业发展格局，坚持规模种养、加工转化、品牌营销和技术创新协调发展，加大发改、财政、农业、水利、扶贫、林业等部门项目资金整合，明确老区各个现代农业园区发展定位、目标方向和功能分区，保障总体规划所需财政资金，重点加强基础设施建设、强化公共服务，加快培育发展农业产业中的新产业，不断发展新业态，探索发展新模式，进一步拓展农业产业的独特生态、休闲和文化功能，为企业和人才入驻创造良好条件。二要因地制宜，合理规划生态农业建设系统工程。因地制宜合理规划，必须结合粮食生产功能区、重要农产品保护区、特色农产品优势区，例如：河谷平原、高原平原地带的农业，可以直接走农业机械化的现代化大农业道路。丘陵地带需要进行"小并大、短并长、坡改平"的改造，形成连片平整的农田才能适宜农业机械作业。因此，丘陵地带农业要着眼于"小微"规模实现现代化的路子，将生态资源优势转化为经济优势，开发建设以"小微农业"为主，突出精品特色、高效生态、综合性强、涉及面广的特色生态农业，使老区的经济效益得到快速提高。三要深入贯彻绿色发展新理念，区域相互协作。老区要深入贯彻落实新发展理念，立足本地实际，按照"一县一业，一乡一品"格局，明确好农业产业发展的定位，找准选准切入点、着力点和突破口，尽可能做到提前谋划，科学制定出长期、中期和短期不同阶段适合老区发展的高效生态农业发展规划方案。同时，还要不断联络协调相邻市县，充分利用资源，结成利益共同体，形成相互协作、相互支持的良好合作局面。特别需要注意的是在制定老区农业发展规划时，一定要根据不同高效生态农业模式的具体要求，结合无公害农产品基地、有机农业基地、绿色食品开发、农田水利建设、农村能源建设、乡村振兴等内容，做到科学规划，突出发展重点,进行合理布局,同时,规划的落实需要循序渐进,以顺利实现农业发展的规划目标和内容,促进老区乡村高效生态农业稳步发展。

(二)推进农业园区技术创新,发挥示范引领带动作用

推进特色农产品优势区创建早就写进《中共中央 国务院关于实施乡村振兴战略的意见》(2018年中央一号文件)中。近年来,老区建设现代农业产业园、农业科技园的成效显著,要继续推进农业园区技术创新,发挥示范引领带动作用,实现经济效益、社会效益和生态效益同步提高。一是继续做好各级各类精品特色农业园区争创工作。为了做好特色农业园区的争创工作,把现代高效生态农业示范园区作为集成的重要载体和有效引擎,必须不断创新经营管理机制,打造各具特色的经营管理模式,为农业供给侧结构性改革调结构、转方式、提质增效,还要开展国家现代农业产业园创建申报,新认定一批国家级、省级、市级、县级精品特色园区,形成现代农业产业园梯次发展格局。打造符合质量农业发展要求,突出园区生产功能,保证农业生产要素高度聚集,配齐先进设施装备,创造明显经济效益,具有鲜明农业产业特色,辐射带动能力强,生产标准化的农业园区,以园区带产业、以产业兴园区。与此同时,还要尽快落实园区发展扶持资金,统筹使用高标准农田建设、农业综合开发、现代农业生产发展等相关项目资金,相对集中用于建设园区基础设施和配套服务设施,加快农业园区现代化建设步伐。此外,还要不断打牢原有无公害、绿色、有机"三品一标"现代农业园区建设的基础,从多方面总结绿色农业示范园区发展的成功经验,吸取园区建设发展过程中的教训,选好若干个特色产业高效生态农业示范园区,集中资源建设完善,使之规范发展,发挥示范带动作用。推广按照标准化生产、科学管理、产量高、效益好、具有正面代表性的高效生态农业园区和发展模式的好典型。通过充分发挥园区带动作用和示范引领作用,逐渐形成一批带动能力强、综合效益高、发展前景好的园区典型代表;建设一批以休闲农业、观光农业、高效生态农业为主的精品农业园区,最终打造出独具特色的农业园区精品典型,形成高效生态农业产业群和农业特色产业带,以点带面,发挥辐射带动作用,以更好地推进老区整体高效生态农业的健康发展。二是积极筹措资金,加大对现代农业园区发展的支持力度。老区要会同财政部门,进一步组织实施好农业生产的社会化服务和财政专项工作,加快培育特色农业产业服务组织,以及各类农业社会化服务组织,不断探索新型农业社会化服务方式,不断推进农业产业服务标准建设,加强典型农业产业的宣传推广工作。针对那些建设成效明显,带动产业发展、带动农民致富作用显著的农业园区要给予资金和政策以及用地上的奖补。还可以通

过创新财政支农资金使用方式，加大金融和社会资本投入，鼓励设立农业产业专项引导扶持基金，积极推进PPP（公共私营合作制）、贷款贴息等重要的融资方式，引导资金不断注入农业项目中，如园艺作物标准园创建、畜禽养殖废弃物资源化利用、水产健康养殖示范场、农机深松、疫病防控等，加大对现代农业园区发展的支持力度。三是强化市、县两级现代农业园区组织领导和协调办事机构的功能。老区各相关部门要主动成立以政府为主的服务型园区管委会，发挥好管理者的统筹谋划、政策创设、规划引领、组织推动、招商引资、协调服务等重要协调作用，特别是要通过组织开展领导农业园区的管理工作，主要协调解决有关现代农业园区建设中的重大难点和痛点问题。做到日常管理、日常沟通协调、日常督导考核等，逐步建立起完善的现代农业园区考核评价体系，最终实现"目标考核、动态管理、能进能退"的目标。还要科学地评估考核结果，针对年度考核靠后的园区要及时进行惩罚和通报，针对排名靠前的园区要表扬并及时给予资金和土地指标上的实际奖励，针对年度考核不合格的园区要及时要求限期整改，实在不符合标准的要撤销其生产经营资格。

（三）培育绿色农业产业化龙头企业

无论是发展无公害农业、有机农业还是高效生态农业，都需要龙头企业带动。一是培育本地发展基础好、有一定实力的农业公司作为龙头企业。二是引进商业信誉好、技术实力强、销售渠道广的外地龙头企业，培育出一批"自主创新能力强、加工增值水平高、辐射带动作用强、农业产业链完整、农产品附加值高"的老区特色农业产业化龙头企业，作为老区现代农业发展的牵头者。三是采取"龙头企业+合作社+基地+农户"的方式共同生产经营，理顺利益联结机制，促进现代农业的健康发展。要根据"自愿、有偿"的用地原则，依法引导农户将土地经营权合理、合法、有序流转，完善农业发展基础设施条件，吸引更多的资金、劳动力、技术等生产要素投入，共同生产经营绿色农业。各地要积极引导农户联合合作经营。以集体经济组织、专业合作组织、家庭农场为载体，采用"合作社+农户"经营形式，引导农户自主联合、合作经营、订单生产，逐步扩大产业经营规模。将小农户都吸纳进农民合作社，通过组织合作社组建起具有集聚效应的大的联合社，不断提高农民的组织化程度，发挥组织的集聚效应。引导国有农业龙头企业、民营龙头企业与村组集体合作，采用"企业+合作社+农户"的合作经营形式，建立和完善利益联结机制，厘清利益分配关系，实现龙头企业与农民增收相协调，保证企业收益的同时确保农民利益不受损害，真正实现农企互动、产销对接、利益共沾、风险共担、长久合作、健康发展。四是做好绿色农业认证工作。为方便对农业生产经营活动过程中的生产经营主体、种养过程、农药兽药残留自检、产品带证上市、问题产品溯源等进行统筹管理，转变农产品质量安全治理方式，实现农户自持农产品合格证，保证农产品合法上市，合法带证销售，保障农产品质量安全，农业农村部从2018年开始将无公害农产品审核、专家评审、证书颁发和证后监管等职能下放给省级农业行政主管部门及工作机构，实行无公害农产品产地认定与产品认证合二为一，并规范和简化工作程序，提高工作效率。目的是鼓励无公害农产品生产主体积极转向发展绿色食品、有机农产品。同时，全面推行"两品一标"农产品合格证制度，构建以合格证管理为主要内容的农产品质量安全监管新模式，引导农业经营主体自觉走上中高端绿色农业发展之路。各地农业行政主管部门及工作机构要积极为绿色农业经营主体开展绿色农业认证工作，各经营主体也要主动申请、积极配合，从无公害、绿色A、绿色AA到有机，逐步提升，不断提高老区绿色农业的发展水平。

第三节 发展功能农业

功能农业，是相对于只着眼于解决温饱、维持人的生命存在而不考虑人体健康等其他因素的常规农业或化学农业而提出的。它是指在天然富含有益成分的土壤环境中生长或通过生物营养强化及其他生物技术等手段，生产出含有人体健康需要的特定微量营养素和其他有益功效成分的农产品，实现农产品的优质化、营养化和功能化的农业。也就是在农业生产中注重生产含有人体健康所需营养元素的农产品，人们食用这些农产品后能够促进身体健康，提高免疫力，预防疾病的发生。因此，功能农业是继化学农业、绿色农业之后的第三个农业发展阶段，是人类从追求"吃得饱"到"吃得好"，再到"吃得健康"的认识深化和转型，将成为现代农业发展的重要方向，是农业发展的新动能，更是支撑农业供给侧结构性改革的重要科技力量和推进乡村产业振兴的重要抓手。现在市场上常见的功能农产品有富硒富锌农产品、藜麦产品、螺旋藻产品、红球藻产品、含微量元素农产品、玛咖类农产品、石斛类农产品、酵素产品、特种健康油产品等，还有很多产品有待开发。

随着农产品消费进入从能量消费转入营养消费的新阶段，能量过剩和营养素有效供给不足已成为我国农业发展的一个主要矛盾。经历了新冠疫情以后的人们，更加深刻地体会到健康的重要性。显而易见，加快发展功能农业，强化农产品的营养功能，既是提高城乡居民健康水平的重要举措，又是推动农业转型升级、区域经济增长的客观要求,也是提升我国农业国际竞争力的迫切需要。习近平总书记从党的十九大以后曾到广西、江西等地考察富硒农业的发展,在全国两会期间,也多次关注该产业的发展,并作出"将硒资源变硒产业""打好富硒品牌"等重要指示。因此,各地要主动抓好发展。

一、做好发展规划,引导功能农业规范化发展

功能农产品与人体营养健康问题越来越受到人们的关注,国家已经把农产品营养强化、标准制订与风险评估作为今后工作重点之一,并明确功能农业发展的主管部门,成立专门的农产品与营养健康职能管理机构,在功能农业发展规划编制、关键技术研发及应用、相关标准和技术规范的制订、标准示范区建设、质量监控及认证、品牌建设以及国际合作等领域开展职能工作,协调统筹国家标准和行业标准为主的功能农业标准体系建设,包括产品分类含量标准、食品安全标准、预包装食品标准、功能农业质量检测和追溯体系、生产技术规程以及认证制度体系等,重点协调统筹关键技术研发,包括生物强化关键技术、农艺强化关键技术等;充分考虑各部门、各行业功能农业及相关产品和管理标准的一致性、兼容性、协同性和适应性;联合地质、农业、环境、医学等相关部门定期发布属地农产品与人体营养健康监测报告;建立以属地管理为基础的"环境-农产品-人"食物链体系的人体营养健康风险监测与评估机制、功能农产品社会效益评估与补偿机制等,形成完备的制度体系和政策保障体系,全面统筹管理全国功能农业的规范化、标准化、科技化、品牌化和国际化发展。包括老区在内的各个区域、各省(市、自治区)、各市(州、盟)、各县(市、区、旗)相应主管部门按照国家标准并结合自身实际,在绿色农业范围内灵活制定功能农业标准、发展规划、发展品种和产品等,引导功能农业标准化、规范化发展,把控好产品质量及其市场供应。

二、科学确定区域功能农业重点发展的农产品

生产有利于人体健康的含硒、铁、锌等微量元素的功能类农产品、玛咖类农产品、石斛类农产品、辣木类农产品、药食同源产品、新资源食品等,这类产品是未来高端农产品的发展方向,是国家实施大健康战略的重要产品。大健康的核心,就是"防、治、养"相结合,重点是让人们"生得优、活得长、病得晚、走得安",重视治病,更重视"治未病",防病于未然。所以,重视功能农产品的开发,发展功能农业,强化农产品的营养功能,保障微量营养素的有效供给,已经成为

农业供给侧结构性改革和国家大健康战略实施的重要内容。

当前生物强化技术发展迅速，成本低且易于接受，是持续改善微量营养素摄入不足的有效方式，国家根据"对人体健康重要、膳食摄入不足和可以由农业提供"三原则，以及我国居民营养与慢性病状况，确定了功能农业需要重点强化的微量营养素和有益功效成分，包括：①矿物质类：以硒、锌、铁、钙、碘为主；②维生素类：以维生素A、维生素B_1、维生素B_2和叶酸为主；③有益功效成分：以植物化合物（包括大豆异黄酮、叶黄素、姜黄素、番茄红素、大蒜素、植物甾醇、氨基葡萄糖、花色苷、原花青素等）、限制性氨基酸以及不饱和脂肪酸等为主。在属地管理的基础上，建立全国农产品营养品质数据库以及食物营养供需平衡决策支持系统；制订不同地区重点目标人群的农产品膳食营养精量化改善提升计划。左右江革命老区发展功能农业的重点农产品应放在以下几个方面。

（一）发展富硒富锌农业

富硒、富锌农产品具有防治疾病、增进健康、促进智力发育、延缓衰老等功效，是食药同源农产品的主要代表，富硒、富锌产业集绿色农业、功能农业、健康产业于一体，是一二三产业融合发展的产业，对于满足人民日益增长的多样化、多元化美好生活需要，对于农业绿色发展、提质增效、供给侧改革，对于乡村振兴、农民增收和全民健康都具有重要作用。各县（市、区）要根据本地土地资源实际，以项目开发的方式邀请国内地质调查机构，为地方开展地质调查，摸清本地富硒、富锌土地分布情况，积极规划发展富硒、富锌产业，凡是属于富硒、富锌土壤的地带都不应该安排种植橡胶、竹子、八角、胡椒、中药材、桑树（除了计划要生产桑叶茶、桑叶饮料、桑酒、桑醋等食用品外）等非食物类农产品生产，而应安排生产富硒富锌粮食、蔬菜、水果、甘蔗等人体易于吸收的食物类农产品。同时引进企业、培训农民，培养人才，研发和拓展富硒富锌产品种类，把产业做好做优做大。

（二）发展特殊功效农作物

发展小杂粮（高粱、小米、薏仁米、藜麦、荞麦、燕麦、黍子、菜豆、绿豆、小豆、蚕豆、豌豆、豇豆、小扁豆、黑豆等）、百香果、钙果、核桃、中药材等。如百香果，它含有苹果、菠萝、芒果、香蕉等100多种水果的香味，含有丰富的香氛成分，具有安神的作用，常吃百香果可以预防失眠，同时它含有丰富的氨基酸，大量有益的氨基酸的摄入有助于受损组织细胞的恢复，此外还具有清热解毒的作用，可以治疗咽干和声音嘶哑。它还含有丰富的铁、硒、钾等微量元素和多种维生素、类胡萝卜素、蛋白质、脂肪、糖等物质，维生素C可以很好地净化机体，避免有害的物质沉积在体内，可以改善皮肤、美容养颜；胡萝卜素和有效酶成分，可以清除人体的自由基，从而具有美肤、护眼、抗衰老等作用；另外，它含有的粗纤维能够促进排泄，可以治疗便秘等疾病，是一种功能丰富的农产品。

（三）发展功能性食品

功能性食品经历了三代的发展：第一代功能性食品仅根据其中的营养素成分或强化的营养素推测其功能，没有经过科学的验证，缺乏功能性评价和科学性，如高钙奶、益智奶、鳖精、蜂产品、乌骨鸡、螺旋藻等强化食品及滋补食品；第二代功能性食品是指经过动物和人体实验，确知其具有某种生理调节功能的食品，如三株口服液、脑黄金、太太口服液、恒宁固之宝等初级产品；第三代功能性食品是在第二代功能性食品的基础上，进一步研究其功能因子结构、含量和作用机理，确保其生理活性成分在食品中以稳定形态存在。如防感宝贝、鱼油、多糖、大豆异黄酮、辅酶Q10、纳豆、金御稳糖等高级产品。目前我国的功能性食品多以药品形态为载体，但实际上应该以食品为载体。同时，国内功能性食品生产地发展不均衡，北京、上海、广州、天津等大城市占50%左右，而西南、西北地区仅占5%，第三代功能性食品又很少。所以，应该通过科技借力、重点攻关，研发和发展第三代功能性食品。

三、合理选择微量营养素生物强化功能农业载体

围绕主要矿物质类营养素，选择发展相应的功能农业载体。硒元素来源于富硒土壤生长出来的无花果、人参果、洋葱、蘑菇、大米、大蒜、玉米、橘子、核桃，以及动物性食品如龙虾、猪肾、鸡肝、海参、鱿鱼等；锌元素来源于动物肉类、牡蛎、扇贝、黑鱼、动物肝脏和蘑菇、金针菜、木耳、油菜、白菜、黑芝麻、黑米、枣、榛子、乌梅等；钙元素主要来源于海藻、小龙虾、鱼类、牡蛎、海带等海产品，以及动物的血液、肝脏、骨骼、瘦肉、蛋黄、大豆和红枣、黑李子、桃子、杏子等；铁元素来源于牛奶、动物肝脏、全血、肉类、鱼类、蛋类和樱桃、草莓、大枣、苹果、杏脯、山楂、黑木耳、海藻、红蘑、苔菜、发菜等；铜元素来源于蘑菇、核桃、动物肝脏、榛子、黑胡椒、芝麻酱、茶叶、青豆、萝卜、西红柿、紫菜、香菇、菠菜、土豆、虾、豆制品、梨、杏干、栗子、花生米、黑芝麻、小茴香等；碘元素来源于海带、紫菜、苔菜、海参、海蜇、海鱼、虾类、玉米、燕麦、白菜、芹菜、柿子、牛肉等农产品。根据我国农产品微量营养素的含量、居民膳食营养结构以及微量营养素摄入的基本特点，适宜我国微量营养素生物强化的农业载体包括：①微量矿物质元素（硒和锌）：重点以水稻、玉米、小麦、茶叶、鸡蛋、猪肉、牛羊肉、牛奶及食

用菌类等为载体；②维生素A：以茶叶、西蓝花、胡萝卜等深色蔬菜及动物肝脏为载体；③维生素B_1、维生素B_2和叶酸：以坚果、食用菌及绿叶蔬菜等为载体；④限制性氨基酸：以玉米、小麦和水稻等为载体；⑤不饱和脂肪酸：以亚麻、橄榄等为载体；⑥植物化合物：以番茄、大蒜、姜黄等为载体；⑦药食同源和新食品原料类：列入国家药食同源原料目录和新食品原料目录的产品种类，如粉葛、蒲公英、蛹虫草等。实践表明，通过调控农业生产系统，提高农产品中的微量营养素和其他有益功效成分的含量和有效性，具有效率高、成本低、覆盖面广以及环境风险小等优势，以上这些载体都适合老区的发展实际，各县（市、区）还可以根据本地实际选择最适合自身发展的农业载体。

四、发展高值化功能农业

高值化功能农业是指以具有高效富集潜力的农产品为载体，以现代生物技术为手段，生产具有高含量或超高含量微量营养素农产品的农业类型。它是生产非直接食用的农产品，通过提取农产品中的有效成分作为高附加值的食品、保健食品及医药产品的工业原料，是实现功能农业高值化的一种新的农业生产手段。如种植高硒大豆（硒含量达10毫克/千克以上），不是为吃大豆，而是为了提取大豆中的硒蛋白作为保健食品和生物医药原料；种植蛇足石杉是为了提取石杉碱甲用于改善记忆力和治疗老年痴呆的药物开发等，它能使农产品的附加值提升数倍甚至成百上千倍。因此，发展功能高值化农业是现代农业转型升级、农业科技创新和提高农业价值的重要方向。

目前国内外已通过育种、农艺和基因修饰等方法成功开发出富含赖氨酸和色氨酸的高蛋白玉米、高叶酸玉米、富含维生素A的甘薯、富含油酸和亚麻油酸的大豆，高富集硒、锌、钙、碘等元素的其他新的农产品品种。今后重点发展方向将放在高效生物强化作物品种或动物品种的筛选及种质资源库建设、生物强化关键技术研发、微量营养素及其他有益功效成分的分离提纯技术等。还要长期联合地质、环境、农业、医学等部门建立功能农业重点实验室，支持农林类高校和其他科研机构在功能农业基础研究和应用技术研发等领域的前沿性和创新性研究，培养专业化高级技术人才，为功能农业深度发展提供科技支撑。

五、发展功能农业全产业链，发挥农业多种功能作用

绿色农业和功能农业具有广阔的发展前景，要充分挖掘并做强做大。要把功能农业从育种、种植、田间、收割、加工、储运、认证、包装、销售、配送到餐桌

的全产业链做好，实现一二三产业融合发展，提高产业附加值，增加农业产业就业渠道。同时，将优势特色产业集群、现代农业产业园、农业产业强镇等融合发展项目、"互联网+"农产品出村进城工程和农产品仓储保鲜冷链设施建设与拓展农业多种功能有机衔接，以项目建设带动农业多种功能拓展。提升农产品加工园区建设水平，配齐原料生产、精深加工、体验展示、物流配送等设施，打造一批知名品牌农产品加工产业园、乡村休闲旅游业项目。建设农业多种功能拓展先行区，探索建立乡村多元价值实现机制。培育一批农村电商产业园，引导各类人才入园创办仓储商店、批发店、网店、直播间等多种农产品营销平台，促进产销对接和老区产业发展。

六、制定产业发展支持政策，推动功能农业有序发展

发展功能农业，政府部门既要做好发展规划，引导产业规范化发展，又要制定相应的政策，推动产业有序发展。

（一）明确用地政策

在实行最严格的耕地保护制度的前提下，对农民就业增收带动作用大、发展前景好的功能农业项目用地，要将其列入土地利用总体规划和年度计划优先安排。不仅鼓励采用点状供地办法利用"四荒地"（荒山、荒沟、荒丘、荒滩）发展功能农业，更要鼓励利用经过绿色化处理的最好农田发展功能农业。设施农业用地可以使用一般耕地，种植设施不破坏耕地耕作层的可以使用永久基本农田。将功能农业种植养殖配建的保鲜冷藏、晾晒存贮、农机库房、分拣包装、种植设施副产物处理、病死动物无害化处理、管理看护房等辅助设施用地纳入农用地管理。

（二）加大财税支持

老区各县（市、区）要认真推动现有国家农业产业扶持政策的落实，将中央有关乡村建设资金适当向功能农业集聚区倾斜，加大对功能农业发展及其基础设施建设的支持力度，扶持一批功能农业聚集村，推动本地功能农业做大做强。落实税收优惠政策，从事功能农业的经营主体符合税收优惠条件的，可享受有关税收优惠，切实落实国务院关于减轻企业负担的各项规定。老区各县（市、区）要统筹整合各级下拨的涉农财政资金和新增安排资金支持功能农业发展，符合相关政策条件的，统筹土地出让收入、申报纳入一般债券和专项债券等渠道予以支持。发挥财政资金的撬动作用，引导金融资本和工商资本投资适合产业化规模化集约化经营的功能农业产业项目。

(三) 拓宽融资渠道

鼓励担保机构加大对功能农业的服务力度，搭建银企对接平台，帮助经营主体解决融资难题。银行业金融机构要积极采取多种信贷模式和服务方式，拓宽抵押担保物范围，在符合条件的地区稳妥开展承包土地的经营权、集体林权等农村产权抵押贷款业务，加大对功能农业的信贷支持。探索功能农业多元化投融资机制，鼓励符合条件的功能农业企业上市。探索新型融资模式，鼓励利用PPP模式、众筹模式、"互联网+"模式、发行私募债券等方式，加大对功能农业的金融支持。通过协调利用扶贫小额贴息贷款、加强有针对性的培训等，引导经营主体积极参与项目开发；让各类经营主体在功能农业开发项目发展中获得资产性收益。

(四) 落实科技支持政策

建立一批区域性包括功能农业在内的现代农业产业科技创新中心，推进资源开放共享与服务平台基地建设，以增量撬动存量，统筹不同渠道资源，引导和资助创新团队开展重点攻关，不断提升成果转化和服务区域发展水平。实施乡村振兴科技示范行动，选择一批有代表性的乡村作为试点，重点转化一批有针对性的科技创新成果，打造一批高质量功能农业示范典型；构建跨部门、跨学科的协同创新平台，制定多学科技术集成的功能农业科技综合解决方案，提高科技资源共享利用效率和协同创新合力。落实科技创新相关税收优惠政策，鼓励企业和经营主体加大研发投入，加强对功能农业的土壤调节、种业、耕作方式、肥料配方、初级产品、产量与质量关系、加工产品、机械装备、智能控制等问题的深入研究，引导和支持创新团队开展重点攻关，充分发挥企业与经营主体在成果转化和推广应用中的主导作用。如发展富硒农业，原来只是拥有富硒土壤的地区可以生产富硒农产品，而现在没有富硒土壤的地区也可以生产，即先把含有硒元素的矿物作为资源，用强化技术磨成纳米级粉末，然后加入纳米级的肥料就变成纳米级的矿物质肥料，再把足够数量的纳米矿物质肥料撒到农田里，种出来的水稻、玉米、小麦等农产品就是富硒农产品。当然，不同地块的土壤构成都有差异，需要采用测土配方等技术加以配合，使之达到富硒土壤标准（土壤硒含量为0.4—3.0毫克/千克）。要完善农技推广服务体系，促进公益性农技推广机构履职履责，扩大政府购买农技推广服务范围，引进和培育一批农技服务公司，壮大社会化农业科技推广服务力量。引导科研院校加大农技服务供给，将服务成效纳入其任务考评范围，促进院校的技术、人才、平台与基层农技推广体系业务融合互动，以农技试验示范基地建设为抓手，强化对生产者的技术技能培训,加快科技服务能力的提升。用同样的技术原理,可以生产富含其他适量微量元素的功能农产品。如富锗土壤标准为1.4—1.8毫克/千克,富铜土壤标准为24—29毫克/千克,富锌土壤标准为74—84毫克/千克等,当然,过量的微量元素对于农作物也是有毒害作用的。

第四节　发展品质农业

习近平同志指出:"要深入推进农业供给侧结构性改革,推动品种培优、品质提升、品牌打造和标准化生产。"全国各地都在积极探索转变农业发展方式,促进农业转型升级,如浙江省丽水市2013年开始发展生态农业,2017年开始发展绿色农业,推进农业供给侧结构性改革,2021年又开始发展品质农业,不断深化农业供给侧结构性改革,更多地发展中高端农产品生产,提高农产品供给质量层次。

品质农业,其实就是绿色农业、功能农业、生态高效农业等当代先进农业生产方式的综合体。它是在发展生态农业、绿色农业、功能农业的基础上,把两个"三品一标"更好地结合起来,提升农业的发展质量、效益和市场竞争力,是深化农业供给侧结构性改革的新趋向和推进农业高质量发展的新载体。原有"三品一标"(无公害农产品、绿色食品、有机农产品和农产品地理标志)着重从产品生产上提出要求,而新"三品一标"(品种培优、品质提升、品牌打造和标准化生产)则是对原有"三品一标"的拓展和提升,是从单纯侧重产品生产向农业生产的全过程、全产业链延伸,产业链上游的核心是品种,中游的核心是品质,下游的核心是品牌,而标准化生产则是贯穿整个产业链。新"三品一标"的提出,顺应了农业全产业链结构升级和优化的新型农业发展方式的需求,有助于激发产业链、价值链的重构和功能升级,推进一二三产业深度融合、上中下游一体,实现生产、加工、销售各个环节有效衔接,从而提高农业综合生产能力和效益。

根据当前老区农业发展的实际条件,坚持以"品种培优、品质提升、品牌打造和标准化生产"为抓手,从以下几个方面着手推进品质农业发展。

一、以试点示范推动品质农业发展

发展品质农业涉及环节多,参与机构多,管理对象多,情况复杂,工作难度大。各县(市、区)及有关部门要综合考虑发展基础、区位条件、资源禀赋等实际情况,选择土壤富有有机质和微生物、环境质量好的地块,或者通过净化恢复土壤有机质，还土壤本来生命力的土地，确保农业生产环境安全，并选择适宜品种、适宜主体，依托龙头企业、农民专业合作社、家庭农场等经济组织，采取"龙头企业+合作社+家庭农场"的模式，统一种养、统一管理、统一销售，带动周边群众参与产业发展，形成各具特色的高产、高质、高效的绿色、有机、功能农产品生产示范基地，建设温室大棚发展温室芒果、柑橘、葡萄、猕猴桃、蔬菜等特色农产品。通过综合试点，摸索经验，找出规律，以点带面，推动品质农业相关标准和措施的落实。在试点示范工作中，既要注重整体规划，统一推进，又要充分调动地方政府和社会各界的积极性，在自主创新的基础上，积极探索品质农业发展的方法和机制，形成整体合力，促进品质农业健康快速发展。充分发挥左右江革命老区已有的百色、黔南、黔西南等粤港澳大湾区"菜篮子"配送中心窗口的作用，联系和扩大建设农产品生产基地和营销渠道，按照供深、供粤港澳大湾区"菜篮子"工程的圳品、港品质量标准和品质要求进行标准化生产，严格管理，严格检验检测，严格收购配送，促进老区品质农业发展。

二、落实扶持品质农业发展政策

落实好中央和省（区）对龙头企业的扶持政策，积极争取和利用发改、税务、财政、地方金融、市场监管、自然资源和规划、电力等部门支持农业产业化发展的行业新政。完善财政扶持政策，支持现代农业产业园、农业产业强镇、优势特色产业集群及规模农产品仓储保鲜冷链设施建设。建立品质农业发展用地保障机制，县级制定土地利用年度计划时，重点保障乡村重点产业发展用地。在符合国土空间规划前提下，通过村庄整治、土地整理等方式节余的农村集体建设用地优先用于发展乡村优势特色产业项目。积极发展多层次农业保险体系，在政策性农业保险基础上，提标扩面增品，提高商业保险的覆盖率。

三、健全投入机制，扩大产业投资

(一) 健全投入机制

统筹使用财政支农资金，重点支持"三品一标"提升行动计划。整合特色现代农业发展专项资金、高标准农田建设专项资金、优势产业发展专项资金、美丽乡村建设专项资金等涉农资金，优先用于乡村优质特色产业发展。建立县级优势特色产业发展重大项目库，每年按照产业发展规划从各乡村中筛选重大涉农项目入库，强化农业发展项目财政性资金、政策性金融的支持力度。支持信用村建设，推进农村普惠金融发展，创新金融产品和服务，完善农村信用体系，持续优化信用信息平台功能,引导更多金融机构入驻平台,加大对信用主体发展特色产业支持力度,推动乡村产业全产业链发展。

(二)扩大产业投资

立足资源优势和区位优势,重点围绕区域特色养殖等地方性优势产业,开展专业化、市场化、社会化招商引资、招才引智(即"双招双引")。积极引进国内外企业,引导工商资本投资乡村特色产业,与农业主体联合建设产业基地、加工企业等,实现加工在乡、基地在村、增收在户。布局一批建设起点高、科技含量高、产业关联度大、具有长远发展前景的重大农业项目。用好区域内外各种农交会等平台,全力做好"双招双引"工作,吸引更多国内外优秀企业、优秀人才签约落户,推动品质农业发展。按照"有限区域,无限发展"的思路,坚持全方位、多层次、宽领域对外开放,深化实施农业"走出去"战略,外建基地,外拓市场,外引资源,提升跨区域产业化经营效益和水平。

四、加强农业科技创新与成果应用

(一)强化科技创新

大力推广新品种、新技术、新模式、新装备,着力推进农业"四新"科技成果转化。加强农业科技园区和农业科研机构建设并发挥作用,加强与农业科研院所、农业高等院校合作,构建政产学研用协同创新合作平台,在新品种引进选育、绿色发展模式、功能农业及其产品精深加工、智慧农业、品质农业集成技术等领域开展技术研发和攻关,产生成果,推广应用。支持科技特派员带项目、资金、技术和成果服务乡村产业。按照"对标欧盟、药肥双控"工作要求,实施化肥农药严格管控行动,建立健全农药集中配送、农资"智慧监管"、农产品质量追溯、网格化质量管控、农药残留监测"五大体系"。

(二)发展科技农业

围绕培育地方农产品地理标志、绿色食品、有机农产品和名特优新农产品,实施现代种业提升工程,深化种业体制机制改革,支持优势种业企业开展"育繁推"一体化建设,建立优质种子生产保护基地和一批相对集中、稳定的种业生产基地,筑牢老区品质农业发展基础。加快农业技术成果示范推广,促进农业科技服务推广队伍多元化,扩大各类精准、精细技术在农业全产业链中的装备应用,提高资源利用率、土地产出率和劳动生产率。研究生产适合当地使用的中小型农业机械,加快农业领域"机器换人"步伐,不断推动农业机械化发展提质增效。

(三) 培养乡村产业人才

坚持以项目引才，积极引导田秀才、农民工、退伍军人、新乡贤等本土人才返乡创业或担任村干部，着力培育乡村产业"领头雁"，把村级带头人作为重点培养对象，大力开展职业农民培训，为乡村发展培养留得住、用得上的产业发展实用人才。打造既熟悉本土环境又具备带动能力的本土人才队伍，推动老区现代农业和品质农业发展。

五、推进特色农产品品牌建设

用好农交会、农博会、鱼博会、农民丰收节、供销年货节等展示展销平台，建立农产品经纪人队伍，多渠道、多途径开拓农产品销售市场，建立"农超对接""农校对接""农社对接"等产销对接机制，加大区域名特优农产品品牌宣传营销力度，推动区域品牌、公共品牌融合发展。大力发展绿色、有机、功能农业和地标农产品，提升区域中高端农产品公用品牌影响力，支持并指导品牌经营主体及时申报商标注册，争创知名品牌。启动农产品区块链溯源平台建设，全面推行食用农产品合格证制度，引导农业产业化龙头企业、农民合作社、家庭农场等新型经营主体擦亮老品牌、增创新品牌。加大知识产权保护力度，提升品牌社会公信力。

六、完善制度，依法监管，确保产品质量安全

农产品品质、加工产品品质和休闲农业服务优质管理涉及的法律、法规、制度规范和标准规程等，内容广泛、关系复杂，需要在实践中不断总结完善，建立健全农业标准体系、农业标准推广服务体系和农产品检测认证体系及相关法律法规，夯实相关基础工作，理顺部门管理体制，改善管理方式，提高监管能力。当前，要把农业生态环境污染、植物源产品农药残留超标和动物源性产品药物滥用、加工产品和服务产品等级低、卫生差等影响产品质量和品质提升方面作为治理重点，扎实开展监测检查，完善管理措施，在无公害、绿色、有机、功能农产品生产和优质服务上狠下功夫，推进品质农业建设提档升级。特别是脱贫地区农业产业发展也要遵从供给侧结构性改革要求，坚持质量优先，注重产业发展质量和效益，不能重做"有产业无产品、有产品无产值"的有劳无功之事，高度重视产业的长远发展和产品服务质量效益，扎实推进品质农业发展，才能巩固和拓展产业发展成果并向产业振兴迈进。以源头管理推动全过程管理。要按照优质、高效、安全、生态的要求，着力从源头管理开始抓严抓实，带动和推进农产

品"从田间到市场"的全过程质量安全监管。不断提高农业标准化规范化生产水平，使产品和服务生产的产前、产中、产后各个环节都有标准可依、有规范可循。要注重加强农业生产环境保护，引进支持农业环保技术的开发利用，逐步实现农业生产技术生态化、生产过程清洁化和农产品无害化。从种源开始实施农业良种工程，确保农产品产前品质；严格执行农业标准化生产，确保农产品产中品质；严格检验追查制度，确保农产品上市品质。加工产品生产，要从原料选取标准开始各个环节严格按照标准和规程生产，检验合格才能入库出厂。生产性服务业、休闲农业服务业等也要从接单到收单各环节全程监督检查，使用的食物也必须是当地生产的产品，确保原味品质、服务周到、顾客满意。

第五节 发展设施农业和智慧农业

设施农业，就是利用工业化生产方式和工程技术手段，为农业生产提供安全适宜的生长环境，减少霜旱、冰雹等自然灾害的影响和避免病害的传播感染，确保农产品正常生长、品相品质优良，成为中高端农产品，并能够在同一面积土地上多季节、多层生产农产品，从而在适宜、经济的生长空间中，获得更多的产量、更优的品质和更好经济效益的一种高效农业。

智慧农业，就是在设施农业基础上，集成应用计算机与网络技术、物联网技术等进行精准感知、分析、控制、决策等智能化管理，实现对设施内的温、光、水、肥、气等环境因子的自动调控，减少人力投入，减轻人工劳动强度，既提高劳动生产率，又能够扩大种植面积、增加产量，提高产品品相和质量。

下面，重点阐述老区的设施农业。

一、老区发展设施农业的重要意义

2008年，农业部发布的《关于促进设施农业发展的意见》就指出："设施农业技术密集、集约化和商品化程度高。发展设施农业，对于保障农产品有效供给，促进农业发展、农民增收，增强农业综合生产能力具有十分重要的意义。"左右江革命老区作为一个农业大区，发展设施农业和智慧农业，对改善老区农业生产条件，转变农业增长方式，调整农业产业结构，深化农业供给侧结构性改革，推进农业现代化，提高资源利用效率，增加食物供给能力，实现农业技术集约化、生产工业化、产品优质化、农业高效化，增加农民收入，实现农业强区都具有十分重要的意义。

(一) 推进农业现代化的必然要求

设施农业是现代农业的重要发展方向。《关于促进设施农业发展的意见》提出："设施农业是现代农业的显著标志,促进设施农业发展是实现农业现代化的重要任务。"推进农业现代化,依靠单家独户经营和简单农业生产工具生产的传统小农业,是难以实现的。必须运用现代科学技术改造农业,用现代经济科学来管理农业,用现代工业设备和技术来装备农业,用工业生产手段来发展农业,农业现代化才可能成为现实。因此,必须大力发展设施农业,用工业的理念管理农业、用现代工业设备和信息技术来装备农业,促进传统农业向现代化农业转变,这是新时代中国特色社会主义农业现代化建设的必然要求。

(二) 增加食物有效供给的重要途径

党的二十大报告提出的"树立大食物观,发展设施农业,构建多元化食物供给体系",就是要求我们到田地、石漠、荒山、森林中发展粮食、蔬菜、瓜果、食用菌、中药材和生态畜禽养殖及工厂化养殖等种养设施农业,到江河湖泊中去发展不投药不投肥不投饵生态渔业养殖、大水面生态养殖和池塘养殖、陆基圆池养殖、工厂化养殖等各种水产设施农业,更好更多地向设施农业要食物、要热量、要蛋白,改善城乡居民膳食结构,提高人民生活品质。这是我党在新时代中不断满足广大人民高品质生活需求的重大承诺。通过加快发展设施农业,并逐步配套数字化种养生产体系和一体化监测预警体系建设,对设施内的温、光、水、气、肥等因子进行自动监测和调控,既降低生产成本,提高投资回报率,又增加农产品食品的供给数量,提高产品质量,增强优质农副产品的季节均衡性供给能力,保障食物安全和有效供给,满足城乡居民日益增长的高品质的、多样化的食物需求,是新时代赋予农业的使命。

(三) 稳定提高农民收入的重要手段

推进并实现农业农村现代化的主体力量必然是农民,发展现代农业必须培育现代职业农民。农民外出务工只是不得已的事,是短期谋生之计,只有在农村家门口有稳定的产业和就业,农民才有稳定的收入,这才是长久之计。因此,党和政府新时代"三农"工作的立足点,是必须千方百计让农民就地就近就业。如广西百色市乐业县、贵州黔西南州的安龙县、黔南州的都匀市等建设高山蔬菜基地,崇左市龙州县建设养牛基地,常年用甘蔗叶加工成饲料喂养等,引进农业龙头企业发展设施农业,引领和带动农业高质量发展,生产出来的农产品直接销售到粤港澳大湾区。农民每天在基地做工收入就有150—200元,实现在家门口做工就有与外出务工相当的收入,还能照顾家里的小孩和老人,促进了乡村经济繁荣和社会稳定发展。

（四）实现老区农业强的必由之路

农业是立国之本，强国之基。中国要强，农业必须强。党的十九大就提出实施乡村振兴战略，实现农业农村现代化，具体就是实现农业强、农村美、农民富。党的二十大报告又明确提出，加快建设农业强国，全面推进乡村振兴。2020年中，农业农村部发布的《关于加快推进设施种植机械化发展的意见》，就对设施种植业机械化水平提升提出了总体目标，明确了现阶段的主要问题和任务，提出了加强农机购置补贴等政策要向设施农业倾斜，并要求"到2025年，设施种植机械化水平总体达到50%以上"。2022年9月底，农业农村部、水利部、国家发展改革委、财政部、中国人民银行、中国银行保险监管委员会等八部门联合印发《关于扩大当前农业农村基础设施建设投资的工作方案》的通知，提出加强现代设施农业建设，加快改造和提升设施。农业农村部和自然资源部从2010年开始，每五年就发布设施农业用地的有关规定，各项政策措施都越来越有力、越来越精准地支持设施农业的发展，都是为了更好地推进农业发展和乡村产业振兴，建设农业强国，实现农业现代化。

二、老区设施农业发展现状

革命老区，大多数是相对偏远、贫困、落后的山区，有的还是少数民族、边疆地区，是新时代全面推进现代化建设需重点扶持发展的区域。党中央十分关心老区发展，并给予多重战略和政策支持，习近平总书记多次考察全国各地老区，强调要加快老区建设和发展，让老区人民尽快摆脱贫困，过上幸福日子，如芝麻开花节节高，一个也不少。如左右江革命老区，地处桂滇黔三省边区，是多民族杂居的特困山区，同时也是自然物产丰裕的区域。2015年国务院批准《左右江革命老区振兴规划》实施以来，老区经济社会快速发展，主要经济指标增长迅速，农业总产值稳定增长，农民收入稳步提高，城乡收入差距明显缩小。老区贫困群众如期实现全部脱贫，全体人民实现全面小康。其中，设施农业发展作出了重要贡献。2008年农业部发布《关于促进设施农业发展的意见》以来，特别是在脱贫攻坚战和全面建成小康社会过程中，老区各县(市、区)发挥各自资源优势，积极发展水果、蔬菜、食用菌、花卉、三七等种植设施农业和大中型养猪、养牛、养羊、养禽、养鸽场、网箱养鱼、陆基圆池养殖、工厂化养鳗养鳖养蛙等养殖设施农业，促进了老区农业快速、稳步发展。

但从总体上看，老区设施农业还处在起步阶段，与国内先进地区相比差距还很大，存在许多弱项。

(一)思想观念落后

受传统农业耕作方式和只求温饱脱贫及外出务工收入来得快等思想观念的影响，新生代农民特别是山区农民对现代农业发展方式几乎没有关注和学习，甚至根本就不打算再当农民，真正专注于农业生产的农民寥寥无几。河谷平原地带的农民又长期认为河谷气温高，一年三季已经够累了，就没有必要搞什么温室大棚等设施农业来搞多季节、反季节生产。河谷平原地区农业生产历来是山区农业的榜样，河谷不愿搞设施农业，山区也就跟着不搞。

(二)示范带动不强

由于老区农民发展设施农业数量少，而且大多数是养殖设施农业，比较分散，未形成聚集性、集群化，因而规模小，影响力不大，示范带动不强。尽管有龙头企业支撑，当地群众中的绝大多数人只是愿意在设施农业企业里面打工，根本不曾想过怎么学、以后自己独立出来怎么做的事，由此设施农业发展缓慢。

(三)投入能力不足

设施农业是个高投入的产业，需要的资金多，而老区农民没有多少积累，有想法搞设施农业也是望而却步，合伙搞又没有带头人或是不敢冒这么大的风险。已经投资搞起来的设施水平都比较低，一般都以简易拱棚为主，有些只有简单的防雨保温功能，抗御自然灾害能力差，更谈不上对大棚内的温、光、水、肥等自动化、智能化调控。这种简易拱棚一旦受到大风、冰雹等恶劣天气的冲击，设施即受到损毁，农产品的产量和品质即受严重的影响，同时也有一些废旧设施无力更新的问题。

(四)机械化程度低

老区设施农业栽培、喂养、管护等作业机具和配套设备还很缺乏，生产过程仍以人力为主，劳动强度大，劳动生产率低。一方面投入大，另一方面收益低，由此直接影响了对设施农业的投资和发展。

(五)科技支撑不力

老区设施农业技术人员严重不足，有点知识的人基本上都外出打工，设施栽培、饲养技术的标准、规程不配套、不规范，缺乏具体的量化指标，更没有人提出改进和吸收使用新技术、实现节本增效的管理机制，生产管理还是主要依靠一些老员工的经验，导致产品的产量和品质上不了台阶。原来有国家农业科技园区在河谷地带进行蔬菜等种植业示范性生产，但都没有得到农民的积极响应，现在就连国家农业科技园区也不再生产，没有起到示范推动作用。

三、老区设施农业发展措施

发展设施农业是建设农业强国、实现农业现代化的必然要求，老区各县（市、区）要积极行动起来，通过引进、消化、吸收和创新，有计划有步骤着手落实、推动发展。要采取多元化投资、多主体经营的方式，河谷地区发挥带动作用，山区因地制宜，大力发展设施农业，建成一个个小植物工厂、动物车间，逐步进入现代农业发展的高级阶段，方便农民就地就近就业、稳定农民收入，推进乡村振兴。

（一）转变老区农业发展观念

老区发展现代农业，首先要转变观念。

1. 转变职业观念

左右江革命老区广大青年农民要有改变家乡面貌的志向，要树立正确的发展思想，外出打工只是短期谋生的权宜之计，把农业做好、改变家乡面貌才是长久之计。要敢想敢为又善作善成，立志做有理想、敢担当、能吃苦、肯奋斗，堪当乡村振兴、民族复兴大任的新时代职业农民，一代又一代接力奋斗，真正让农业成为有奔头的产业、农村成为美丽的家园、农民成为令人羡慕的体面的职业。

2. 转变就业观念

充分利用国家支持农业农村优先发展的优厚政策，农村交通、物流等基础设施和公共服务各方面大为改善的有利条件，努力改变传统小农生产经营方式，积极学习现代农业先进生产经营方式方法，把山区建成美丽的林园、果园、花园，把田地、荒地、滩涂因地制宜建设成为一座座小农业工厂，反过来吸引城镇青年下乡就业，把农业变成体面的产业来做。

3. 转变发展观念

普通农业经营主体发展设施农业应从拱棚和塑料大棚开始，逐渐发展到日光温室和连栋温室，但要有长远考虑，以后有条件要发展自动化、智能化、机械化温室，温室中具备人工或自动控温、光照、通风和喷灌、喂养等设施，可进行立体种养殖，要有足够的耐心，不断总结经验教训，一步一个脚印，稳步发展。实力雄厚的龙头企业可以直接高起点发展机械化、自动化、智能化大型温室、大型养殖场进行生产，甚至可以直接建设"植物工厂""动物工厂"进行生产。

4. 河谷带头发展设施农业

河谷地区要摒弃没有必要发展设施农业的落后思想，同时也要改变一年才生产三个季节的做法，真正做到以工业发展思路来发展农业，自觉带头发展好设施农业，甚至发展多层式无土栽培，周年多季节、反季节安排生产，提高农产品产量、质量和农业产值，为山区农业发展做好示范带动作用。

（二）积极发展现代设施农业

2023年中央一号文件提出的发展"现代设施农业"，主要是指种植适应现代市场需要的农产品并发展适合县域现代农业生产的设施农业，包括以下几个方面。

1. 发展现代设施种植业

围绕县域种植蔬菜、瓜果、食用菌、花卉、竹笋、茶叶、蚕桑、中药材等特色优势产业，发展设施种植农业。建设包括钢架温室大棚、连栋温室、智能控温控湿系统、供水系统等设备的植物工厂，配备育苗育种、耕播、喷微灌、消毒、杀虫、植保、收获、分级、清洗、切片、烘干、储运保鲜等物资机械设备，科学管理生产。

2. 发展现代设施畜禽业

围绕肉猪、肉牛、肉羊和肉禽等畜禽种养殖，建设标准养殖圈舍，配备饲草料机械化收储加工、养殖精准饲喂和智能信息化控制等数字化设备，以及粪污清理利用等智能环控设施，新建或改建一批屠宰场，配套冷藏保鲜、检验检疫等设施。

3. 发展现代设施水产业

建设高标准的养殖池塘、陆基圆池、工厂化水产养殖及养殖园区设施和装备，如池塘、养殖工厂和养殖园区尾水净化配套工程及其设施，苗种繁育、养殖车间、循环水养殖设备以及养殖精准饲喂和智能信息化控制等设施设备，大水面生态养殖及其养殖工船、水产养殖场监控设施、渔业基地和必要的建筑物，水产品交易、加工物流设施等。

4. 建设仓储保鲜冷链物流设施

合理布局，分片区集中建设和完善农产品产地冷藏保鲜和冷链物流设施。包括产地冷藏保鲜设施、产地冷链集配中心、产地区域性冷链物流基地、水产品就地加工和冷链物流设施设备等。生产和推广低成本、容易操作和维护、适用性广的设施农业装备。

（三）统筹规划，科学指导

1. 统筹发展规划

老区各县（市、区）要立足资源优势，根据市场需求信息，把扩大内需和农业供给侧结构性改革结合起来，合理调整产业、产品、区域结构，结合本地农业主导产业发展规划，按照多规合一、避免与粮争地的要求，因地制宜，统筹种植业、畜禽业、水产业发展和农产品仓储保鲜、冷链物流设施建设，科学合理编制设施农业发展规划，引导各生产经营主体进入产业园区发展设施农业。

2. 科学指导发展

业务部门要按照规划分门别类科学指导各生产主体发展温室大棚种植、滩涂农业、寒旱农业等设施种植业；建立工厂化标准化规模化集约化的肉猪、肉牛、肉羊、奶牛、肉鸡、蛋鸡等养殖场，建设优质饲草基地、国家级生猪产能调控基地，发展设施畜牧业；发展大水面生态养殖和陆基圆池养殖、立体生态水产养殖、陆基工厂化水产养殖和智能化养殖渔场，促进县域设施农业顺利发展。

3. 配套设施建设

要合理布局和完善配套建设各类农产品仓储保鲜、冷链物流设施，产品集中配送中心、骨干冷链物流基地和就地加工设施设备等，方便产地农产品就地冷藏保鲜，保持农产品的品质，减少损失。生产和推广低成本、易操作、好维护、适用广的设施农业装备。

（四）着力培育设施农业经营主体

1. 引进和培育龙头企业

老区各县乡政府要积极而慎重地选择引进国内先进技术和管理经验丰富的知名龙头企业入驻经营、农业院校和科研单位入驻建立试验示范基地，引领县域发展设施农业。

2. 培育和扶持职业农民

着力培育和扶持职业农民、家庭农场、农民合作社和生产基地、本地龙头企业等新型经营主体，发挥他们发展设施农业的积极性，建立"公司+合作社+基地+农户"等多主体共同经营机制和科学合理的利益分配制度，引导农业龙头企业与普通农户结成紧密的利益共同体。同时，有计划地分期分批选送农村有一定文化知识、有外出务工经历、有入伍经历的青壮年农民到设施农业基地去务工和跟班学习，掌握设施农业生产、经营、建设等技术知识。

3. 鼓励新型农民独立发展

鼓励和引导经过培训的农民独立出来发展或抱团发展设施农业，建立行业协会，组织各个经营主体适时开展技术、生产管理、产品销售、物资采购等多方面的交流与合作，促进发展，推动及鼓励农民工返乡创业，逐步提高设施农业规模化、组织化经营水平。

(五)注重设施农业科技支撑

设施农业是农业发展新业态,必须注重科技支撑体系建设,助推设施农业健康稳定发展。

1. 注重新品种新技术培育和引进

建立县级良种工厂化育种育苗推广中心,聘请和培养设施农业专家,加强农业新品种的培育、新技术的引进、试验和推广把关工作,为现代设施农业健康发展提供技术保障。

2. 注重科技成果推广运用

注重农业科技新成果的推广,积极推广集约、高效、绿色、有机设施农业生产模式,建立各具特色的农业科技示范园区、设施农业展示基地等,以园区、基地示范为先导,通过现场演示、技术培训等指导农户生产。凡是从事设施农业生产的人员都要进行培训。建立和完善设施农业产品质量安全生产技术规程和质量标准体系,推行标准化生产。生产过程中要严格按照各生产环节技术规程进行生产。

3. 创新科技服务方式

要以农业科技信息网为基础,充分利用现代信息技术,整合本县域适用的农业科技信息资源,搭建设施农业技术信息平台,为设施农业主体提供设施农业生产新技术、新型设施装备、开辟产品销售渠道等服务。

4. 推行标准化生产

建立和完善设施农业产品质量安全生产技术规程和质量标准体系,推行标准化生产。加强县域农产品质量检验检测平台建设,完善投入品管理、产前检测、基地准出、质量追溯、生产档案等全程质量管理制度,确保农产品质量和安全。

5. 加大科技示范力度

老区各级农业部门要根据本地特色农业发展需要,建立各具特色的农业科技示范园区、设施农业展示基地等,以园区、基地示范为先导,通过现场演示、技术培训等指导农户生产。发展乡村农技员队伍,建立责任农技员联系设施农业生产基地和经营主体制度,农技员负责指导当地设施农业发展并建立奖励制度。

(六)大力增加设施农业投入

发展设施农业需要大量资金投入,各级政府、金融部门、社会各界要贯彻落实2023年中央一号文件等精神,抓好设施农业发展的金融支持。

1. 整合财政支农资金

要像脱贫攻坚战那样,整合各部门支农财政资金,把现代农业发展、农业综合开发、农业科技推广、培育种苗工程等专项资金向设施农业集中,发挥财政资金"四两拨千斤"作用,引导金融资本、社会资本投入设施农业,加大对设施农业的扶持力度。

2. 扶持重点经营主体

要重点扶持发展前景好、带动能力强的设施农业龙头企业、专业合作社、家庭农场、新型大户等设施农业经营主体。对集中连片达到一定面积的标准化钢管大棚、棚架等设施农业示范基地,要综合运用信贷贴息、装备抵押贷款等办法给予支持,引导和激励工商企业、农业龙头企业等社会各界采用多种方式投资设施农业。

3. 争取国家政策支持

老区政府相关部门认真制定设施农业发展战略规划,积极争取国家对特殊区域设施农业发展的政策支持。例如,2022年11月底,滇黔桂三省(区)左右江革命老区政协主席联席会议在黔西南州兴义市召开,会议共商老区"培育山地特色农业品牌,助推左右江革命老区高质量发展"大计,并形成了联合提案。类似这样的提案,可以转化为"发展设施农业,推进老区特色农业高质量发展",提交全国两会,争取国家支持,上升为国家战略。

(七)落实设施农业发展政策

1. 完善设施农业发展支持政策

各级政府要进一步完善农机购置补贴政策和提高大型农用设施补贴标准政策,扩大农机购置补贴范围,调动设施农业经营主体的积极性。

2. 落实好各项政策措施

认真贯彻落实国家关于设施农业建设信贷贴息、投资补贴、以奖代补、土地使用等相关支持政策,切实把政策落到实处。

3. 建立设施农业装备备案制度

各设施农业经营主体要注意建立设施大棚、大型农用机械等设施农业装备设施的登记、备案、评估、交易、流转等制度,保障设施农业装备设施的产权安全,促进设施农业装备设施的交易和流转,盘活农业资产,提高资产的利用率。

(八)做好设施农业发展服务

1. 深化"放管服"改革

老区各县(市、区)要深化"放管服"改革,依法优化项目审批流程,推动地方政府根据职责权限,对用地、环评等投资审批事项推行承诺制,提高审批效能。

2. 规范设施农业用地

土地是农业的重要资源,设施农业用地的规划、使用和管理同样要严格按照农业农村部、自然资源部或省级政府的相关文件规定精神来执行,具体审批手续由乡镇政府指定专人负责为农户或经营主体全程代办,由县(市、区)政府审批,报市级国土资源管理部门备案,依法办事。

3. 尽心竭诚高效服务

各级发改、财政、农口、科技、国土资源、环境资源、税务等政府部门和金融机构都要积极主动支持设施农业发展,把发展设施农业作为新时代建设农业强国、加快推进乡村振兴的重要工作任务来抓,为设施农业发展尽心竭诚履行部门职责,提供全程高效服务,让设施农业经营主体享受到国家相关政策带来的利益,感受到各部门的支持。

总之,要坚持农业农村优先发展、城乡融合发展,畅通城乡要素流动,用发展工业的管理方式发展设施农业,推动老区设施农业高质量发展,努力实现农业强区。

第六节 发展农产品加工业

习近平同志指出:"要积极发展农产品加工业,优化产业布局,推动农村由卖原字号向卖制成品转变,把增值收益更多留在县域。"农产品加工业,是指以人工种养或野生的农、林、牧、渔等农产品及其加工品为基本原料从事的工业生产活动的总和。农产品加工业对支撑农业稳定发展、提高附加值、保证农民收益、调整与优化农村经济结构、提高农业质量和效益、增加农民就业等发挥着积极作用,对于促进农业生产发展和提高农业生产效益、优化国民膳食结构、改善国民营养与健康等都具有十分重要的意义。根据老区资源禀赋结合各地实际,农产品加工业发展方向主要有粮油加工、果蔬加工、中药材加工、甘蔗加工、茶叶加工、蚕桑加工、调味品加工、畜禽水产产品加工和其他特色农产品加工,如竹木加工、板材加工和各种林产品加工,应大力发展中高端板材、家具家装产品和装饰服务业,打造区域林业全产业链。

一、建立稳定的农产品加工原料生产基地

在发展特色农业、绿色农业、功能农业的基础上,在产销对接过程中,农产品加工企业按照当年同类产品市场平均价与农户达成契约,订立合同,建立农产

品加工原料生产基地,加工需求不同,对"三品一标"、富硒、富锌等产品的生产标准要求也不同,双方应事先商量确定好标准和价格,基地按合同标准生产,加工企业按合同标准和价格收购加工,互讲诚信,长久合作,稳定生产。加工企业为农产品生产主体提供必要的产品种源、启动资金、技术指导等。

（一）推动区域农产品生产由"小而全"转向"特与精"

各县(市、区)要根据地域特点、资源禀赋、发展基础、功能定位、比较优势和承载能力,围绕重要产业发展方向,围绕加工企业对原料的需求和市场需求情况,按照"特与精"的原则调整产业结构、品种结构,确定县域特色农产品生产规模,改变从前什么都想种、什么都想养的"小而全"做法。生产出来的产品按照产销合同,首先满足加工企业对原料的需要和其他订单需求,然后对剩余产品或调剂余缺或推向市场灵活处理,加工企业也要按照合同购买农户的产品,及时支付农户费用,提高农产品生产信誉和效益。

（二）实施"一县一业、多县一带、一村一品",发展特色农业

在打造特色农产品生产基地的同时,积极培育产业化龙头企业,发挥引领带动作用,龙头企业公司通过村委会和村民小组与当地农民签订合同,集中流转土地,采用"公司+基地+农户"等现代农业发展模式,形成企业+基地带农户连接市场的产业化发展格局,建立起一批各具特色、规模经营、乡土品牌的农产品生产基地。乡镇配合县域产业发展规划推动落实,也可以根据本地实际建设特色产业基地,如云南文山州广南县八宝镇,组织全镇力量建设优质水稻生产基地,规模生产经营特有品种"八宝米"。农业产业化龙头企业可以逐步拓展业务,形成产、加、销一体化经营,带动群众把产业做大,增加农民收入。

（三）培育壮大品牌,增强竞争优势

经过多年培育和打造,老区特色农产品已经形成了一定规模,做成了"百色芒果""百色番茄""西林砂糖橘""凌云白毫茶""宜州桑蚕""东兰乌鸡""巴马香猪""都安黄牛""隆安火龙果""马山山羊""江州香米""天等指天椒""扶绥糖料蔗""龙州水牛""晴隆薏仁米""安龙香菌""普安茶""望谟花椒""都匀毛尖""平塘茭白""荔波蜜柚""黔东南百香果""文山三七""广南八宝米"等农林畜产品品牌,还要在继续发展中不断培育壮大。致力于绿色蔬菜、名优经果、生态渔业、优质畜禽产品等方面的品牌建设,不断增强区域农产品在市场竞争中的优势。

二、规范农产品加工生产标准和技术规程

要统筹发展农产品初加工、精深加工和综合利用加工，推进农产品多元化开发、多层次利用、多环节增值，推动农村由卖原字号向卖制成品转变，提高产业收益。要鼓励和支持家庭农场、合作社和小微农业企业在产地对农产品进行清洗分拣、杀菌消毒、净品鲜切、分级分割、烘干储藏、预冷保鲜、初品包装和开展干制、腌制、熟制等初加工；农产品深加工、精加工和综合利用加工必须由专业的生产厂家完成，有的农产品加工从初加工开始到精深加工由一条生产线完成，特别是机械化、自动化程度高的加工企业不需要把初加工分包出去。要加强农产品加工业的行业管理。无论是初加工还是精深加工，都要加强质量管理，要重视农产品加工技术标准规程、产品质量标准的制定和修订，推进全程质量控制、清洁生产和可追溯体系建设，提高加工产品质量安全水平。重点发展农产品精深加工业。县级政府要依托本地优势特色农业主导产业，积极发展和提升特色农产品精深加工业，建设农产品深加工基地，创建农产品加工示范园和示范企业。以资产为纽带，鼓励龙头企业建立产业联盟，与农民合作社、家庭农场、种养大户和农户结成利益共同体，建立和培育县域农产品加工产业集团，推动农产品加工企业与资本市场对接。政府须加强对企业上市融资的培训指导和服务，支持企业建立产品检测检验、质量标准体系、产品销售和质量可追溯系统，提高企业信誉和知名度，把农业增值收益更多留在县域。

三、加强农产品加工产品研发及技术创新

要针对老区农产品加工业的加工技术和技术装备落后的现实问题，强化技术创新对农产品加工业高质量发展的引领作用。加强果蔬储藏与保鲜加工技术研究以及功能食品等方面技术的研究与开发，提高农产品加工装备和现代高新技术应用水平。既要加大先进技术引进力度，积极引进国外成熟技术并根据我国实际进行消化吸收再创新，又要加大自主研发力度。农产品加工企业是农产品加工业技术研发的主体，不仅要发展大宗产品加工，也应鼓励开发具有地方特色的手工艺品、农副土特产品、旅游纪念品等旅游伴手礼等小产品加工，逐步把产业做大。以突破农产品加工关键环节技术瓶颈为着力点，推进加工技术创新，组织技术攻关，支持企业牵头成立科技创新联盟，推动"产学研推用"一体化发展。

四、县域配套全产业链，尽享产业附加值

要以县域为重点，把全县产业作为整体系统建立产业链，强化上下游之间的紧密关联、有效衔接、耦合配套、紧密协作，因地制宜发展富民产业，把产业链主体留在县域、把价值链收益主要留给农民。推动农产品加工企业到产地办厂，向优势产区、重点村镇和物流节点聚集，向园区集中，建设一批农产品加工强镇、强村和加工园区，以加工带动生产、物流、研发、示范、服务等功能。在发展好种植产品加工业的同时，也要发展畜禽水产品加工业，提升加工水平。着力发展基础好、辐射带动作用大、市场竞争力强的畜禽水产品加工龙头企业，提高产业的集中度和核心竞争力，推动畜禽水产品加工业发展，拉长畜禽水产业产加销全产业链条，促进畜禽水产业健康发展。鼓励加工龙头企业与标准化规模生产基地建立长期稳定的产销合作关系，并推动标准化规模生产基地品牌创建，努力实现产品生产上水平、产品有出路、效益有保障。

五、落实生产要素保障，确保加工企业正常运营

在用地政策方面，2021年1月28日农业农村部已会同自然资源部、国家发展改革委印发了《关于保障和规范农村一二三产业融合发展用地的通知》，各地要认真落实，细化土地用途分类，对农产品精深加工、综合利用加工和仓储冷链物流设施建设用地适当增加规划空间，在县域计划指标安排上予以倾斜和重点支持。财政支持方面，要加强相关资金统筹整合力度，围绕农产品产后商品化处理、初加工、精深加工、综合利用加工等关键环节，将农产品及加工副产品收集再利用、节能环保等设施设备纳入支持范围，鼓励各地综合运用贴息、奖补等政策，按规定统筹相关资金支持精深加工企业发展。在金融服务方面，金融机构应综合考虑自身发展战略、企业状况和市场定位等因素，加大对重点精深加工企业、综合利用加工短缺产能和重要特色农产品原料收购的信贷支持力度，合理提高授信额度，满足企业对差异化金融服务的有效需求。

六、提高经营管理水平，增加产业产值收益

要支持符合条件的龙头企业采取兼并重组、股份合作、资产转让等形式，促进加工企业由小到大、加工层次由粗到精、加工业态由少到多、加工布局由散到聚，增强核心竞争能力和辐射带动能力，带动中小微企业发展，形成一批领军企业和平台型企业。要构建紧密的利益联结机制，通过大力发展农产品加工为农产

品提供更大销售空间、提供更多就业渠道,把龙头企业带动作用、合作社联结作用、农民主体作用更好地发挥出来,做到合理分工、各展其长、风险共担、利益共享,让农民更多地分享精深加工带来的增值收益,促进就地就近就业增收。

第七节　发展农业服务业

农业服务业,指的是为农业生产提供服务的产业,涉及良种、农资、农技、信息、金融、保险、流通、休闲等方面的服务。它是现代农业"三大体系"的重要组成部分,也是现代农业发展的新引擎,为提高农业生产效率和农业产业链的协调性、促进农产品供求衔接、提升农业价值提供支撑,在实施乡村振兴中具有举足轻重的地位和作用。发展农业服务业,对于促进左右江革命老区现代农业发展,推进农业供给侧结构性改革,保障农产品供给,繁荣农村经济,实现共同富裕有着十分重要的意义。

2017年8月,农业部、国家发展改革委、财政部联合印发《关于加快发展农业生产性服务业的指导意见》,提出要以服务农业和农民为根本,以推进农业供给侧结构性改革为主线,大力发展多元化多层次多类型的农业生产性服务,带动更多农户进入现代农业发展轨道,全面推进现代农业建设。

2018年5月,农业农村部办公厅还印发《关于开展农业生产性服务业专项统计的通知》,明确了种植业、畜牧业、渔业、农机作业及维修、农产品初加工和仓储保鲜、农业信息、农产品物流和营销、农业生产资料、电子商务、农产品品牌培育、应急促销、农产品质量安全检验检测、追溯服务和农业绿色生态服务等统计项目。

2021年7月,农业农村部又印发《关于加快发展农业社会化服务的指导意见》,提出:发展农业社会化服务,是实现小农户和现代农业有机衔接的基本途径和主要机制,是激发农民生产积极性、发展农业生产力的重要经营方式,已成为构建现代农业经营体系、转变农业发展方式、加快推进农业现代化的重大战略举措。因此,老区各县要高度重视发展和不断拓展农业社会化服务项目,积极培育和鼓励扶持农业社会化服务主体,结合本地实际,围绕农业服务领域开展标准化、专业化的农业生产性服务。要以生产经营需求为导向,以经营主体为服务对象,以提供产前产中产后服务为主线,加强社会化服务体系建设,建立"以公共服务机构为依托、合作经济组织为基础、龙头企业为骨干、社会力量为补充"的新型社会化服务供给体系。大力发展各类协会、推动多主体多元化服务,不断拓展服务领域,重点提升金融、信息、技术、销售、加工等服务供给能力水平。同时,积极发展老区绿色旅游、红色旅游和健康养生养老产业,持续推进巴马国际长寿养生旅游胜地和深圳巴马大健康特别试验区建设,培育旅居养老、森林康养、健康旅游等新业态,促进老区森林旅游等生态产业和生活性服务业发展。

一、发展农资供应和农产品市场信息服务

发展农资服务主体,积极开展种子、农药、兽药、化肥、饲草料等农资供应服务,方便农户购买。应农户和家庭农场等需求,为他们提供测土配方施肥、病虫害防控等化肥、农药、兽药使用方面专业化、标准化的诚信服务,帮助小农户节本增效。同时,围绕农户生产经营决策需要,健全市场信息采集、分析、发布和服务体系,以市场信息引导农户和新型农业经营主体根据市场需求调整优化种养结构、科学合理安排农业生产,并提供特色农产品收购、存储、运输、销售等信息服务。

二、发展农业绿色生产技术和农机作业及维修服务

服务主体为农业经营主体专门开展深翻、深松、绿肥及秸秆还田等田间作业服务,建设高标准农田,集成推广绿色高产高效技术模式,推进病虫害统防统治与全程绿色防控有机融合;有资质的服务组织还可以开展农产品质量安全检验检测服务;积极发展专业农机服务,推进农机服务环节从耕种收为主向专业化植保、秸秆处理、产地烘干等农业生产全过程延伸。打造区域农机安全应急救援中心和维修中心,推动专业维修网点转型升级。

三、发展农产品初加工和农业废弃物资源化利用服务

立足乡村产业发展、农民创业增收实际需要,鼓励农产品加工流通企业和服务主体发展分级、清选、储藏、烘干、包装等初加工和牧草饲料加工服务,并因地制宜发展农产品初加工机械化服务,提高商品化处理能力。同时,推动建立种植业和畜禽养殖废弃物收集、转化、利用三级服务网络。积极探索地膜生产者责任延伸制度。培育一批秸秆收储运社会化服务组织,促进秸秆资源循环利用。

四、发展农产品营销和乡村休闲旅游服务

培育农产品运营中心等服务主体,为农业经营主体专门开展农产品产销服

务,推进农超对接、农校对接、农企对接、农社对接等,利用农业展会开展多种形式的产销衔接,积极发展农产品电子商务,拓宽农产品流通渠道。百色、崇左、文山等边境市(州)还可以发展"边贸+出口加工""边贸+专业市场""边贸+跨境旅游""边贸+电商"等营销和休闲旅游服务模式。以促进农业提质增效、农民就业增收、居民休闲消费为目标,以产业提升、功能拓展、文化创意为重点,大力发展休闲观光农业、乡村旅游业,促进农村一二三产业融合发展。

积极培育新型休闲农业经营主体,依托良好的生态环境和丰富优质的农产品资源,重点发展现代农业观光、特色农产品展示、市民农事参与和休闲度假娱乐等休闲农业模式,形成以采摘体验、休闲垂钓、花卉观赏、科普教育等为主的休闲农业体系,为城乡居民提供望得见山、看得见水、记得住乡愁的高品质休闲旅游体验。以乡镇、行政村为单元,以景区化打造为标准,整合美丽乡村、自然田园景观、百佳摄影点、中国传统村落、特色文化旅游、精致农业等优势资源,打造农旅特色产业乡镇,创建A级景区村庄,培育农旅经营主体,带动劳动力就业。以农业特色小镇为重点,结合美丽乡村示范景观带建设,挖掘历史经典产业禀赋,做精"四季香果游""养生休闲游""兰花茶乡竹林游""农耕文化农事体验游""特色民宿民居游"等一批可品、可看、可游的特色乡村观光示范点、示范线、示范区。围绕乡村旅游布局,规范发展田园观光、农耕体验、文化休闲、科普教育、健康养生等业态,重点建设一批设施完备、功能多样的休闲农业重点县、中国美丽休闲乡村、休闲农业园区、乡村民宿、农耕农事体验、休闲渔家、森林人家和康养基地等。完善设施设备。加强休闲农业经营场所的游客综合服务中心、公共卫生间、停车场、垃圾污水处理、餐饮住宿的洗涤消毒设施、农事景观观光道路、休闲辅助设施、特色民宿、乡村民俗展览馆和演艺场所、信息网络等基础设施建设,撬动社会资本参与投资,推动休闲农业产业的提档升级。

五、大力发展健康养生服务业

健康养生服务业作为一种旅游新业态,不再是面对单一群体,而是全民性的旅游发展项目。目前虽然仍处于发展的初级阶段,但是很受大众青睐,康养旅游更是受到广泛关注,市场前景广阔。左右江革命老区作为全国重点红色旅游区,拥有红色历史文化、自然山水生态、少数民族风情、中越边境探秘、特色乡村旅游等众多旅游资源,而且气候条件宜居宜游,聚集了有利于健康长寿的空气、水、磁场、食材、景致、民风等六大世界级特殊养生要素,发展健康养生服务业具有独特的先天优势和后天发展潜力。

（一）做好顶层设计，统筹协调推进

左右江革命老区虽然康养旅游资源丰富，但是点多分散，各自为政，缺少区域统筹规划布局，没有形成合力。要加强区域统筹规划，既突出特色，又形成整体。例如，百色市已经出台了康养旅游总体规划，要根据《百色市全域旅游发展总体规划（2019—2030年）》（百政发〔2020〕7号），及时制定出台全市康养旅游建设和服务的相关标准；充分发挥大健康和文旅产业工程指挥部统筹协调作用，定期组织召开联席会议研究贯彻落实国家、自治区大健康产业的方针政策和工作部署；做好大健康产业规划实施，出台相应监管制度，加强对康养旅游建设基地、从业资质和从业人才的监管；探索建立左右江革命老区大健康旅游产业联盟，构建区域康养旅游品牌，形成上下一盘棋，合力推进大健康和文旅产业健康快速发展。

（二）完善基础设施，提升服务能力

目前，左右江革命老区交通路网、酒店、旅游厕所、游客服务中心等基础设施配套不到位，现有的康养度假酒店、养老机构规模偏小，服务功能简单，设施陈旧落后，医疗基础设施比较薄弱，优质医疗资源紧缺，医养结合发展缓慢，健康管理服务发展滞后。要加大交通建设，加快境内高速公路网建设步伐，增加机场进出港的班次和航线，使国内、区域内游客更为便捷抵达，高标准建设和完善各个景区的连接线路，提高旅途的舒适度；以创建健康城市为契机，新建一批五星级度假酒店、三甲医院和中高端疗养院，充分利用大数据、人工智能等提升康养旅游机构及设施的服务水平；树立先进的开发理念，按照康养旅游全域化建设标准，布局各个康养景点的建设，力求出特色、出精品。

（三）推动融合发展，打造地方特色

当前，左右江革命老区健康产业可利用资源尚未有效整合，多业态融合程度低，多以旅游产品推介为主，康养旅游特色不突出，整体发展仍处于少、小、散、弱、空的状态。要加快健康养生旅居带建设。例如，百色市可以依托凌云、乐业等北部山区和贵州黔西南州的册亨、望谟和黔南州的罗甸等南盘江红水河沿线的气候、山水、文化、民俗等优势，融入广西巴马长寿养生国际旅游区，建成养生长寿旅居带；依托靖西、德保、那坡南部山区和崇左大新、龙州、宁明及文山州富宁、麻栗坡等旅游基础、中医资源、边关风情的优势，开展面向东盟跨境健康旅游合作，建成医疗健康旅居带；依托右江河谷气候、医疗条件、生态环境、农业物产等优势，建成医养结合旅居带。拓展体育健康休闲旅游。依托山水林田湖资源，重点发展山地运动、水上运动、休闲运动等产业，加快休闲、健身、养生等多种元素有机结合,促进体育休闲化、运动养生化、健身娱乐化;要拓展中医药资源和文化融合发展,深入挖掘壮、布依、瑶、苗医等中医药资源和文化,发展中医营养饮食、调理保健、慢病预防等特色医疗和中医养生保健服务,建成以"中医治未病、慢性病管理、康复理疗、养生保健、药膳食疗"为核心的中医药养生旅游胜地,打造以中医养生保健服务为核心,融健康体检、中药材种植、中医医疗服务、中医药健康养老服务为一体的国家级中医药健康旅游示范区;要拓展多样化康养产品,深度挖掘民俗、历史文化,结合现代生活方式和市场需求,运用创意化的手段,打造利于养心的精神层面的康养产品,与休闲农业相结合,通过发展绿色种植业、生态养殖业和功能农业,开发适宜于特定人群、具有特定保健功能的生态健康营养食品,推动健康营养食品产业链的综合发展。

(四)优化营商环境,激活发展动能

康养产业投入大,资金"回笼"慢,落地推进难。要大力引进有实力的旅游企业进驻,整合旅游资源,延伸健康产业链条,打造一批特色鲜明、优势明显的健康旅游示范基地、医药养生度假酒店和康养旅游产业综合体,带动本地养老、养生和旅游等服务业的发展;加快中医药健康餐饮开发,培育一批中医药药膳餐饮连锁企业,打造特色民族"药膳之都",如靖西市、隆林各族自治县、大新县、龙州县、巴马瑶族自治县、宜州区、富宁县、砚山县、兴义市、安龙县、都匀市、罗甸县、黎平县等;利用左右江革命老区政策优势,创新机制,对接城乡群众需求,充分调动社会资源,采取政府和社会资本合作、公建民营等方式,引导更多社会资本参与大健康产业发展;结合乡村振兴战略的实施及田园综合体等项目建设,多渠道引进资金,积极推进康养旅游产业。

(五)增强市场意识,提升品牌形象

建立政府支持、部门协同、企业联手、媒体跟进、游客参与的"五位一体"营销机制,构建支撑旅游全域化的营销共同体;加强与携程旅行网、高铁无轨站等线上线下旅游平台的合作,充分利用抖音、微信等新媒体,加大康养旅游信息发布、推送力度;积极融入巴马长寿养生国际旅游区、中越边关风情旅游带旅游区域营销联盟,并积极与周边省份开展旅游合作,实现旅游优势互补、联动发展,全方位、多渠道拓展客源市场;加强旅游城市形象宣传推广,在央视等主流媒体投放旅游宣传片,在高铁站、机场、高速公路节点投放系列旅游宣传海报,提升红色城市知名度和美誉度。

六、发展数字农业服务

信息是生产力，是重要的生产要素，是产销活动的指挥棒。为此，要顺应信息化发展趋势，以信息化、数字化农业为主导，深入实施农业信息进村入户工程，大力实施智慧农业示范项目，促进数字农业加快发展。

（一）加大对数字农业的投入

进一步加大投入力度，完善数字农业专用设施和研发基地建设，围绕战略性前沿性技术布局、技术集成应用与示范、农业人工智能应用，建设一批具有代表性、示范性的数字农业中心，建立现代农业产业技术体系数字农业科技创新团队，推动数字技术和农业产业深度融合。通过引进项目、资金和人才，完善信息化标准体系，建立规范的信息系统，形成数据采集、数据交换和数据共享机制，用信息化带动市场化，推进产业化，进而在高起点上实现农业现代化。

（二）培育数字农业新业态

着力推动发展云农场等网络经营模式，根据区域实际需要，实现线上资源整合，促进生产要素聚合。在农渔牧等领域建设数字农业示范应用场景，创新发展5G+智慧农业、5G+旅游等新业态。

（三）推进农业生产智能化

加快大数据、物联网、人工智能等技术在农业生产过程中的广泛应用，加快构建现代农业发展新模式。依托现有国家农业科技园区，围绕标准化果蔬、茶叶、蚕桑、中药材种植，标准化生猪、牛、羊、家鸡及水产养殖，发展果脯、茶叶、茶油、蚕丝、中药材、香料、饮料、畜禽等特色农产品精深加工，推进智能化、自动化成套装备技术的集成应用，积极推动生产和服务主体对农业机械设备和生产设施的智能化改造，推进节水灌溉、农机精耕细作、测土配方施肥、物理防治病虫害、饲料精准投放等智能化作业。

（四）加快农业产业融合化

针对农业信息服务、文化创意农业、养殖及废弃物循环综合利用以及"农业+工业""农业+旅游""农业+物流""农业+互联网"等进行产业融合。例如，结合历年固定开展的特产行销全国——老区特色农产品推介会，开展特色优势产业智能技术应用试点，推进一批农业数字化产业融合基地建设。

（五）提升农业信息化服务管理能力

依托农业农村大数据平台，建设并完善农业信息服务平台，开展"三农"数据挖掘分析，打造农林水资源分布"一张图"，强化数据基础支撑，提升农情评估、灾害预警、价格监控、产量预测、土地承包经营权确权、流转、交易等智能化管理水平。

第八节 激活农业生产要素

老区乡村资源丰富但产业发展不旺，原因就是生产要素投入匮乏。因此，振兴老区乡村产业，关键在于加大对老区生产要素的投入，激活各种生产要素参与农业农村现代化建设。

一、汇集乡村产业发展新农人

乡村振兴的主体是农民，产业振兴的关键因素在于人才和人力，无论是发展特色农业、绿色农业、功能农业、品质农业，还是建设产业化、现代化农业，都需要有懂农业、爱农村、爱农民的"三农"工作人才，更需要有爱农业、懂技术、会经营的新农人。新型职业农民作为农业与经济现代化发展接轨的产物，科技素质既是其核心素质，也是引领现代化农业发展和推进乡村振兴的关键。老区各县乡政府既要做好城镇人才引进工作，又要加强对乡土人才的培养。

（一）持续实施"农科人才助推乡村产业振兴计划"

在坚持每年派出"三农"干部、"三支一扶"人员的基础上，要多派遣乡村产业发展需要的人才，重点派遣农业院校、科研院所、农业企业等具备农业科学经营、农村二三产业发展、农科技术应用等相关知识的人才，让他们到乡村大地上做实验、写论文，指导县乡政府建设产业示范园，带领农民发展产业，锻炼才干。同时，注意发现、重用、留住人才，带动乡村发展。

（二）深入实施"乡土人才培养计划"

县乡政府要有计划地吸收返乡农民工、复退军人、大中专毕业生到属地农业产业园区务工，根据产业发展需要，选送他们到相关院校深造或学习外地先进经验，学成回来后安排在产业园区担任管理和技术指导工作或回乡自主发展。逐步扩大乡村产业发展规模，吸引本地外出务工人员逐步回流乡村发展，推动乡村产业振兴。

（三）多样化培训提高职业农民技能

除了应人、应地、应时、应季组织开展参观学习、跟班学习、蹲点学习、驻点实习、实操指导、解决生产中遇到的问题外，充分发挥互联网作用，运用新型职业农民在线教育培训和交流平台，发展"互联网+科技培育""互联网+服务"等网络在线学习、在线技术咨询等学习模式，建立微信公众号、QQ群等方式，方便学员与教员、学员与学员之间的相互交流、信息沟通，不断提高职业农民的知识技能。

(四)鼓励社会人才投身乡村产业发展

以乡情乡愁为纽带，引导党政干部、企业家、专家学者、农技人才、医生教师、规划师、律师、建筑师等人才，下乡担任志愿者，通过投资兴业、行医办学、捐资助学、法律服务、建设规划、专业指导等方式服务乡村振兴事业，鼓励退休人员、乡贤人士回乡创业。特别是要落实和完善乡村产业投融资、配套设施建设补助等扶持政策，鼓励和引导工商资本、民间资本、社会资本投入乡村产业发展。

此外，老区乡村多数布局在大石山区，产业发展短期内还难成规模，外出务工将是老区乡村长期存在的特殊产业。因此，要加强对农民外出务工的管理，每年派出的乡村工作队，应统筹安排一部分同志到本辖区外出务工人员相对集中的地方设立工作站，帮助他们解决找工、务工、维权、子女就学等实际困难和问题，让他们务工安心暖心，教育他们在务工中学习和提高本领，当家乡产业发展或其他地方需要人力时，能够及时召回和调剂人员。

二、拓展农村金融保险服务

金融是产业发展的血液。对农业资源的有效配置与合理利用离不开灵活有效的金融支持。老区各级政府要充分调动金融资源来支持现代农业建设。

(一)拓展农村金融市场

遵循金融法律法规，开拓金融市场，鼓励民营及非公有资本进入金融行业，支持社会资金参与农业产业化的发展，支持大型农业企业开拓债券融资渠道，鼓励符合条件的农业企业发行短期融资券、中期票据、定向债务融资工具等，拓宽市场化的融资渠道。例如，百色市强力推进百色国际金融科技城建设，积极推介和吸引国内外金融机构聚集百色，共建百色重点开发开放试验区，服务产业发展，推进金融科技赋能乡村振兴，进一步扩大"三农"金融服务覆盖面。

(二)拓宽支农金融服务

政府要引导金融机构扶持服务乡村产业发展，特别是农业银行、农商行、农村信用社、农村合作银行、村镇银行等中小金融机构，要围绕金融服务乡村振兴融资的难点堵点盲点，创新金融产品和服务，增强对乡村产业发展的信贷支持，为农业生产提供更加便捷的金融服务。加快推进农村信用体系建设和升级推广应用，完善政府性融资担保体系，各级农业农村部门要及时汇集上报并定期更新发布上级及本级认定的发展前景好、信贷需求强、信用记录好的农民合作社示范社、示范家庭农场、规模养殖场和农业产业化龙头企业、农业社会化服务组织等新型农业经营主体名单，提供给银行和政府性融资担保机构，为金融机构依法合规支持新型农业经营主体提供便利。推动融资担保机构、银行机构加强业务合作，及时提供"总对总""省惠贷"批量业务担保，服务好小微企业和"三农"，扩大融资担保业务覆盖面。

（三）发展优势产业融资模式

首先，由县级政府出资成立国企农业投资公司，通过村委会和村民小组与部分农户合作，流转土地生产经营某种"三品一标"特色优势农产品，吸收有实力的社会资本参与产业园区建设和运营，建立科学合理的股份合作分配机制，获利后逐步吸引其他农户参与进来，壮大产业规模。其次，吸引有名气的农业企业加入进来，扩大投资规模，把产业做得更大。最后，该产业稳定发展后，县级农投国企则退出部分股份去发展其他产业，以此类推。

（四）升级推广"田东模式"农村金融改革

实践证明，"田东模式"是全国金融改革的成功范例。为此，2021年4月，广西壮族自治区政府印发了《农村金融改革"田东模式"六大体系升级建设方案（2021—2023年）》，并将其纳入设区市党政领导班子和领导干部推进乡村振兴实绩考核。老区各县（市、区）应结合自身实际推广落实，为农业经营主体提供便捷的金融支持。

（五）推广重要农产品农业保险

现代农业产业发展需要农业保险的保驾护航。老区各级政府要出台政策，提高财政对当地重要农产品农业保险的保费补贴比例，鼓励商业性保险机构发展农业保险业务，丰富农业保险种类，科学合理测算保险费率和保额，激发农业经营主体参加农业保险的积极性，增强抵御风险能力。此外，金融部门要在完善社会信用体系基础上，将大数据、人工智能、物联网等技术逐步运用到"三农"金融服务之中，高效准确地获取服务对象的相关信息，提高"三农"信贷审批及还款效率，降低服务成本。

三、完善土地"三权"分置制度

做好集体土地承包续包管理工作，切实维护农村家庭联产承包制度的长期稳定，激发农村土地等资源要素活力，为乡村振兴注入新动能。

(一)稳定土地承包经营基本制度

做好集体土地承包和续包管理工作，按国家政策做好第二轮承包到期后再延长30年的工作要求，建立城乡统一的建设用地市场，按照国家政策深入推进农村集体土地"三权"分置改革，完善农村土地承包经营权确权登记制度，推广土地"预流转"等模式，规范完善土地流转备案制度，推动农村承包土地经营权有序流转和入市交易，维护农村家庭联产承包制度的长期稳定，让农业投资经营者放心规划生产经营。

(二)强化"三权"分置功能

稳定和保护农民土地承包权，放活土地经营权，强化集体土地产权管理权能，加强村民委员会和村民小组对农村集体土地承包经营的监督管理，农户不能随意休耕和撂荒承包的土地，自家不经营的要委托其他农户经营或流转给集体经营，激活土地要素效能。

(三)科学安排土地轮作休耕

加强土地集约利用，有计划地安排土地轮作休耕，对获得"三品"认证的土地安排种植粮食和高端农产品；对尚未获得"三品"认证的土地先安排种植牧草和果桑，发展畜牧业和果桑产业等；对严重酸化板结的土地即安排休耕。

(四)搞好农村土地整理

按照协商自愿原则鼓励农户承包土地，把小块地并为大块地，逐步形成适度规模经营；对贫瘠和新开垦的土地实行平整，先种草种果后种粮，改善耕地土壤条件，提高耕地地力。

(五)推进土地规模经营

通过培育新型经营主体、采取托管流转、发展土地规模经营，既能解决广大农村地区由于大量青壮年劳动力外出务工而无人种地的问题，又可推进农业升级发展。要赋予村民委员会和村民小组对集体土地承包经营、使用、交易的监督管理权，对村民承包土地不经营的有权转给其他农户或集体经济组织经营，对村民违反国家政策使用土地的做法要及时予以纠正，优化土地要素的配置。鼓励村集体和农户盘活利用集体闲置的房地资源发展乡村产业，通过城乡建设用地增减挂钩、全域土地综合整治、宅基地整理等方式腾退出来的农村建设用地，应集中由村集体使用，农村集体经济组织可以采取入股、联营等方式，与其他单位和个人共办农业企业，发展乡村产业项目。

四、强化农业科技创新驱动

科技是第一生产力,改革创新是高质量发展的根本动力。

(一)推动农业科技创新

加强农业科研院所科研基础设施建设,增强科研服务能力,提高科研人员待遇,着力解决人才留不住问题,促进科技创新发展。例如,百色市深化广西百色国家农业科技园区体制机制改革,整合优化百色市农业科学研究所、广西百色市现代农业技术研究推广中心、百色芒果研究院、百色市玉米研究所等市级农业科研机构,组建综合性农业科研机构"百色农业科学院"。深化产教融合、校企合作,推进广西芒果生物学与深加工重点实验室、重要农产品品种试验基地、良种培育中心等农业科技创新平台建设。目前已建成中国—东盟现代农业科技展示园、优质芒果产业化示范园、反季节无公害蔬菜示范园、优质高产香蕉产业化示范园、优质高产高糖甘蔗示范园、优质种子种苗繁育示范园、特色畜禽水产养殖示范园,农村信息服务体系及科技培训基地、农产品加工产业化基地等"七园两基地",还为国内外高层次专家、学者和留学人员来百色开展亚热带特色农业高新技术和石漠化综合治理技术的研究开发、技术成果的就地转化和示范推广,以及高科技型企业的创办提供全程孵化服务,不断提高农业科技服务能力。各有关省级农业科技园区要深化改革,调整发展规划,加快建设,加强研究,着力增强农业科技创新能力,更好地发挥园区推进农业供给侧结构性改革、现代农业示范样板和农业产业发展示范带动作用,推动老区现代特色农业、亚热带特色农业、现代山地特色高效农业的发展。

(二)完善科技创新体制机制

积极探索服务机制,推进农业研发和创新,以农业科技、农业物资供给、农业信息、农业生产经营等为服务内容,重点研究开发具有自主知识产权的创新品种,完善新农区试验、展示和流通体系品种,大力推进农业优质种子项目建设。加强与新型农业服务主体特别是科研教学部门联动,在材料的引进应用、关键技术、信息技术、精准农业技术、技术创新、技术服务产品等方面加强合作,建立农业技术创新和推广战略联盟,完善具有地方特色的农业科技园区体系,推动良种"育繁推"一体化、高效种植模式推广、农牧结合、生态循环等农业科技创新服务快速发展。例如,黔西南州"十三五"期间加大科研经费投入,截至2020年底,全州社会研究与试验发展(R&D)经费支出12.39亿元,是2015年的15倍。全州建有1个国家级农业科技示范园区,28个省级农业科技示范园区,对促进农业高质量发展的创新驱动作用十分明显，2020年科技创新发展成效居贵州全省第二位。

（三）提升现代农业装备水平

加快推进农业机械化、大数据、物联网、人工智能等技术在农业生产中的广泛应用，加快现代农业发展进程。围绕区域果蔬、茶叶、蚕桑、中药材种植和生猪、牛羊、家鸡、渔业养殖以及果脯、茶叶、茶油、缫丝、中药材、香料、饮料、畜禽等特色农产品精深加工业的发展，积极推进智能化、自动化成套装备技术的集成应用，推动农业机械设备和生产设施智能化改造，实现节水灌溉、测土配方施肥、农机定位耕种、饲料精准投放、疾病自动诊断等智能化作业。提升规模化养殖场喂料、饮水、清粪、控温控湿机械化和自动化水平。扩大水果蔬菜桑蚕等种植业水肥灌溉一体化推广应用，配套完善规模种植园"三避"（避寒、避雨、避晒）、采收、仓储冷链等设施。

（四）加快耕地宜机化改造和农机化发展

加快推进普通耕地的宜机化改造，持续落实农机购置补贴、作业补贴、贷款贴息等政策，鼓励农户购置耕、种、管、收、储、加工等各类机械，提升农业机械化水平。例如，崇左市大力发展农机社会化服务组织，加强农机技术人员队伍建设，推动水稻、糖料蔗、畜禽、水产等种养全程机械化信息化。

五、发展农业股份合作经营

发展农村股份合作制是提高农业生产组织化程度、发展农村多种规模经营的生产组织方式，是农村经营制度的一大创新，也是激活农业生产要素的重要途径，政府要加大扶持力度并做好引导指导工作。

（一）加强组织引导

在完成农村集体产权制度改革、农村土地承包经营确权和再延长承包30年相关工作基础上，组织农民群众建立农村土地合作社、生产合作社、农机合作社、加工合作社、供销服务合作社等，积极引导农民走向股份合作发展道路。要成立县乡专门议事协调机构，有序推动农村股份合作制健康发展。继续实施农业产业化龙头企业成长计划，建立农业龙头企业梯次发展培育及带动农户发展生产机制。加强对工商企业参与农业经营和农地用途监管，健全资格审查、项目审批、风险保证金制度，维护农户权益。鼓励新型经营主体与小农户建立新型、科学、合理的利益联结机制，积极推进农业产业化联合体建设，发展多样化的联合与合作，带动小农户共同生产，提升农业生产组织化程度，实现利益共享。鼓励小农户通过土地、林权、房屋等多种方式开展股权分红,通过"保底收益+按股分红"等模式,分享生产、加工与销售各环节收益。选择有实力的农业企业作为龙头企业组建农业产业化联合体,形成"龙头企业+合作社+家庭农场+小农户"经营模式,带动合作社、家庭农场和农户共同发展。优化区域产业布局,合理分工,家庭农场和小农户主要负责种养生产,合作社主要负责农业社会化服务,龙头企业主要负责研发、加工和市场开拓,实行一体化经营、专业化生产、企业化管理,促进产供销、农工贸、经科教紧密结合,分工合作,形成相对稳定的经营体制,长久合作经营,推动老区现代农业不断发展壮大。

(二)加强政策性指导

主管部门要具体指导村组股份合作社内部规章制度建设,推动建立合理的决策机制、管理机制、监督机制等;建立和完善合作社等新型经营主体支持政策体系和信用评价体系,落实财政、税收、土地、信贷、保险等支持政策,鼓励村级集体经济组织以土地所有权和农户土地承包权入股"土地合作社","土地合作社"再与农业产业化龙头企业等经营主体合作建立农业产业化联合体,发展农村股份经济,推动股份合作制与村级集体经济发展、村级集体资产产权制度改革有机结合,有效盘活农村资源,拓宽村级集体经济组织和农户增收途径;积极引导涉农项目单位与土地合作社有效对接,承担农业综合开发、高标准农田建设、土地综合整治、农田水利基础设施建设等建设项目,推进农村土地集中连片整合开发。

(三)加强对农业股份合作社的支持

要坚持市场导向,支持农业股份制企业、农民合作社等新型农业经营主体发展农业生产、农产品加工和农业社会化服务,发挥财政补贴资金的支持和引导作用,加快建立覆盖全程、综合配套、便捷高效的农业社会化服务体系;科学利用财政补贴资金,引导、撬动更多资源,加快形成多元投入的社会化服务格局;对于"具有一定的社会化服务经验、拥有专业农业机械和设备以及其他能力、所提供的服务价廉质优、能够接受有关管理部门监管"的社会化服务组织予以重点支持,促进其服务能力的不断提高,发挥其在社会化服务合作社发展中的示范作用。

(四)建立科学合理的利益联结机制

引导农业产业化联合体建立科学合理的利益联结机制,让农民合理分享全产业链增值收益。推广"公司+合作社(基地)+农户"产业化经营模式,扶持龙头企业做强做大,提升带动能力。推动种养农户向种养专业户、规模大户、家庭农场升级,提升联结能力。支持龙头企业与农户开展股份合作、二次分红,构建农户与龙头企业更为紧密的利益联结机制,将加工销售环节增值收益更多地留给农民。加强引导和培育,发展壮大和规范种、养、加、销等各类农民专业合作社、合作社联社,大力培植各级各类示范合作社,充分发挥合作社在良种培育、农资采购、技术服务、产品销售等领域的优势作用,带动农户与市场的有效对接,促进各经营主体的长久合作、稳定增收。

第九节　加强对农业发展的政策扶持

农业既是弱势产业,又是基础产业。借鉴国际经验和国内成功实践,在市场经济条件下,政府应为农业发展提供扶持并创造宽松的发展环境,坚持弱势领域强力支持,重要产品重点支持的原则,从发展战略到政策举措,形成一系列强化农业发展的行为导向,同时,要充分发挥农民的主体作用,减少对农民生产过程的直接干预。要从左右江革命老区的区情农情出发,深化农业供给侧结构性改革,促进农业产业化、标准化发展,有力推进乡村振兴,各级党委政府应认真贯彻城乡融合发展、农业农村优先发展的政策原则,灵活运用国家相关产业发展政策,在贯彻运用中遇到的问题要及时研究制定适合本地实际的具体政策并加以落实。

一、规范老区农业发展扶持和投入机制

当前,农业农村特别是老区的农业农村仍然是弱势领域,农业发展是经济发展的最大的弱项,发展农业农村经济,需要建立稳定的财政投入机制。同时,更需要引入社会资本和更多的金融信贷资金投入发展。各级政府要坚持市场导向,尊重市场规律,充分发挥市场配置资源的决定性作用,加强引导,切实落实农业农村优先发展政策,制定激励政策,推动各类资源要素有效流向农业农村现代化建设。

(一)完善农业发展投入扶持机制

要整合各涉农部门支农资金、社会帮扶资金,聚焦老区农业发展薄弱环节,建立以农业产业发展为核心的支农模式,将资金重点向绿色农业、功能农业、设施农业等农业产业基础设施建设倾斜,切实解决农业发展的瓶颈问题。建立农业产业资金供给的专项扶持基金,多方筹措,支持绿色农业发展和农业产业技术创新,如对于将土地流转发展有机农业的农户给予三年转换期的粮食或资金

补贴、对于发展功能农业和开发新产品的农业经营主体给予专项补贴等，加快推进绿色农业和功能农业的发展；改善农业产业融资环境，促进农业产业组织体系发展。同时，要根据各地区农业产业发展差异，建立差异化区域调控机制，科学、精准配置扶持资金，把关键资金用在关键地方，发挥资金的"活水"作用。要引导社会资本投入农业产业化发展，重点是要鼓励农业企业集团到重要农产品生产优势区，建立优质原料生产基地，布局加工产能，促进农业转型升级；财政支农资金重点支持以合作社为纽带的产业联合体发展生产和基础设施建设，鼓励民间资本投入农业产业发展，规范有序推进财政资金和社会资本合作的投入模式，引导社会资本参与农业农村基础设施建设；要因地制宜探索区域整体开发模式，实现社会资本与农户互惠共赢。

(二) 建立农业规范发展扶持机制

目前，左右江革命老区农业产业同质化明显，但是农产品供给水平参差不齐，缺乏行业服务标准和监管依据，没有形成区域协同发展合力，需要建立健全区域农业产业标准体系指导生产。一方面，政府要针对老区农业发展特点，按照国家农业法、国家标准化法、国家产品质量法等国家法律、标准和机构标准要求，制定整个老区农业生产及质量安全标准和技术规范，营造标准化生产的社会氛围；另一方面，老区各地政府部门要积极沟通，加强协作，协同推进，加强监管，推进老区农业标准化生产的发展。

(三) 建立产业治理扶持机制

农业主管部门加强指导，建立农产品生产技术专业协会、农业技术开发中心、农业技术咨询服务中心等行业协会，通过专业性的行业协会、中介机构搭建行业治理框架体系，建立起行之有效的行业治理机制，推动农业标准化生产健康发展。加强引导行业协会自律发展，建立行业协会服务质量和绩效评价机制，定期进行评价。

(四) 强化农业发展规划实施考核考评机制

各级政府出台了"十四五"系列农业产业发展规划，但在实际工作中，规划执行刚性不强，有些地方往往执行不到位。为此，要加强农业发展规划实施考核监督和激励约束，将规划实施成效纳入各级党委、政府及有关部门年度绩效考评及推进乡村振兴战略实绩考核内容，考评考核结果作为有关领导干部年度考核、选拔任用的重要依据。要健全规划实施督促检查机制，委托第三方机构对规划实施情况进行中期评估和总结评估，发现问题及时做出调整，确保规划实施的质量和效果。要建立科学的监测评价指标体系，分级评价各县（市、区）推进农业现代化进程实效，为农业产业发展保驾护航。

二、加强对老区粮食和重要农产品生产扶持

老区大多属于山区，农业生产条件比其他地方差、生产成本高、收益少，应该给予重点扶持。虽然老区不是国家粮食主产区，对于国家粮食安全不会造成多大的影响，但必须完成上级安排的粮食种植面积指导性指标，确保自足有余的底线。一是绿色种粮补贴。对实际种植优质水稻、旱稻、食味稻、玉米、小麦、大豆、土豆的农户给予常态补贴，对产粮大县给予奖励，调动农民种粮和产粮大县生产积极性。二是重要绿色农产品生产补贴。对优质生猪、牛羊、家禽、水产品、蔬菜、油料等重要绿色农产品生产，农作物秸秆综合利用，地膜科学使用回收，畜禽粪污资源化利用，病死畜禽无害化处理，有机肥生产与使用，"三品一标"农产品申报与保护给予补贴，推动农业绿色发展。三是农机购置与应用补贴。推动农业机械化发展，提高农业生产效率、降低生产成本。四是耕地保护与质量提升支持。实施高标准农田建设、耕地质量保护与提升、耕地轮作休耕等补贴。五是畜牧业健康发展支持。对奶牛养殖、粮改饲、肉牛肉羊增量提质、生猪牛羊调出大县等进行奖励。

三、扶持种业培育、农业全产业链提升和农业防灾减灾

对种植业种质资源保护、畜禽遗传资源品种保护、畜牧良种推广、蜜蜂良种繁育和蜜蜂遗传资源保护利用、品种改良、种子库建设等给予补助，对制种大县给予奖励。对设施农业建设、农业产业园区（基地）基础设施建设、农产品产地冷藏保鲜设施建设、动物疫病防控、农业信贷担保服务、农业保险保费、农业生产救灾给予适当补助。

四、落实国家农业发展各项政策

各级政府要准确把握国家支农政策的核心要义，精准落地实施，创造性落实好中央、省（区）关于左右江革命老区农业供给侧结构性改革的支持政策，全面加大资金、项目、政策倾斜力度，推动改革工作重心、政策支持重心、项目布局重心向老区农业倾斜。

（一）用地政策

在用地政策上，认真落实中央提出的"到'十四五'期末，以省（自治区、直辖市）为单位核算，土地出让收益用于农业农村比例达到50%以上"，为乡村产业

振兴拓宽资金来源,用来推进永久农田、高标准农田、绿色农业、功能农业、品质农业和设施农业等建设。同时,要充分利用当地闲置废弃地,落实开发主体建设农业仓储、农机库棚、烘干、生产辅助和配套设施等用地,满足农业发展用地需求。

(二)金融政策

在金融政策上,《乡村振兴促进法》第八章扶持措施和第六十五条中明确规定"农村商业银行、农村合作银行、农村信用社等农村中小金融机构应当主要为本地农业农村农民服务,当年新增可贷资金主要用于当地农业农村发展"。各地涉农金融机构要严格落实好促进法有关要求,积极引导资金流入农业农村。各金融机构要按中央扶持农业政策要求,服务好"三农"实体经济,着力解决各类服务组织融资难、融资贵问题,积极支持开展服务主体拥有的厂房、农田水利设施、生产大棚、大型农机具产权抵押和生产订单、农业保险抵押融资。同时,各级政府要加强与各大金融机构开展战略合作,建立信息沟通机制,总结推广好的典型模式,特别是在乡村建设、农业产业链打造等方面精准对接、加大投入,促进农业产业健康持续发展。例如,未来三年广西将扩大农业农村有效投资,涉农金融机构新增可贷资金优先支持农业产业,对左右江革命老区核心区百色市"三农"资金投入将突破1000亿元,主要支持百色推进农田水利和标准农田建设、现代种业提升、农村供水保障、农村人居环境整治、农村教育、农耕文化和精神文明建设等。

(三)财税政策

在财政税收政策上,落实国务院"十四五"农业农村发展规划,重点围绕乡村道路建设与维修、标准农田建设、设施农业发展等方面加大投入力度,强化现代农业设施装备支撑。围绕实施"十四五"农业农村发展规划,聚焦高标准农田、设施农业、农产品仓储保鲜冷链物流设施、乡村建设等领域,按照"总量持续增加、比例稳步提高"的要求,持续加大财政扶持力度,推进老区农业产业发展。扩大地方政府一般债券和专项债券用于支持现代农业设施建设和乡村建设的规模。推进实施扩大农业农村有效投资行动计划。加强财政与金融协同支农,发挥资金引导作用,积极争取社会资金多元化投资农业领域,加快形成财政优先保障、金融重点倾斜、社会资本积极参与的多元化投入新格局。推动合格投资者按市场化方式参与发起设立各类科创、产业基金,引导基金积极参与,采取市场化方式设立乡村振兴基金,撬动金融资本和社会资本参与老区农业产业发展。

(四)农业基础设施建设政策

在农业基础设施建设投入方面,积极争取政策扶持,加大对老区乡村公路、土地整理、永久农田、高标准农田、农田水利、产业园区、设施农业建设的投入力度,着力加强以乡村道路、产业路、旅游路、资源路、仓储物流、农机场库棚、"互联网+农业"、数字农业等为重点的现代农业基础设施建设,提档升级。

(1)农村交通建设

加强"四好农村路"建设,实现所有乡镇通达三级以上公路,落实公路养护管理主体责任,加快自然屯(组)道路、自然屯内主干道建设和农村乡、村、屯三级乡村公路的维护维修,确保农村道路客运畅通,以此推动乡村客运网、邮快网、物流网、旅游网、商业网"五网融合",提升城乡交通运输服务水平。

(2)农业产业园区建设

各县(市、区)要加强农业科技园区、农业现代化示范区、现代农业产业园、优势特色产业园、田园综合体等现代农业园区建设,按照"一县一业,一村一品"的产业布局,建立粮食和种植养殖生产功能区,形成粮食、蔬菜、辣椒、水果、糖料、茶油、茶叶、林木、中药材、畜禽、水产、休闲农业等各具特色的重要农产品生产和加工园区、示范标准专业园(场)、产业带、农产品产地市场及其配套基础设施,夯实农业产业发展基础。如广西优化提升建设11个骨干产地市场、14个区域性产地市场、300个田头市场,为农产品销售提供良好条件。

(3)数字乡村建设

加快农业领域的移动互联网、物联网、云计算、大数据等现代信息技术基础设施建设,加快老区乡村基础设施数字化转型,推动4G网络自然屯全覆盖,5G网络乡镇和有条件的行政村全覆盖;深入推进"互联网+农业",加大数字农业应用软件开发和数据平台建设,创新农村流通服务体系,促进"互联网+"农产品出村进城便利化。

五、争取国家扶持老区农业发展新政策

近年来,国家和地方政府都加大对左右江革命老区发展支持力度,出台《国务院关于支持沿边重点地区开发开放若干政策措施的意见》,批复《滇桂黔石漠化片区区域发展与扶贫攻坚规划》《左右江革命老区振兴规划》,批复设立广西百色重点开发开放试验区并出台建设实施方案。桂滇黔各省(区)也相继出台系列政策措施,为左右江革命老区加快发展、长远发展、乡村振兴注入强大动能,极大推动左右江革命老区发展。左右江革命老区各市(州)和县(市、区)

要抢抓政策机遇，看准政策走向，科学谋划，切实把政策机遇转化为现实的项目优势，特别是要结合"十四五"和未来发展规划，紧盯国家和省级政府重点支持的领域，进行再谋划、再论证，提高项目成熟度，争取更多的项目特别是农业发展项目纳入国家和省级规划的"大盘子"。在耕地地力保护补贴、优势特色产业集群、国家现代农业产业园、农业产业强镇、玉米大豆生产补贴和稻谷生产补贴等农业生产发展与流通领域，在农业绿色生产与农业资源保护利用、新型经营主体培育、农业防灾减灾、乡村建设等领域，逐年加大投入，惠农力度不断增强，做好跟踪，争取更多的利好政策落地见效。例如，崇左市凭祥重点开发开放试验区于2016年8月2日获得国务院批复，凭祥试验区主动融入国家和广西对外开放合作战略，主动作为、大胆探索、先行先试，在推动互联互通建设、产业转型升级、对外贸易发展等方面均取得了明显成效，走出了一条独具特色的沿边开放合作新路子。又如贵州安龙县，作为黔西南国家农业科技园区核心区，充分利用国家和本省农业发展政策，大力发展食用菌、蔬菜、园林水果、中药材和畜牧业等现代高山特色农业，农业增加值由2015年的24.67亿元，增加到2020年的37.97亿元，年均增长9%；农村居民人均可支配收入从2015年的6731元提高到2020年的10839元，年均增长10%；地区生产总值由2015年的88.19亿元，增加到2020年的147.04亿元，年均增长10.76%。黔南州与对口帮扶的广州市经过多方协商和争取，在都匀市设立了粤港澳大湾区"菜篮子"产品配送分中心，都匀市充分利用这一机遇，不仅有效地推动"黔货出山"，带动当地和周边蔬菜产业发展，还引来了多方投资促进产业融合，又得到大湾区各方面的大力支持，拉动当地经济社会发展，2021年全市农林牧渔业总产值41.03亿元，比上年增长8.9%，农民人均可支配收入达15972元，比上年增长10.4%，比2019年增加2625元，成效显著。

第十节　建设农业强区，加快乡村产业振兴

加快建设农业强国、全面推进乡村振兴，是党中央着眼于加快农业农村现代化建设，全面建成社会主义现代化强国作出的战略部署，老区要深刻领会中央这一部署的核心要义，统一思想，加快建设，久久为功，实现目标。

一、建设农业强区的重大意义

左右江革命老区各市（州）从2015年以来第一产业占GDP比重都在16%以上，有些市一直保持在20%左右，年均增长率比二、三产业高，是一个典型的农

业大区。但在国家发展大局中还不是农业强区，农业农村发展仍然是经济社会发展中的短腿短板。因此，建设农业强区，加快乡村产业振兴，引领乡村全面振兴，加快补齐现代化建设短板，对建设社会主义现代化强国具有十分重要的意义。

（一）加快推进农业现代化的现实需要

习近平总书记指出："建设农业强国，基本要求是实现农业现代化。"推进新型工业化、城镇化、信息化和农业现代化，建设社会主义现代化强国，重点难点在于推进农业农村现代化。而农业农村现代化重点是农业现代化。建设农业强国，就是要加快产业振兴，尽快实现农业现代化，增强农业发展能力和实力，提高粮食和重要农产品供给保障能力和市场竞争力。

（二）全面推进乡村振兴的引领作用

党的二十大报告提出："加快建设农业强国，扎实推动乡村产业、人才、文化、生态、组织振兴。"建设农业强国，目的是实现农业农村现代化，其中的农业现代化即产业兴旺或产业振兴是重点，起引领作用，而实现产业振兴也需要人才、文化、生态、组织振兴来支撑，促进乡村全面发展。所以，要以农业现代化为中心，农业现代化和农村现代化相互支撑，处理好五个振兴之间的关系，相互促进，协同发展。

（三）维护国家稳定发展的必然要求

我国是农业大国，14亿多人口中有将近6亿农民。14亿多人口的吃饭问题是个大问题，6亿农民的就业和生活问题也是个大问题。这两个大问题如果解决得不好，国家必将难以稳定发展，这个历史经验教训必须牢牢记住。国家还要拿出部分粮食加工成为各种食品满足城乡人民的需求，还要生产和留足畜禽养殖需要的饲料，还要履行国际义务。近年来，国际局势多变，在这种背景下，农业对保持国家稳定和居民基本生活的重要性日益凸显，必须绷紧粮食安全这根弦，要逐步减少对国际市场的依赖，这是战略问题，各省份必须尽到自己的责任，老区也是如此。

（四）推进城乡共同富裕的重要举措

中华人民共和国成立后，面对一穷二白、满目疮痍的国家，要通过推进工业化，尽快让国家富强起来，改变贫穷落后的状况，只能依靠"三农"来支撑，通过实行工农剪刀差等重大政策来支持国家工业化建设，才有如今如此完整的工业化体系和国家富裕的基础。而长期存在的城乡差别问题虽然从改革开放以来一直在努力缩小，但这项工作不可能一蹴而就，新时代必须继续加大力气把它逐步消除，让城乡人民真正实现共同富裕的现代化。

二、建设农业强区的基本要求

社会主义现代化建设的重点和难点在农业、农村、农民。加快实现农业农村现代化,必须加快建设农业强国和全面推进乡村振兴。

(一)农业强国和乡村振兴的关系

建设农业强国和实施乡村振兴战略,都是为了加快实现农业农村现代化。因此,首先要弄清楚它们之间的关系。

1. 目标相同

建设农业强国和全面推进乡村振兴的目标都是实现国家现代化中的农业农村现代化,即实现产业、生态、文化、组织、人才五个振兴。

2. 强调重点

五个振兴的重点是产业振兴,即农业农村现代化的重点是农业现代化,农业强国的基本要求是农业现代化,即产业振兴或产业兴旺,但需要农村现代化即其他四个振兴来支撑。

3. 相互包含

农业强国包含于乡村全面振兴,是乡村振兴的重点,是全面振兴的纲,只有产业振兴了才能纲举目张。

4. 一起推进

要实现乡村全面振兴,需要五个振兴协同推进,互相支撑,即农业现代化和农村现代化要一起推进,互相促进。

(二)建设农业强区的基本要求

习近平总书记指出:建设农业强国,基本要求是实现农业现代化。强国必先强农,农强方能国强。没有农业强国就没有整个现代化强国;没有农业农村现代化,社会主义现代化就是不全面的。即要求农业产业持续稳定发展,兴旺发达,包括产业韧性、经营体系、科技装备、供给保障、竞争能力等方面都强起来,达到世界农业强国的水平。

一是产业韧性强。即产业基础好、发展稳定、产业链条长、产业产值高。

二是经营体系强。多种主体并存,合作联合有效,组织化程度高、效益好。

三是科技装备强。农科应用广、贡献大,装备质优价廉,生产效率高。

四是供给保障强。市场有需求,农场产得出,物流供得上,供给有保障。

五是竞争能力强。产品质量好,性价比高,服务满意度高,市场需求大。

同时,建设农业强国也要结合中国的实际,体现中国特色,采用的方式符合

国情农情,重点推进乡村产业兴旺,实现农业高质量发展和农业现代化,进而推进乡村全面振兴,具体就是:

一是依靠自己力量端牢饭碗。作为人口大国,必须依靠自力更生保自己的饭碗、争取主动权、不看别人脸色、不重演历史悲剧。要坚持产量产能一起抓、数量质量一起抓、生产生态一起抓,增强农业产业链供应链的韧性和稳定性。

二是依托双层经营体制发展农业。立足小农数量众多的基本农情,以家庭经营为基础,坚持统分结合,广泛开展面向小农的社会化服务,积极培育新型农业经营主体,形成农业适度规模经营。

三是发展生态低碳农业。坚持绿色是农业的底色、生态是农业的底盘。要推动农业生产、农村建设、乡村生活生态良性循环,使生态农业、低碳乡村成为现实,做到资源节约、环境友好,守住绿水青山。

四是赓续农耕文明。传承弘扬我国灿烂悠久的农耕文明、文化基因、美好品德,让农耕文明和城市文明交相辉映,物质文明和精神文明协调发展。

五是扎实推进共同富裕。实现城乡融合发展、基本公共服务均等化,农村具备现代生活条件,农民全面发展、过上更加富裕更加美好的生活。

三、建设农业强区的重要措施

在"四化"(新型工业化、信息化、城镇化、农业现代化)发展中,农业现代化与其他"三化"相比自然发展较慢。因为动植物生长有其自然规律,农村生产技术变革、从业者的素质、发展基础等制约因素多等。因此,必须贯彻落实城乡融合发展、农业农村优先发展的政策原则,快马加鞭,开拓创新,逐级突破,均衡发展。

(一)稳步发展本区特色产业

积极构建现代农业产业、生产、经营体系和服务、支撑体系。重视农产品种质研发、资源保护和农业科技推广,推进品种培优、品质提升、品牌打造和标准化生产。加强高标准农田建设,确保粮食安全,扎实推进区域特色产业发展,逐步扩大无公害、绿色、有机和地理标志"三品一标"农产品规模,做好产销对接,提高市场竞争力,形成产业优势,再通过优势产业融资,促进农村三次产业融合发展。不断提高高标准农田占比、农田灌溉用水有效利用系数、农业生产园区化率、设施化率、综合机械化率、农业社会化服务农户覆盖率、农业科技进步贡献率、农业劳动生产率、粮食综合生产能力、畜牧业产值占农业总产值比重、农产品加工产值与农业总产值比重,增加休闲农业和乡村旅游接待人次等产业发展指标,增强粮食和重要农产品生产供给能力,为农业全面升级、农村全面进步、农民全面发展奠定坚实物质基础。

(二)扎实培育区域经营主体

立足小农众多基本农情,以家庭经营为基础,坚持统分结合的双层经营体制发展农业。培养农村经济能人,扶持小农户,培育专业大户、家庭农场、农民合作社、集体经济组织产业联合体等。广泛开展面向小农的社会化服务,积极培育新型职业农民和农业龙头企业,巩固和发展"龙头企业+合作社+农户"和土地入股、流转、托管等经营方式,多主体合作与联合生产经营,完善利益联结制度机制,合理分工,推进农业生产组织化、市场化和社会化,促进产品、技术、管理、制度和组织创新,提高农业良种化、专业化、标准化、机械化、信息化、组织化和制度化水平,适度发展规模经营,延伸农业产业链,推动农、林、牧、副、渔业等绿色农业和农产品加工业转型升级及农村三次产业融合高质量发展。

(三)完善城乡要素流动机制

完善城乡融合发展体制机制及政策体系,促进人、地、钱、技术、管理、数据等要素自由流动、优化配置、融合融通。加强农民外出务工管理,实现务工务农相互促进,积极有效推动城乡融合发展,既吸收城市生产生活文明,又赓续弘扬农耕文明,大量吸引城市生产要素投入农业,大力发展和提升设施农业水平,吸引越来越多城乡青年从事有奔头、体面的农业生产。让灿烂悠久的农耕文明根脉生生不息,促进乡村社会形态完整有效,文化基因、美好品德得到传承弘扬,农民自信自强、精神力量昂扬,乡村正向变迁。

(四)壮大村组集体经济

保护小农户承包经营权利,推进和深化农村集体产权制度改革,突出"三变"(资源变资产、资金变股金、农民变股东)改革,搞活股份合作制,具体落实实践资源发包、物业出租、居间服务、资产参股等方式,选准发展项目,发展壮大农村集体经济。社会帮扶重点放在发展集体经济项目上,加强对集体经济的管理。不断提高集体收益富村占比和集体经济强村比重,增加农村居民人均可支配收入,缩小城乡居民收入比,逐步完善乡村基本公共服务,使农村具备现代生活条件,扎实推进城乡居民共同富裕,人人过上更加富足美好的生活。

(五)注重发展生态低碳农业

坚持绿色是农业的底色、生态是农业的底盘。注重去污、提质、增效;绿色、低碳、循环;环保、经济、创新,坚持生产生态一起抓,实现农业生产、农村建设、乡村生活生态良性循环,做到资源节约、环境友好,守住绿水青山。

1. 亲近自然

接触自然、认识自然、了解自然的价值，从而身体力行爱惜自然、保护自然，营造良好的自然环境，发展生态农业，杜绝基因等污染。

2. 绿色发展

提倡并自觉少用化学药肥、节约用水、使用可再生能源、购买生态产品、废弃物循环利用、垃圾分类回收、减少碳排放等。

3. 绿色消费

自觉生产和使用有利人体健康、环境保护和生物多样性的绿色投入品、农产品等产品，提高生活品质。

4. 节约资源

提倡循环经济理念，注重对资源能源循环有效利用，实现持续发展。逐步提高美丽宜居村达标率、农村卫生厕所普及率、农村生活垃圾处理率、农村生活污水处理率、畜禽粪污综合利用率、农村自来水普及率、农村燃气普及率等指标。

总之，要做好"五大"振兴单项示范和全面振兴综合示范工作，把任务分到各个部门，责任到人，派出干部跟踪指导，齐抓共管，齐心合力推动乡村振兴，加速推进老区农业农村现代化。

第八章

结论与展望

第一节 研究结论

推进和深化农业供给侧结构性改革,要始终做到以下"六个坚持"。

一、坚持党的领导

左右江革命老区农业供给侧结构性改革,只有在党的领导下,按照中央的改革部署,深化农村改革,把农业当作一个重要基础产业、当作解决"三农"问题、满足城乡人民追求提高生活品质愿望的大事来抓,以更加积极有效的办法培养职业农民、培育新型经营主体,制定更加有效的政策措施激发农业生产要素的活力,采取龙头带动、多主体合作经营模式,提高农业生产的组织化程度,扎扎实实推进"聚要素、壮产业、提质量、深融合、紧对接、强基础",老区的农业供给侧结构性改革一定能够取得更加丰硕的成果和更加显著的成效。

二、坚持绿色发展

坚持农业基础地位不忽视,坚持城乡融合发展、农业农村优先发展不含糊,坚持绿色发展不松劲,坚持推进中国式农业现代化不停歇,坚持以供给侧结构性改革为主线不动摇。在深入贯彻落实绿色发展过程中,高度重视发展绿色农业、功能农业、品质农业、设施农业、智慧农业,强化品种培优、品质提升、品牌打造和标准化生产,不断推进和深化农业供给侧结构性改革,取得实实在在的成效。

三、坚持盯紧改革目标

要从长远发展出发,规划先行,有序推进,着力构建老区现代农业三大体系,努力实现农业生产目标从追求数量到追求质量的转变、农业生产方式从传统到现代的转变、农产品销售市场定位从本地到外域的转变;扭转老区农业生产长期处于解决温饱脱贫时期那种能生产什么就生产什么,能上什么项目就上什么项目,不考虑产业项目对区域环境、人体健康的影响和产品质量高低而导致的农产品低效和无效供给的状况。同时,要打破河谷地带不搞设施农业的思想束缚,从产业发展、农民就业、城乡融合发展、农业农村优先发展和加快推进农业农村现代化建设出发,大力发展设施农业,提高农产品的产量、质量和品质,增强农产品市场竞争力,带动提高农民职业素质,实现农民就地就近就业,促进老区农业高质量发展,保障区域农产品和服务的有效供给,不断增加农民收入。

四、坚持正确改革方向

老区农业要主动面向国内国际两个市场,大力发展绿色农业、功能农业、品质农业,发挥农业多功能作用,促进农村三次产业融合发展,着力解决农产品结构性余缺问题,促进农业绿色转型升级,推动农业标准化生产,科学合理配置农业资源,加快补齐农业发展短板,提高农业发展质量、综合效益和竞争力等,努力提高区域粮食、重要农产品、特色农产品或服务的供给能力和供给质量。

五、坚持农民主体和增收

深化农业供给侧结构性改革,既要坚持党的领导、政府主导,更要充分发挥农民的主体作用。政府要有计划地培养职业农民和农业专门人才,把不断推动农村产业发展、提高农民收入作为改革的立足点和落脚点。

六、坚持深化改革开拓创新

在坚持中央农业改革方向和目标的前提下,立足老区土地、山水、气候等资源禀赋实际,创新发展老区绿色、功能、品质农业产品品种,拓展产品生产、加工、销售、服务的边界和市场,不断提高供给质量和能力。

第二节 需要深入研究的问题

该课题尚需深入研究的问题主要有以下几个方面。

一、老区绿色农业标准体系建设及深层次发展对策

关于老区绿色农业标准体系建设问题,基本思路是按照国际、国内、区域的具体要求,结合老区自身发展特点构建相应完善的标准体系;各级政府要深入研究老区绿色农业发展过程中遇到的深层次困难和问题,积极组织力量进行破题,推进发展。

二、老区功能农业发展的技术支撑

关于老区功能农业发展的技术支撑问题,要从加强本地农业科研机构及其

队伍建设以及与外地的技术交流入手，吸收和转化国家及各地新的技术成果，经过试验试点，逐步推广应用，促进产业链的形成。绿色农业技术支撑也应如此。

三、老区发展设施农业的金融支持

关于老区发展设施农业的金融支持问题，桂滇黔三省区要进一步深入领会中央精神，结合本省区的实际，制定切合实际的支持政策，有效发挥财政资金的杠杆作用，用有限的财政资金撬动无限的金融资本和社会资本共同发展。同时，积极争取国家更多的财力支持。

第三节 老区发展展望

左右江革命老区农业发展虽然有自身的弱项，但也有不少优势。深化农业供给侧结构性改革，不仅有前面几年的改革实践成就和宝贵经验，而且赶上了全党全国人民正在迈进全面建设社会主义现代化国家新征程和全面推进乡村振兴建设农业强国等许多千载难逢的好机遇。

一、全党全社会更加重视革命老区建设发展

2015年2月9日，国务院同意实施《左右江革命老区振兴规划（2015—2025年）》，这是左右江革命老区加快发展的重要动力，为老区驶入经济发展快车道提供了强有力的政策支持；2020年3月30日，国务院又批复同意在左右江革命老区核心城市——百色市设立"广西百色重点开发开放试验区"，并印发与其相配套的建设实施方案，该试验区成为全国首个地级市全域覆盖的沿边重点开发开放试验区，这是衔接和延续《左右江革命老区振兴规划》的新战略，将会加快百色产业转型升级的步伐，辐射带动整个左右江革命老区的发展；2021年2月20日，国务院又印发《关于新时代支持革命老区振兴发展的意见》，支持革命老区在新发展阶段巩固拓展脱贫攻坚成果，开启社会主义现代化建设新征程，让革命老区人民逐步过上更加富裕幸福的生活。老区各县（市、区）要深入理解和准确把握上述三大国家战略的精神内涵，抢抓机遇，团结协作，深化改革，加快发展。

二、绿色农产品的大量需求为老区农业发展带来新机遇

由于绿色农产品具有安全、优质、营养的特点，可以保障人的健康发育和成长，提高全民族的身体素质，尤其是经历了新冠疫情之后，人们更加深刻地体会

到强健的身体是抵御病毒的最好防线，因此，越来越多的城镇居民加入追求食用绿色食品（农产品）行列，甚至追求功能农产品、品质农产品。主动消费绿色食品，回归大自然，已经成为人们生活的必选项目。消费者的食品安全意识和对生态环境的保护意识都有了很大提高，提升了绿色农产品消费意愿，并有效转化为实际消费行动。

三、技术变革为老区现代农业发展提供强大动力

科学技术是第一生产力，农业新技术就是现代农业发展的新的第一生产力。涉及农业的技术创新，以及新的发展思维都会给现代农业发展提供强大的发展动力。深化农业供给侧结构性改革，在全面推进乡村振兴、建设农业强国、科技自立自强等战略全面实施的大背景下，农业"新技术、新种质、新产品、新模式、新装备、新业态"将不断涌现，农业科技创新成果的应用将大大提高老区农业生产能力，加快老区农业绿色化、精品化、智能化发展，农民增收将获得更加实实在在的效果。

四、工业化、信息化发展有力推进农业现代化

工业化发展为农业现代化发展提供技术条件，并提供资金与物质支持，推动农业技术进步和科技创新，促进农业专业化分工和农业结构优化调整，从而提高农业现代化的发展水平。信息化发展为农业从生产到销售提供便捷条件，降低生产经营成本，提高农业生产效率和经济效益，成为促进农村经济发展和提高农民收入的重要途径，加强和完善农业信息化建设是实现农业现代化的重要动力和重要手段。农业现代化发展不仅为工业化、信息化和城镇化提供充足的劳动力资源，而且为工业化、信息化发展提供基本的物质原料和发展空间，为城镇化发展提供更加丰富、优质、营养、健康的农产品。无论国家现代化怎么发展，都必须依靠农业提供的原材料和基本生活资源。

五、改革开放的深入推进为老区农业生产注入新的活力

实践证明，改革开放走出了中国特色社会主义的发展道路。改革开放以来，左右江革命老区农业发展取得的成绩，都是得益于深化农村各项改革、开放、创新产生的能量，激发了农业农村农民的内生积极性，释放出城乡生产要素优化配置的潜能，为农业农村发展注入新的活力。因此，只要始终把改革、开放和创新作为根本动力，贯穿于农业农村发展的各个领域各个环节，激发农村社会发展

活力，农业供给侧结构性改革必将取得更大的实效，最终实现供给有效、供需平衡、农民增收、共同富裕和农业农村现代化。

六、建设农业强国全面推进乡村振兴，互促老区农业高质量发展

党的十九大提出实施乡村振兴战略；党的二十大又提出加快农业强国建设，全面推进乡村振兴。在各级党委政府的正确领导下，左右江革命老区将全面深入贯彻落实党中央决策部署，更加有力地推动和深化农业供给侧结构性改革，确保粮食安全、依托双层经营体制、发展生态低碳农业、赓续农耕文明、扎实推进共同富裕，向着产业韧性强、经营体系强、科技装备强、供给保障强、竞争能力强的农业强国目标迈进，更好地促进老区农业高质量发展，稳步推进乡村产业振兴，进而全面推进乡村振兴。特别是近两三年来，老区各市（州）在巩固和拓展脱贫攻坚成果、全面建成小康社会的基础上，迈出建设农业强国、全面推进乡村振兴的新步伐，加快了老区农业高质量发展，重要特色农产品增幅保持中高位。

（一）老区近三年特色农业呈现快速发展势头

如百色市，2020年至2022年，园林水果产量由183.72万吨提高到230.14万吨，增长25.27%。其中芒果种植面积、产量、产值由133万亩、77.03万吨、45亿元，提高到137万亩、105.58万吨、55亿元，分别增长3.0%、37.06%和22.2%，实现芒果种植面积和产量"双百万"目标；柑橘类水果的产量由59.72万吨提高到77.98万吨，增长30.6%；蔬菜（含菌类）产量由310.30万吨提高到343.02万吨，增长10.5%；油料产量由2.09万吨提高到2.16万吨，增长3.3%；茶叶产量由1.44万吨提高到1.71万吨，增长18.75%；肉类总产量由22.70万吨提高到27.42万吨，增长20.8%；蚕茧产量由2.88万吨提高到3.97万吨，增长37.85%；木材产量由455.79万立方米提高到616.42万立方米，增长35.2%。

河池市桑蚕产业稳定发展，全市桑园面积和蚕茧产量分别由2020年的88.59万亩、13.98万吨，提高到2022年的94万亩、18.72万吨，分别增长6.1%和33.9%。同时，2022年11月25日中国丝绸大会暨第二届中国桑蚕茧丝绸产业高质量发展大会在河池市宜州区举办，将助推河池蚕桑产业可持续、高质量发展。此外，2020年至2022年，全市甘蔗产量由294.13万吨提高到356.59万吨，增加21.2%；蔬菜（含食用菌）产量由190.27万吨提高到214.73万吨，增加12.86%；水果产量由72.23万吨提高到94.43万吨，增加30.7%；肉类总产量由19万吨提高到24.14万吨，增加27%，其中猪肉产量由10万吨提高到14.93万吨，增加49.3%。

崇左市，2020年至2022年，甘蔗种植面积保持在400万亩以上，产量2500万吨以上；蔬菜（含食用菌）产量由140.28万吨提高到156.70万吨，增长11.7%；水果产量由95.34万吨提高到116.70万吨，增长22.4%；肉类总产量由11.01万吨提高到14.25万吨，增长29.4%，其中猪肉产量由6.36万吨提高到9.88万吨，增长55.3%；牛肉产量由0.79万吨提高到0.90万吨，增长13.9%；羊肉产量由0.15万吨提高到0.17万吨，增长13.3%；水产品产量由5.86万吨提高到6.26万吨，增长6.8%。

文山州，2020年至2022年，粮食产量由169.76万吨提高到175.43万吨，增长1.66%；三七产量虽然由10.27万吨下降到9.73万吨，但产值却由132.2亿元提高到140亿元，增长5.9%；辣椒产量由24.45万吨提高到27.26万吨，增长11.5%；甘蔗产量由122.01万吨提高到133.47万吨，增长9.4%；蔬菜（含食用菌）产量由162.04万吨提高到189.67万吨，增长17%；园林水果产量由38.92万吨提高到47.5万吨，增长22%；油料产量由6.95万吨提高到7.57万吨，增长8.9%。

黔西南州，2020年至2022年，粮食产量由81.66万吨提高到85.99万吨，增长5.3%；蔬菜（含食用菌）产量由239.92万吨提高到287.70万吨，增长19.9%；园林水果产量由35.98万吨提高到51.10万吨，增长41.9%；中药材产量由12.76万吨提高到15.33万吨，增长20.1%；茶叶产量由1.03万吨提高到1.32万吨，增长28.16%；肉类总产量由17.99万吨提高到20.73万吨，增长15.2%；水产品产量由1.34万吨提高到1.45万吨，增长8.2%；禽蛋产量保持在3.2万吨以上。

黔南州的中草药材产量、蔬菜（含食用菌）产量、茶叶产量、水果产量、肉类总产量、猪肉产量、禽蛋产量、林业总产值，在2021年比2020年分别增长39.9%、12.2%、28.1%、17.6%、8.8%、12.9%、6.4%、13.6%的基础上，2022年又比2021年分别增长10.7%、7.6%、18.3%、15.2%、6.5%、8.8%、19.7%、11.2%。

（二）老区农业经济保持中高速增长

推进农业供给侧结构性改革以来，尽管受到非洲猪瘟、新冠疫情、自然灾害等各方面影响，但老区各市（州）的农业特色产业、地区生产总值、农林牧渔业总产值、农民人均可支配收入、农产品产量和质量等都得到不同程度的发展和提高，农业经济保持中高速增长，具体见表8-1至表8-6。

表8-1 左右江革命老区2015—2022年地区生产总值变化情况

区域	2015年	2020年	年均增长	2017年	2022年	年均增长
百色市	980.35	1338.26	6.42%	1032.50	1729.10	10.86%
河池市	618.03	927.71	8.46%	734.60	1135.54	9.10%
崇左市	682.82	832.05	4.03%	631.61	1081.00	11.35%
文山州	670.84	1185.12	12.05%	809.11	1405.39	11.67%
黔西南州	801.65	1353.40	11.04%	1067.60	1508.69	7.16%
黔南州	902.91	1597.97	12.09%	1223.41	1772.18	7.69%
合计	4656.60	7234.51	9.21%	5498.83	8631.90	9.44%

注：①南宁市和黔东南州老区覆盖县份少，相关指标数据不列出比较；②数据来源：根据各州（市）年度国民经济和社会发展统计公报及调研资料整理；③单位：亿元。

如表8-1表明，《左右江革命老区振兴规划》实施以后五年和推进农业供给侧结构性改革以来五年，六市（州）地区生产总值都保持中高速增长，具体表现为三市先慢后快，三州先快后慢，2015—2020年平均增长率为9.21%，2015—2022年平均增长率为9.22%，2017—2022年平均增长率为9.44%，总体逐步加快。

表8-2 左右江革命老区2015—2022年三次产业结构变化情况

区域	2015年	2017年	2020年	2022年
百色市	17.3∶52.5∶30.5	13.9∶58.0∶28.1	19.5∶39.8∶40.7	17.9∶45.6∶36.5
河池市	22.8∶32.4∶44.8	21.6∶31.5∶46.9	21.4∶28.5∶50.1	22.9∶29.7∶47.4
崇左市	22.7∶40.3∶37.0	20.0∶43.9∶36.1	22.3∶28.8∶48.9	19.2∶38.5∶42.3
文山州	21.8∶36.0∶42.2	20.2∶36.0∶43.8	20.3∶33.5∶46.2	17.1∶38.3∶44.6
黔西南州	21.0∶34.1∶44.9	19.1∶31.9∶49.0	18.4∶34.2∶47.4	18.5∶33.2∶48.3
黔南州	17.5∶36.3∶46.2	17.4∶35.6∶47.0	16.0∶35.3∶48.7	16.3∶34.2∶49.5

注：①南宁市和黔东南州老区覆盖县份少，相关指标数据不列出比较；②数据来源：根据各州（市）年度国民经济和社会发展统计公报及调研资料整理；③单位：%。

如表8-2表明，《左右江革命老区振兴规划》实施八年来，老区各市（州）第一产业比重都保持在13%~23%区间内变化，中位数是18%，农业大区地位突出。

表8-3 左右江革命老区2015—2022年农林牧渔业总产值变化情况

区域	2015年	2020年	年均增长	2017年	2022年	年均增长	比2015—2020年的年均增长率提高
百色市	275.49	413.90	8.48%	307.56	478.64	9.25%	0.81%
河池市	238.00	341.14	7.47%	271.75	489.92	12.51%	5.04%
崇左市	254.25	358.10	7.09%	295.81	408.85	6.69%	−0.39%
文山州	249.73	396.05	9.66%	278.05	394.85	7.27%	−2.39%
黔西南州	258.78	417.75	10.05%	287.46	466.96	10.19%	0.14%
黔南州	286.32	439.55	8.95%	322.15	497.57	9.08%	0.13%
合计	1562.57	2366.49	8.66%	1762.78	2736.79	9.20%	0.55%

注：①南宁市和黔东南州老区覆盖县份少，相关指标数据不列出比较；②数据来源：根据各州（市）年度国民经济和社会发展统计公报及调研资料整理；③单位：亿元。

如表8-3表明，老区2017—2022年农林牧渔业总产值年平均增长率为9.20%，比同期地区生产总值年平均增长率9.44%低了0.24个百分点，但比2015—2020年农林牧渔业总产值年平均增长率8.65%高出0.55个百分点（除了崇左市和文山州略低外），河池市甚至高出5.04个百分点。

表8-4 左右江革命老区2022年农林牧渔业总产值构成情况

区域	农林牧渔业总产值	农业产值	林业产值	畜牧业产值	渔业产值	服务产值
百色市	478.64	266.06	56.36	117.80	13.36	25.06
河池市	435.65	200.35	42.99	166.32	9.22	16.77
崇左市	408.85	291.48	42.13	51.95	8.56	14.73
文山州	394.85	223.84	26.16	126.68	6.55	11.62
黔西南州	466.96	296.54	41.44	100.26	5.91	22.80
黔南州	497.58	356.85	26.51	84.56	7.08	22.58
合计	2682.53	1635.12	235.59	647.57	50.68	113.56
占比（%）	100	60.95	8.78	24.14	1.90	4.23

注：①南宁市和黔东南州老区覆盖县份少，相关指标数据不列出比较；②数据来源：根据各州（市）年度国民经济和社会发展统计公报及调研资料整理；③单位：亿元。

如表8-4表明，2022年左右江革命老区农林牧渔业总产值当中，农业产值所占比例最高，超过一半；其次是畜牧业产值，但不足四分之一；再次是林业产值，但不足10%；最少的是渔业产值，不足2%。根据统计资料，其他年份也大体相当。

表8-5 左右江革命老区2017—2022年农民人均可支配收入情况

区域	2017年	2018年	2019年	2020年	2021年	2022年	年均增长
百色市	10171	11086	12195	13305	14755	15817	9.23%
河池市	8260	9177	10141	11074	12325	13225	9.87%
崇左市	10860	12000	13320	14306	15694	16761	9.07%
文山州	9184	10030	11133	12001	13249	14145	9.02%
黔西南州	8596	9485	10532	11442	12623	13423	9.32%
黔南州	9746	10721	11911	12876	14237	15202	9.30%
合计	56817	62499	69232	75004	82883	88573	9.28%

注：①南宁市和黔东南州老区覆盖县份少，相关指标数据不列出比较；②数据来源：根据各州（市）各年度国民经济和社会发展统计公报及调研资料整理；③单位：元。

如表8-5表明，老区2017—2022年农民人均可支配收入年平均增长9.28%，比2015—2020年农民人均可支配收入年平均增长11.23%有所降低（见第三章表3-9），都属于高速增长。最高是广西河池市9.87%，最低是云南文山州9.02%，都在9%以上。近三年老区城乡居民人均可支配收入比在明显缩小，2022年百色和崇左两市甚至低于全国城乡收入比，黔南、黔西南和文山三州也低于本省水平，老区总体仍高出全国5.3个百分点（见表8-6）。

表8-6 2020—2022年老区城乡居民人均收入变动情况

区域	2020年 城镇收入	2020年 农村收入	2020年 城乡收入比	2021年 城镇收入	2021年 农村收入	2021年 城乡收入比	2022年 城镇收入	2022年 农村收入	2022年 城乡收入比
全国	43834	17131	2.56	47412	18931	2.50	49283	20133	2.45
广西	35859	14815	2.42	38530	16363	2.35	39703	17433	2.28
贵州	36096	11642	3.10	39211	12856	3.05	41086	13707	2.99
云南	37500	12842	2.92	40905	14197	2.88	42168	15147	2.78
百色	33964	13305	2.55	36375	14755	2.47	37721	15817	2.38
河池	30881	11074	2.79	33351	12325	2.71	34518	13225	2.61
崇左	34562	14306	2.42	36947	15694	2.35	38166	16761	2.28
文山	33709	12001	2.81	36810	13249	2.78	37817	14145	2.67
黔西南	35154	11442	3.07	38251	12623	3.03	39959	13423	2.98

续表

区域	2020年 城镇收入	2020年 农村收入	2020年 城乡收入比	2021年 城镇收入	2021年 农村收入	2021年 城乡收入比	2022年 城镇收入	2022年 农村收入	2022年 城乡收入比
黔南	35634	12876	2.77	38713	14237	2.72	40494	15202	2.66
老区合计	203904	75003	2.72	220447	82883	2.66	228675	88573	2.58

注：①南宁市和黔东南州老区覆盖县份少，相关指标数据不列出比较；②城镇收入即为城镇居民人均可支配收入，农村收入为农村居民人均可支配收入，数据来源：根据各州（市）年度国民经济和社会发展统计公报及调研资料整理；③单位：元。

表8-6表明，2020—2022年老区城乡居民收入比为2.58，比贵州、云南两省低，比广西和全国高。

（三）老区重要农产品总体产销两旺

最近五年，老区重要农产品除了部分由于客观原因出现负增长外，大部分产品种养数量、产量、产值稳步提高，保持中高速增长，特色产业加快融合，形势乐观（见表8-7至表8-10）。

表8-7 2017—2022年左右江革命老区重要农产品产量变化情况（一）

指标	粮食			油料			肉类总量		
区域	2017年	2022年	年均增长	2017年	2022年	年均增长	2017年	2022年	年均增长
百色	112.23	113.31	0.19%	1.66	2.16	5.4%	26.68	27.42	0.55%
河池	102.18	97.73	−0.89%	1.67	1.87	2.3%	23.03	24.14	0.95%
崇左	51.16	51.19	0.01%	2.56	2.76	1.5%	12.56	14.25	2.56%
文山	163.62	175.43	1.4%	7.52	7.57	0.13%	54.13	29.91	−11.19%
黔西南	104.70	86.00	−3.86%	6.25	7.66	4.15%	16.34	20.73	4.87%
黔南	129.10	125.70	−0.53%	11.95	12.67	1.18%	22.21	24.56	2.0%

注：①南宁市和黔东南州老区覆盖县份少，相关指标数据不列出比较；②数据来源：根据各州（市）年度国民经济和社会发展统计公报及调研资料整理；③单位：万吨；④个别数值为推算值。

表8-8 2017—2022年左右江革命老区重要农产品产量变化情况（二）

指标	蔬菜（含食用菌）			甘蔗			园林水果		
区域	2017年	2022年	年均增长	2017年	2022年	年均增长	2017年	2022年	年均增长
百色	247.32	343.02	6.76%	255.30	271.50	1.24%	115.21	230.14	14.8%
河池	155.48	214.73	6.67%	345.49	356.59	0.63%	41.65	94.43	17.8%

续表

指标	蔬菜(含食用菌)			甘蔗			园林水果		
区域	2017年	2022年	年均增长	2017年	2022年	年均增长	2017年	2022年	年均增长
崇左	108.60	156.70	7.61%	2508.00	2538.00	0.24%	66.40	116.70	11.94%
文山	97.80	189.70	14.17%	154.30	133.47	−2.86%	43.20	47.50	1.92%
黔西南	182.80	287.70	9.50%	75.10	80.60	1.42%	14.80	51.10	28.1%
黔南	307.50	533.00	11.63%	89.45	102.50	2.76%	51.70	132.00	20.6%

注：①南宁市和黔东南州老区覆盖县份少，相关指标数据不列出比较；②数据来源：根据各州（市）年度国民经济和社会发展统计公报及调研资料整理；③单位：万吨；④个别数值为推算值。

表8-9 2017—2022年左右江革命老区重要农产品产量变化情况（三）

指标	茶叶			蚕茧/药材			水产品		
区域	2017年	2022年	年均增长	2017年	2022年	年均增长	2017年	2022年	年均增长
百色	1.31	1.71	5.47%	1.35	3.97	24.10%	16.92	9.52	−10.87%
河池	0.03	0.05	10.70%	12.27	18.72	8.82%	8.37	7.02	−3.46%
崇左	0.56	1.15	15.50%	0.05	0.10	14.80%	7.84	6.26	−4.44%
文山	1.09	1.08	−0.20%	药3.14	2.77	−2.50%	7.19	4.23	−10.07%
黔西南	0.97	1.32	6.36%	药5.27	11.23	16.30%	5.36	1.45	−23.0%
黔南	2.68	5.52	15.50%	药10.10	28.99	23.50%	3.20	2.56	−4.4%

注：①南宁市和黔东南州老区覆盖县份少，相关指标数据不列出比较；②数据来源：根据各州（市）年度国民经济和社会发展统计公报及调研资料整理；③单位：万吨；④部分数值为推算值。

表8-10 2017—2022年左右江革命老区重要农产品产量变化情况（四）

指标	禽蛋			烤烟			木材		
区域	2017年	2022年	年均增长	2017年	2022年	年均增长	2017年	2022年	年均增长
百色	0.86	3.07	28.98%	1.63	1.12	−7.23%	304.00	616.42	15.20%
河池	0.83	0.86	0.71%	0.23	0.08	−19.04%	303.00	344.00	2.57%
崇左	0.31	1.88	43.40%	0.78	0.80	0.51%	221.00	326.00	8.08%
文山	1.29	1.76	6.41%	5.02	5.07	0.20%	57.00	82.00	7.54%
黔西南	2.54	3.88	8.84%	3.16	3.55	2.35%	20.20	26.50	5.58%
黔南	1.30	4.82	29.90%	1.26	1.56	4.36%	16.80	21.60	5.15%

注：①南宁市和黔东南州老区覆盖县份少，相关指标数据不列出比较；②数据来源：根据各州（市）年度国民经济和社会发展统计公报及调研资料整理；③单位：万吨、万立方米；④部分数值为推算值。

表8-7至表8-10表明,老区的粮食、甘蔗受机械化水平低和人工成本高等原因影响而出现生产不够稳定(除文山州外);烤烟产量主要是受到烟草部门种植指标调控而有增有减;水产品生产主要因近几年江河流域清理网箱养殖污染治理、绿色养殖方式尚未全面推广而出现减产;文山州受非洲猪瘟影响大、恢复慢,因而肉类总产量减幅较大。蔬菜、油料、肉类、禽蛋、水果、蚕茧、中药材、木材等大部分重要农产品产销两旺,产量、产值不断提高,形势喜人。

总之,左右江革命老区的广大干部群众将继续弘扬老区精神和百色起义精神,接过先辈们的接力棒,在党的二十大精神指引下,深入贯彻中央关于深化农业供给侧结构性改革的精神实质,具体落实"以提高农业供给质量为主攻方向,以保障有效供给、增加农民收入为主要目标"的改革部署,扎扎实实推进和深化改革,锐意进取、开拓创新、踔厉奋发、笃行不怠、奋勇前进,全面实施乡村振兴战略和农业强国战略,加快推进农业农村现代化,把革命老区建设成为农业强区,实现农业高质高效、农村宜居宜业、农民富裕富足,并努力成为全国老区可借鉴可复制的农业供给侧结构性改革的新样板。

我们相信,在不久的将来,一个活力、美丽、幸福、文化老区一定会在左右江红土地上为祖国的繁荣富强增添更加灿烂的光和彩,为国家社会主义现代化建设和中华民族伟大复兴贡献更多的智慧和力量。

附　录

附录一

2019—2021年百色市"三品一标"认证情况

县(市、区)	总个数(个)	无公害农产品个数(个) 种植	畜牧	水产	小计	绿色食品个数(个) 种植	畜牧	水产	小计	有机农产品个数(个) 种植	畜牧	水产	小计	农产品地理标志个数(个) 种植	畜牧	水产	小计
市本级	3	—	—	—	—	—	—	—	—	—	—	—	—	3	—	—	3
右江	15	7	—	—	7	8	—	—	8	—	—	—	—	—	—	—	—
田阳	39	4	1	—	5	34	—	—	34	—	—	—	—	—	—	—	—
田东	66	22	1	—	23	40	—	—	40	3	—	—	3	—	—	—	—
平果	10	3	1	—	4	—	—	—	—	5	—	—	5	—	1	—	1
德保	14	9	1	—	10	2	—	—	2	—	—	—	—	—	2	—	2
靖西	12	1	—	—	1	8	—	—	8	—	—	—	—	2	1	—	3
那坡	8	7	—	—	7	1	—	—	1	—	—	—	—	—	—	—	—
凌云	31	3	—	—	3	6	—	—	6	20	—	—	20	1	1	—	2
乐业	32	1	—	—	1	3	—	—	3	28	—	—	28	—	—	—	—
田林	10	6	—	—	6	1	—	—	1	2	—	—	2	1	—	—	1
西林	62	10	—	—	10	33	—	—	33	17	—	—	17	—	2	—	2
隆林	11	2	—	—	2	5	—	—	5	—	—	—	—	—	3	—	3
合计	313	75	5	—	80	141	—	—	141	75	—	—	75	7	10	—	17

注：①"三品一标"认证企业涉及188家；②有机农产品只统计中绿华夏认证。

附录二

2004—2021年百色市有机农产品认证情况

获认证单位	注册地址	产品序号	产品名称	证书编号	初次发证日期	证书有效期	认证面积（万亩）	认证产量（吨）
广西顾式有机农业集团有限公司	百色市乐业县甘田镇龙云山	1	茶青	1000OP1200142	2004.07.15	2004.07.15—2023.07.14	0.081	208
		2	顾式有机红茶（金星）					5
		3	顾式有机红茶（金丹）					5
		4	顾式有机红茶（金城）					5
		5	顾式有机绿茶（玉毫）					1.6
		6	顾式有机绿茶（银毫）					1.6
		7	顾式有机绿茶（翠毫）					1.6
		8	顾式有机绿茶（玉芽）	1000OP1200143	2004.07.15	2004.07.15—2023.07.14	0.000375	1.6
		9	顾式有机绿茶（银芽）					1.6
		10	顾式有机绿茶（翠芽）					1.6
		11	顾式有机绿茶（毛峰）					8.6
		12	顾式有机绿茶（银螺）					8.6
		13	顾式有机绿茶（翠螺）					10.2
		14	顾式有机白茶（秋水白）					8
		15	顾式有机白茶（闭云白）					6
		16	顾式有机白茶（仙霞白）					5
广西乐业华东投资有限公司	百色市乐业县计生局一楼门面	17	甜象草	1000OP1600067	2016.01.12	2016.01.12—2023.01.11	0.6112	19799
		18	玉米					283.8
		19	大豆					48.4
		20	肉牛	1000OP1600167	2016.07.05	2016.07.05—2023.07.04	580头	85.33

续表

获认证单位	注册地址	产品序号	产品名称	证书编号	初次发证日期	证书有效期	认证面积（万亩）	认证产量（吨）
广西乐业县昌伦茶业有限责任公司	广西乐业县新化镇街上	21	鲜叶				0.086	100
		22	金眉红茶	1000P1300295	2011.12.21	2011.12.21—2023.12.20		10
		23	昌伦红茶					0.5
		24	雾露金芽红茶	1000P1300296				0.5
		25	乐业白茶					20
		26	银毫绿茶					0.5
		27	乐业白毫茶					
广西乐业县滕家堡茶叶有限公司	乐业县新化镇林立村百维屯	28	茶（茶青）	1000OP2100188	2021.11.11	2021.11.11—2023.11.10	0.02442	48.86
广西凌云县伟利茶业有限公司	百色市凌云县玉洪瑶族乡伟利村	29	茶青	1000P1300297	2013.01.31	2013.01.31—2023.01.30	0.13	37.5
		30	红茶（月明红）				0.001	1.8
		31	红茶（辰露红）	1000P1300298			0.001	1.6
		32	绿茶（月明绿）				0.001	2.1
		33	绿茶（辰露绿）				0.001	1.6

续表

获认证单位	注册地址	产品序号	产品名称	证书编号	初次发证日期	证书有效期	认证面积（万亩）	认证产量（吨）
广西八桂凌云茶业有限公司	百色市凌云县泗城镇览沙村	34	茶青（原料）	1000P1400055	2014.01.15	2014.01.15—2023.01.14	0.181499	49.3
		35	雾中缘雪毫（绿茶）					0.81
		36	雾中缘神韵（绿茶）					2.11
		37	雾中缘碧螺春（绿茶）					1.21
		38	凌香一号（绿茶）					0.23
		39	凌香二号（绿茶）					0.23
		40	雾中缘金毫（红茶）	1000P1400056			0.00043	0.74
		41	雾中缘至尊金毫（红茶）					0.9
		42	雾中缘韵（红茶）					2.47
		43	八桂凌云三宝（红茶）					0.97
		44	雾中缘红螺（红茶）					0.22
		45	凌香一号（红茶）					0.22
		46	凌香二号（红茶）					0.32
广西凌云长江天成农业投资有限公司	百色凌云县泗城镇洪村幸福家园小区	47	油茶籽	1000P1900044	2019.01.25	2019.01.25—2023.01.24	10.2787	8000
广西田东增年山茶油有限责任公司	田东县坡南郊区食品工业园	48	食用植物油	1000P1200072	2008.05.12	2008.05.12—2023.05.11	0.000828	145
		49	山茶油籽（原料）	1000P1200071			1.153	616.73
		50	山茶油籽					128.64

续表

获认证单位	注册地址	产品序号	产品名称	证书编号	初次发证日期	证书有效期	认证面积（万亩）	认证产量（吨）
广西西林九龙山茶业有限公司	广西西林县足别乡央龙村央龙屯	51	紫青	1000P1500025	2015.01.13	2015.01.13—2023.01.12	0.18	322.7
		52	足龙天晓（红茶）					1
		53	足龙天星（红茶）					2
		54	足龙天霞（红茶）					3
		55	足龙天极（红茶）					5
		56	足龙天佑（红茶）					10
		57	足龙天远（红茶）	1000P1500026			0.000375	10
		58	足龙天娇（绿茶）					1
		59	足龙天元（绿茶）					2
		60	足龙天健（绿茶）					5
		61	足龙天鹤（绿茶）					4
		62	足龙天鹰（绿茶）					10
		63	足龙天鹭（绿茶）					12
广西西林京桂古道茶业有限公司	广西西林古障乡黄果园林场	64	紫青（两个茶青合并）	1000P1400366	2014.12.18	2014.12.18—2022.12.17	0.13	228.3
		65	古道玉芽（绿茶）					19.1
		66	古道红（红茶）	1000P1400367				18.9
		67	白茶（古道雪芽）					12.7

续表

获认证单位	注册地址	产品序号	产品名称	证书编号	初次发证日期	证书有效期	认证面积（万亩）	认证产量（吨）
广西平果县古州茶业有限公司	广西平果县四塘镇印山村塘马屯巴蛙坡	68	茶（茶青）	100OP1800171	2018.03.23	2018.03.23—2023.03.22	0.171	42.9
		69	红茶	100OP1800172			0.00015	0.29
		70	绿茶					0.18
		71	白茶					5.05
		72	茶青					—
广西田林长江天成农业投资有限公司	田林县乐里镇河南片开发区130号	73	油茶籽	100OP1900046	2019.01.25	2019.01.25—2023.01.2	11.36	8000
		74	食用植物油	100OP2200014	2022.01.25	2022.01.25—2023.01.2	0.0111	2000
合计：12家企业75个有机产品							24.39	40385.7

注：①广西全区获中绿华夏有机食品认证146个，29.66万亩，百色有74个，24.38万亩，分别占50.68%和82.20%，有机茶园面积7164亩。其中，乐业有机农业获中绿认证0.8037万亩。②数据未源：百色市农业农村局提供。③本表只统计中绿华夏认证。

附录三

2010—2021年百色市获农产品地理标志认证情况

序号	属地	获认证单位	注册地址	地理产品名称	证书编号	发证日期	生产总规模	年产量（吨/年）
1	百色市	百色市发展水果生产办公室	百色市	百色芒果	AGI01634	2015.02.10	200000公顷	1500000
2	百色市	百色市经济作物栽培技术推广站	百色市	百色番茄	AGI01696	2015.07.22	80000公顷	5000000
3	百色市	百色市茶叶开发中心	百色市	百色红茶	AGI01855	2016.03.31	33333.3公顷	50000
4	凌云县	凌云县水果生产技术指导站	凌云县	凌云牛心李	AGI01768	2015.11.05	3333.33公顷	60000
5	靖西市	靖西县农业技术推广中心	靖西市	靖西大香糯	AGI00945	2012.08.03	48437.9公顷	45000
6	靖西市	靖西市水果生产办公室	靖西市	靖西大果山楂	AGI02420	2018.07.03	5333公顷	160000
7	田林县	田林县农业技术推广中心	田林县	田林灵芝	AGI02341	2018.02.12	75000公顷	3600
8	靖西市	靖西市畜禽品种改良站	靖西市	靖西大麻鸭	AGI01858	2016.03.31	40万羽	1000
9	隆林县	隆林各族自治县畜牧改良站	隆林县	隆林山羊	AGI02997	2010.09.13	年出栏3.8万只	1520
10	西林县	西林县畜牧技术推广站	西林县	西林水牛	AGI00627	2011.09.13	年存栏56000头	
11	西林县	西林县畜牧技术推广站	西林县	西林麻鸭	AGI01424	2014.05.22	60万只	900
12	隆林县	隆林各族自治县畜牧品改站	隆林县	隆林黄牛	AGI01700	2015.07.22	6万头	34200
13	隆林县	隆林各族自治县畜牧品改站	隆林县	隆林黑猪	AGI01856	2016.03.31	11.2万头	8200
14	平果县	平果县畜牧技术推广站	平果县	平果桂中花猪	AGI02347	2018.02.12	8万头	4200
15	德保县	德保县矮马种繁育管理中心	德保县	德保矮马	AGI02346	2018.02.12	0.7万匹	
16	凌云县	凌云县畜牧技术推广站	凌云县	凌云乌鸡	AGI02574	2019.01.17	81.6万羽	1632
17	德保县	德保县畜牧技术推广站	德保县	德保黑猪	AGI03005	2020.04.30	11万头	6930

附录四

2020—2022年百色市农产品获评"圳品"情况

序号	县(市、区)	企业	产品名称	产品数	获得年度	年度获评"圳品"
1	田阳区	深圳市金晋实业有限公司	悦合基地芒果、百集基地芒果、创新基地芒果	3	2020年	2020年有7家企业的16个产品获评"圳品"
2	凌云县	广西八桂凌云茶业有限公司	至尊金毫有机红茶、雾中缘神韵有机绿茶、雾中缘韵有机红茶	3	2020年	
3	西林县	八马茶业股份有限公司	西林红茶	1	2020年	
4	右江区	鑫荣懋集团股份有限公司	芒果	1	2020年	
5	田阳区	深圳市源兴果品股份有限公司	小番茄、芒果、火龙果	3	2020年	
6	德保县	德保县善缘生态水果专业合作社	德保脐橙、沃柑	2	2020年	
7	田东县	广西田东长江天成农业有限公司	冬瓜、辣椒、小白菜(快菜)	3	2020年	
8	田阳区	深圳市金晋实业有限公司	三红蜜柚、沃柑	2	2021年	2021年有12家企业的25个产品已获评"圳品"
9	乐业县		红心猕猴桃	1	2021年	
10	靖西市	靖西海越农业有限公司	沃柑	1	2021年	
11	乐业县	广西乐业县草王山茶业有限公司	白茶、红茶	2	2021年	
12	右江区	广西百色市澄碧湖饮用水有限公司	纯净水、饮用天然水、包装饮用水	3	2021年	
13	西林县	广西西林泰源果业开发有限公司	砂糖橘	1	2021年	
14	西林县	广西田林和平糖业有限公司	玉荣白砂糖	1	2021年	
15	西林县	广西田林县鑫福源山茶油开发有限公司	油茶籽油	1	2021年	
16	西林县	田林县富丽水果种植专业合作社	韵林桂七芒果、韵林台农芒果、韵林金煌芒果	3	2021年	
17	西林县	广西田林县鑫奥芒果产销专业合作社	台农芒果、金煌芒果	2	2021年	

续表

序号	县（市、区）	企业	产品名称	产品数	获得年度	年度获评"圳品"
17	凌云县	凌云县宏鑫茶业有限公司	岑王老山凌云白毫金毫、岑王老山凌云白毫雪毫、岑王老山凌云白毫金螺、岑王老山凌云白毫银螺	4	2021年	2021年有12家企业的25个产品获评"圳品"
18	平果市	广西平果市古州茶业有限公司	古州有机红茶（红韵、福禄红、百色红茶）、古州有机绿茶（春晓、福禄春、合雨）、古州有机白茶（老白茶、玄月、月光、阳光）	3	2021年	
19	隆林县	隆林华农养殖场（微型企业）	坡咪鸡蛋	1	2022年	2022年有3家企业5个产品获评"圳品"
20	西林县	西林县农村投资有限公司	贡柑、砂糖橘	2	2022年	
21	田东县	广西田东长江天成农业有限公司	黄瓜、番茄	2	2022年	
22	田林县	广西田林县丰永水果种植专业合作社	沃柑	1	—	—
合计		2020—2022年上半年共有22家企业46个产品获评"圳品"	46			

数据来源：百色市农业农村局提供；截至2022年6月30日。

附录五

黔西南州2017—2020年农产品地理标志认证情况

序号	县（市、区）	申报产品	面积	产量（吨/年）	申报主体	申报状态	登记证书编号
1	兴义市	兴义黄草坝石斛	148公顷	93.12	兴义市农产品质量安全监测站	已获证（2017/9/1）	AGI02149
2	安龙县	安龙白及	666.7公顷	5000	安龙县植保植检站	已获证（2018/7/3）	AGI02431
3	兴义市	兴义矮脚鸡	500万羽	87500	兴义市畜禽品种改良技术推广站	已获证（2019/9/4）	AGI02762
4	兴义市	兴义大红袍	1333.3公顷	35000	兴义市果树蔬菜技术推广站	已获证（2019/9/4）	AGI02740
5	兴义市	兴义芭蕉芋	20000公顷	900000	兴义市果树蔬菜技术推广站	已获证（2019/9/4）	AGI02750
6	普安县	普安红茶	13000公顷	400000	黔西南州茶叶协会	已获证（2019/9/4）	AGI02756
7	安龙县	安龙红谷	933.33公顷	56000	安龙县农业技术推广站	已获证（2019/1/17）	AGI02582
8	安龙县	安龙莲藕	333.3公顷	7500	安龙县农业技术推广站	已获证（2019/1/17）	AGI02578
9	安龙县	安龙黄牛	8.75万头	30600	安龙县草地生态畜牧业发展中心	已获证（2019/9/4）	AGI02763
10	贞丰县	坡柳娘娘茶	2800公顷	6000	贞丰县农业局农业技术推广站	已获证（2019/9/4）	AGI02755
11	晴隆县	晴隆脐橙	2000公顷	25000	晴隆县甘橘场	已获证（2019/9/4）	AGI02741
12	晴隆县	晴隆糯薏仁	6667公顷	30000	晴隆县糯薏仁协会	已获证（2019/9/4）	AGI02754
13	晴隆县	晴隆羊	30万头	8700	晴隆县草地畜牧中心	已获证（2019/9/4）	AGI02764
14	册亨县	册亨糯米蕉	6666.67公顷	200000	册亨县经济作物管理站	已获证（2019/9/4）	AGI02743
15	兴义市	兴义甘蔗	2666.7公顷	180000	兴义市果树蔬菜技术推广站	已获证（2020/4/30）	2020年获证
16	兴义市	兴义黑山羊	10万只	1500	兴义市畜禽品种改良技术推广站	已获证（2020/4/30）	2020年获证
17	兴义市	兴义山银花	3333.3公顷	10000	兴义市中药材和茶叶技术推广站	已获证（2020/4/30）	2020年获证
18	兴义市	兴义红皮大蒜	1330公顷	39900	兴义市果树蔬菜技术推广站	已获证（2020/4/30）	2020年获证
19	兴义市	兴义生姜	3333.3公顷	100000	兴义市果树蔬菜技术推广站	已获证（2020/4/30）	2020年获证
20	兴仁市	兴仁白杆青菜	2000公顷	10800	兴仁市果树蔬菜技术推广站	已获证（2020/4/30）	2020年获证
21	兴仁市	兴仁猕猴桃	667公顷	10000	兴仁市农业技术推广中心	已获证（2020/4/30）	2020年获证
22	贞丰县	贞丰四月李	11333.3公顷	70000	贞丰县李子专业协会	已获证（2020/12/25）	2020年获证

数据来源：黔西南州统计局、农业农村局提供。

附录六

左右江革命老区现有国家公园情况

地区	县(市、区)	公园名称	类别	级别
百色市 （6个）	右江区	福禄河国家湿地公园	湿地公园	国家级
	平果市	芦仙湖国家湿地公园	湿地公园	
	靖西市	龙潭国家湿地公园	湿地公园	
	凌云县	浩坤湖国家湿地公园	湿地公园	
	乐业县	黄猄洞天坑国家森林公园	森林公园	
	乐业、凤山县	乐业-凤山国家地质公园	地质公园	
河池市 （5个）	大化县	七百弄国家地质公园	地质公园	
	都安县	澄江国家湿地公园	湿地公园	
	南丹县	拉希国家湿地公园	湿地公园	
	天峨县	龙滩大峡谷国家森林公园	森林公园	
	东兰县	坡豪湖国家湿地公园	湿地公园	
崇左市 （3）	大新县	黑水河国家湿地公园	湿地公园	
	江州区	大龙山国家森林公园	森林公园	
	龙州县	左江国家湿地公园	湿地公园	
黔西南州 （5个）	晴隆县	光照湖国家湿地公园	湿地公园	
	兴义市	万峰湖国家湿地公园	湿地公园	
	安龙县	招堤国家湿地公园	湿地公园	
	册亨、望谟县	北盘江国家湿地公园	湿地公园	
		北盘江大峡谷国家湿地公园	湿地公园	
黔南州 （8个）	罗甸县	蒙江国家湿地公园	湿地公园	
	惠水县	鱼梁河国家湿地公园	湿地公园	
	都匀市	清水江国家湿地公园	湿地公园	
	平塘县	平舟河国家湿地公园	湿地公园	
	三都县	尧人山国家森林公园	森林公园	
	独山县	九十九滩国家湿地公园	湿地公园	
		紫林山国家森林公园	森林公园	
	荔波县	黄江河国家湿地公园	湿地公园	
黔东南州 （3个）	从江县	加榜河国家湿地公园	湿地公园	
	黎平县	黎平国家森林公园	森林公园	
		八舟河国家湿地公园	湿地公园	
文山州 （2个）	广南县	博吉金国家森林公园	森林公园	
	丘北县	普者黑喀斯特国家湿地公园	湿地公园	

数据来源：国家林草局公布，截至2018年底，总共有32个。

附录七

左右江革命老区现有自然保护区情况

区域	县（市、区）	保护区名称	类别	级别
百色市（19个）	右江区	大王岭自然保护区	水源涵养林、森林生态	省级
	右江区	澄碧河自然保护区	水源涵养林、森林生态	市级
	右江区 田阳区	百东河自然保护区	水源涵养林、森林生态	市级
	平果市	达洪江自然保护区	水源涵养林、森林生态	县级
	德保县	黄连山-兴旺自然保护区	水源涵养林、苏铁	省级
	靖西市	邦亮自然保护区	黑冠长臂猿、岩溶生态	国家级
	靖西市	古龙山自然保护区	水源涵养林、森林生态	县级
	靖西市	地州自然保护区	水源涵养林、森林生态	县级
	靖西市	底定自然保护区	野生动植物类	省级
	那坡县	老虎跳自然保护区	望天树、兰科植物	省级
	那坡县	德孚自然保护区	水源涵养林、桫椤	县级
	凌云县	洞穴鱼类自然保护区	野生动物类	省级
	凌云县	泗水河自然保护区	天然阔叶林、森林生态	省级
	乐业县	雅长兰科植物自然保护区	野生植物类	国家级
	田林县 凌云县	岑王老山自然保护区	野生动植物、森林生态	国家级
	隆林县	金钟山黑颈长尾雉自然保护区	黑颈长尾雉	国家级
	隆林县	大哄豹自然保护区	苏铁、森林生态	省级
	西林县	那佐苏铁保护区	苏铁、水源涵养林	省级
	西林县	王子山雉类自然保护区	雉类、野生动物	省级
河池市（5个）	罗城县 环江县等	九万山自然保护区	水源涵养林、森林生态	国家级
	环江县	木论自然保护区	阔叶混交林、森林生态	国家级
	南丹县	罗富泥盆纪地质标准剖面自然保护区	地质遗迹类	省级
	南丹县 天峨县	三匹虎自然保护区	水源涵养林、森林生态类	省级
	天峨县	龙滩自然保护区	红豆杉、黑颈长尾雉	省级
崇左市（7个）	龙州县 宁明县	弄岗自然保护区	白头叶猴、黑叶猴、森林生态类	国家级
	大新县	恩城珍贵动物自然保护区	黑叶猴、野生动物	国家级

续表

区域	县(市、区)	保护区名称	类别	级别
崇左市(7个)	江州区 龙州县	左江佛耳丽蚌自然保护区	淡水贝、野生动物	省级
	江州区 扶绥县	崇左白头叶猴自然保护区	白头叶猴、黑叶猴、猕猴、野生动物	国家级
	大新县	下雷自然保护区	水源涵养林、森林生态	省级
	龙州县	青龙山自然保护区	水源涵养林、森林生态	省级
	扶绥、大新、江州、隆安县(属南宁)	西大明山水源林自然保护区	水源涵养林、森林生态	省级
南宁市(3个)	隆安县	龙虎山自然保护区	猕猴、珍贵药用植物	省级
	马山县等	大明山自然保护区	水源涵养林、森林生态	国家级
	马山县	弄拉自然保护区	森林生态类	省级
黔西南州(33个)	兴义市	坡岗喀斯特植被自然保护区	森林生态类	市级
	兴仁市	清水河自然保护区	森林生态类	市级
	普安县	布岭箐自然保护区	野生植物类	县级
	普安县	风火砖水库自然保护区	枫香、栎类、森林生态	县级
	普安县	关索岭自然保护区	厚朴、楠木、森林生态	县级
	普安县	旧屋基自然保护区	森林生态	县级
	普安县	莲花山十里杜鹃自然保护区	杜鹃林、野生植物	县级
	普安县	鲁沟古大自然保护区	银杏、野生植物	县级
	普安县	牛角山自然保护区	森林生态类	县级
	普安县	仙人洞自然保护区	森林生态类	县级
	普安县	沙子塘自然保护区	森林生态类	县级
	普安县	水箐自然保护区	森林生态类	县级
	普安县	汪家河自然保护区	森林生态类	县级
	普安县	五个坡自然保护区	森林生态类	县级
	普安县	下厂河自然保护区	森林生态类	县级
	普安县	幸福水库自然保护区	森林生态类	县级
	普安县	一把伞恒河猴自然保护区	野生植物类	县级
	普安县	油沙地灌木林自然保护区	杜鹃林、桦木	县级
	晴隆县	晴隆竹塘自然保护区	鹅掌楸、黄杉、香樟	县级
	贞丰县	龙头大山自然保护区	辐花苣苔、桫椤	市级

续表

区域	县(市、区)	保护区名称	类别	级别
黔西南州(33个)	望谟县	渡邑自然保护区	森林生态类	县级
	望谟县	望谟苏铁自然保护区	苏铁、兰科植物	县级
	册亨县	册亨双江自然保护区	森林生态类	县级
	册亨县	赖子山自然保护区	森林生态类	县级
	册亨县	洛凡自然保护区	森林生态类	县级
	册亨县	者冲口自然保护区	森林生态类	县级
	安龙县	安龙莲花山自然保护区	森林生态类	县级
	安龙县	安龙青龙山自然保护区	森林生态类	县级
	安龙县	板烟自然保护区	森林生态类	县级
	安龙县	青山绿塘自然保护区	森林生态类	县级
	安龙县	停西自然保护区	森林生态类	县级
	安龙县	王院自然保护区	森林生态类	县级
	安龙县	仙鹤坪自然保护区	森林生态类	市级
黔南州(18个)	罗甸县	罗羊自然保护区	蟒、苏铁	县级
	惠水县	长安喀斯特自然保护区	红腹角雉、桫椤	县级
	长顺县	白云山自然保护区	森林生态类	县级
	长顺县	斗麻自然保护区	森林生态类	县级
	都匀市	斗篷山自然保护区	森林生态类	县级
	都匀市	螺丝壳自然保护区	森林生态类	县级
	三都县	尧人山自然保护区	森林生态类	县级
	独山县	都柳江源湿地自然保护区	内陆湿地类	省级
	独山县	高岩天然林水自然保护区	森林生态类	县级
	独山县	琴阳天然林自然保护区	森林生态类	县级
	独山县	深沟自然保护区	森林生态类	县级
	荔波县	岜岭五针松自然保护区	五针松、掌叶木	县级
	荔波县	甲良三层洞自然保护区	森林生态类	县级
	荔波县	兰顶山自然保护区	森林生态类	县级
	荔波县	捞村河谷自然保护区	森林生态类	县级
	荔波县	茂兰自然保护区	森林生态类	国家级
	荔波县	瑶麓单性木兰自然保护区	鹅掌楸、森林生态	县级
	荔波县	樟江源头涵养林自然保护区	森林生态类	县级

续表

区域	县(市、区)	保护区名称	类别	级别
黔东南州(7个)	黎平县	东风林场自然保护区	杉木、森林生态	县级
	黎平县	高场自然保护区	森林生态类	县级
	黎平县	太平山自然保护区	森林生态类	市级
	黎平县	三省坡自然保护区	森林生态类	县级
	榕江县	榕江月亮山自然保护区	森林生态类	市级
	从江县	岜沙自然保护区	香果树、虎纹蛙	县级
	从江县	从江月亮山自然保护区	穿山甲、红豆杉	市级
文山州(7个)	文山市 西畴县	文山自然保护区	常绿阔叶林、森林生态类	国家级
	麻栗坡县	老山自然保护区	珍稀动植物、森林生态类	省级
	麻栗坡县 马关县	老君山自然保护区	山地苔藓、森林生态	省级
	马关县	古林箐自然保护区	雨林、森林生态	省级
	丘北县	普者黑自然保护区	高原湖泊、森林生态	省级
	广南县	广南八宝自然保护区	河谷峰丛峰林、地质遗迹类	省级
	富宁县	富宁驮娘江自然保护区	水域湿地、森林生态	省级

数据来源：国家林草局公布，截至2018年底，总共有99个。

参考文献

[1] 习近平：《论坚持全面深化改革》，载《关于深化供给侧结构性改革》，中央文献出版社2018年版。

[2] 习近平：《把乡村振兴战略作为新时代"三农"工作总抓手》，《求是》2019年第6期。

[3] 习近平：《坚持把解决好"三农"问题作为全党工作重中之重，举全党全社会之力推动乡村振兴》，《求是》2022年第7期。

[4] 习近平：《把提高农业综合生产能力放在更加突出的位置，在推动社会保障事业高质量发展上持续用力》，《人民周刊》2022年第3期。

[5] 习近平：《在省部级主要领导干部学习贯彻党的十八届五中全会精神专题研讨班上的讲话》，《人民日报》，2016年1月18日。

[6] 习近平：《推进农业供给侧结构性改革》，中国新闻网，2016-03-10。

[7] 习近平：《决胜全面建成小康社会，夺取新时代中国特色社会主义伟大胜利——在中国共产党第十九次全国代表大会上的报告》，新华社，2017-10-27。

[8] 中共中央党史和文献研究院编著：《习近平关于"三农"工作论述摘编》，载《深化农业供给侧结构性改革》，中央文献出版社2019年版。

[9] 中共中央党校编著：《习近平新时代中国特色社会主义思想基本问题》，载《供给侧结构性改革与供给学派的区别是什么》，人民出版社、中共中央党校出版社2020年版。

[10] 张宇：《中国特色社会主义政治经济学》，中国人民大学出版社2016年版。

[11] 方福前：《供给侧结构性改革与中国经济发展》，中国经济出版社2018年版。

[12] 陆雄文：《管理学大辞典》，载《供给学派》，上海辞书出版社2013年版。

[13] 刘伟、许宪春、蔡志洲：《从需求管理到供给管理：中国经济增长报告》，中国发展出版社2010年版。

[14] 李莉：《供给侧改革引领中国经济发展新常态》，红旗出版社2016年版。

[15] 刘伟等：《经济增长与结构演进：中国新时期以来的经验》，中国人民大学出版社2016年版。

[16] 陈文宽等：《农业供给侧结构性改革的理论与实践研究：以四川省为例》，中国农业出版社2020年版。

[17] 中国科学院农业领域战略研究组：《中国至2050年农业科技发展路线图》，科学出版社2009年版。

[18] 李主其、修长柏：《新时期我国农业现代化道路研究》，经济科学出版社2013年版。

[19] 赵其国、段增强：《生态高值农业：理论与实践》，科学出版社2013年版。

[20] 杨平华：《粮食作物病虫草害防治新技术》，四川科学技术出版社2008年版。

[21] 黄汉江：《投资大辞典》，上海社会科学院出版社1990年版。

[22] 吴晓灵：《中国金融改革开放大事记》，中国金融出版社2008年版。

[23] 农业部：《关于大力实施乡村振兴战略加快推进农业转型升级的意见》，《农村工作通讯》2018年第3期。

[24] 广西壮族自治区农业农村厅：《加快推进广西现代特色农业高质量发展，推动八桂乡村全面振兴》，《广西经济》2019年第3期。

[25] 张立伟：《里根经济学的价值》，《金融博览》2011年第5期。

[26] 罗丹、王守义：《对供给侧结构性改革思路的马克思主义政治经济学再思考》，《改革与战略》2016年第7期。

[27] 郭晓鸣：《农业供给侧结构性改革需要考虑的三个基本问题》，《区域经济评论》2017年第7期。

[28] 李军国：《我国农业供给侧结构性改革的背景和动因》，《中国发展观察》2020年第7期。

[29] 江维国、李立清：《我国农业供给侧问题及改革》，《广东财经大学学报》2016年第10期。

[30] 乡村科技编辑部：《中国乡村产业发展70年：从艰难孕育到百舸争流》，《乡村科技》2019年第28期。

[31] 陈锡文：《加快发展现代农业》，《求是》2013年第2期。

[32] 王化峰：《我国农产品加工产业链管理研究》，《农业经济》2011年第3期。

[33] 李晨：《科技创新引领农产品加工业高质量发展》，《中国农村科技》2022年第2期。

[34] 郭云峰：《西部地区县域无公害农业发展的思路及对策》，《农业环境与发展》2003年第12期。

[35] 司立英、孟凡珍、张复君、贾庆虎、李东莹：《无公害农业的发展对策》，《中

国种业》2004年第3期。

[36] 刘小林：《浅谈我国发展无公害农业的对策》，《农业科技通讯》2005年第3期。

[37] 罗凤莲、夏延斌、欧阳建勋、王燕：《我国无公害农业生产发展对策探讨》，《现代农业科技》2008年第10期。

[38] 陈玉荣：《加快高效生态农业发展的思路与对策》，《中国绿色经济》2017年第11期。

[39] 王海燕：《高效生态农业发展的思路与对策》，《河南农业·综合版》2019年第8期。

[40] 卢慧萍：《农村可持续发展研究》，《生态经济》2020年第7期。

[41] 赵其国、尹雪斌：《我们的未来农业——功能农业》，《山西农业大学学报（自然科学版）》2017年第7期。

[42] 亢敏：《功能农业产业发展现状及前景》，《现代农业科技》2020年第14期。

[43] 赵桂慎、郭岩彬：《中国功能农业发展现状、问题与策略》，《科技导报》2020年第23期。

[44] 尹雪斌、刘晓航、赵其国等：《我国硒资源变硒产业的重点、难点和发展实践》，《科技促进发展》2021年第10期。

[45] 陈坚：《功能性营养化学品的研究现状及发展趋势》，《中国食品学报》2013年第1期。

[46] 李文清：《功能性食品的"逐梦"路》，《福建轻纺》2014年第11期。

[47] 钟钰：《向高质量发展阶段迈进的农业发展导向》，《中州学刊》2018年第5期。

[48] 姜文来：《严守耕地红线，确保重要农产品有效供给》，《中国农业综合开发》2020年第3期。

[49] 王寿辰：《新时代要发展特色农业提高农业经济效益》，《办公自动化》2019年第11期。

[50] 石钖、梁芯：《九大行动助推现代特色农业高质量发展》，《当代广西》2019年第3期。

[51] 刘剑平、夏换、唐小凤：《乡村振兴视域下促进乡村特色产业发展的对策》，《中国经贸导刊（中）》2020年第6期。

[52] 张红宇：《中国特色乡村产业发展的重点任务及实现路径》，《求索》2018年第2期。

[53] 张红宇：《农业生产性服务业的历史机遇》，《农业经济问题》2019年第6期。

[54] 李颖慧、李敬:《改进交易效率的农业生产性服务业发展机理与实证研究》,《技术经济》2020年第1期。

[55] 武慧芳:《山东省农业生产性服务业发展存在的问题及政策建议》,《农村经济与科技》2020年第5期。

[56] 濮阳市经作站:《突出亮点 提升档次 大力推进设施农业发展——濮阳市设施农业发展情况调查》,《河南农业》2012年第12期(上)。

[57] 张萌琦、周霞、周玉玺:《山东省农业供给侧改革要素驱动力的区域差异性分析》,《山东农业大学学报》2019年第3期。

[58] 付兵涛:《如何实现银行的"三去一降一补"——以金融科技视角看银行供给侧结构性改革》,《债券》2019年第7期。

[59] 黄光平、罗玉环、邓瑜:《百色市实施芒果品牌战略的思考》,《现代农业科技》2010年第9期。

[60] 肖智、周江菊等:《从江县农业产业化经营的实践与启示》,《贵州农业科学》2014年第7期。

[61] 谢付友:《农业供给侧结构性改革路径研究——以铜陵市为例》,《鄂州大学学报》2020年第3期。

[62] 陈中:《土地合作经营是"三权分置"的有效探索——湖南省长沙市宁乡县大成桥镇鹊山村土地股份合作社实践与启示》,《农村经营管理》2016第6期。

[63] 董冉:《社会资本理论下的乡村振兴战略探究》,《南方农业》2021年第3期。

[64] 郑建军:《土地流转的"鹊山模式"》,《湖南农业》2016年第3期。

[65] 王周平、高巨星:《陕西设施农业规模化经营现状与对策建议》,《西北园艺(综合)》2022年第3期。

[66] 李世武、杨霞、赵迪娜、何丽虹:《农业经营主体协同发展研究》,《农业农村部管理干部学院学报》2021年第3期。

[67] 张合成:《推进新时代农业高质量发展》,《中国党政干部论坛》2022年第6期。

[68] 王泽男、王大强、咸阳:《试论新农村建设中林业的作用》,《福建农业》2015年第3期。

[69] 赵德贤、杨丽、李廷来:《新农村建设中的畜牧业发展理念[》,《中国牧业通讯》2006年第11期。

[70] 万善益:《汇海产品质量追溯体系建设扎实推进》,《渔业致富指南》2013年第11期。

[71] 庞少欢:《广西水产养殖机械化的现状与发展》,《广西农业机械化》2020年第12期。

[72] 滕明雨、张磊:《原生态农业与其他农业形态的区别与联系》,《河北科技师范学院学报(社会科学版)》2014年第3期。

[73] 李晓明:《走以养为主之路》,《农经》2010年第1期。

[74] 晋一:《搭好园区平台,再创农业辉煌——广西百色现代农业人才小高地建设》,《人事天地》2006年第11期。

[75] 张中:《激活乡村振兴的内生动力研究》,《低碳世界》2019年第11期。

[76] 刘贝、刘英、刘芳清等:《永州市农产品加工业发展现状及对策建议》,《安徽农业科学》2022年第5期。

[77] 许燕:《加快农产品加工业发展的工作重点》,《广西农业机械化》2022年第6期。

[78] 苑鹏:《农民专业合作组织与农业社会化服务体系建设》,《农村经济》2011年第11期。

[79] 仁社:《不拘形态,全力扶持农民工就业创业》,《农业知识》2020年第7期。

[80] 雷斌:《吉林省农产品企业对电商平台依赖程度差异研究》,吉林大学2019年硕士学位论文。

[81] 陈爽:《中小企业税费负担的影响因素分析》,西南财经大学2017年硕士学位论文。

[82] 迟文娟:《2007—2011年我国存款准备金政策的效应分析》,上海师范大学2012年硕士学位论文。

[83] 刘泽莹:《中国粮食贸易现状与发展趋势分析》,首都经济贸易大学2014年硕士学位论文。

[84] 卢新月:《我国新型农业经营体系构建路径探》,河南大学2017硕士学位论文。

[85] 常露:《红河州县域经济产业协同发展研究》,云南财经大学2016硕士学位论文。

[86] 余聿莹、韦唯:《广西振兴生态文明建设的调查研究》,广西师范学院2016年硕士学位论文。

[87] 张晗:《社会主义新农村建设中农民主体作用问题研究》,延边大学2008年硕士学位论文。

[88] 杨静:《秦皇岛市绿色食品产业发展现状调查研究》,河北科技师范学院2018

年硕士学位论文。

[89] 张珊：《山东省P县金融支农政策执行研究》，山东财经大学2021年硕士学位论文。

[90] 黄斌：《德州市品质农业发展问题与对策研究》，中国海洋大学2011年硕士学位论文。

[91] 胡佳、肖建武：《我国林下经济发展现状及影响因素分析》，中南林业科技大学2013年硕士学位论文。

[92] 狄波：《基于供给侧结构性改革的山东农业转型升级支持政策优化研究》，山东财经大学2017年硕士学位论文。

[93] 朱文玉、赵雨森、周玉华：《我国生态农业政策和法律研究》，东北林业大学2009年博士学位论文。

[94] 潘慧：《潍坊市农业信息化现状与发展模式研究》，山东农业大学2014年硕士学位论文。

[95] 张媛：《乡村振兴背景下南江县全域乡村旅游发展策略研究》，成都理工大学2020年硕士学位论文。

[96] 王中、韩立民：《高端特色品牌农业的理论与实证研究》，中国海洋大学2012年博士学位论文。

[97] 黄新螯：《城乡一体化视角下的广西数字乡村建设问题研究》，广西民族大学2020年硕士学位论文。

[98] 王燕冬：《吉林省乡村振兴战略中农民主体弱化问题研究》，吉林农业大学2020年硕士学位论文。

[99] 龙隆：《枣庄市现代高效农业发展的政策效应与优化策略研究》，山东财经大学2021年硕士学位论文。

[100] 解鸿翔：《深化供给侧改革，加强源头治理，确保农产品食品安全》，2016年京津冀地区民革组织为助推"供给侧结构性改革"做贡献主题研讨会论文。

[101] 尹雪斌、鲁亚普、赵其国：《2022中国功能农业产业发展报告》，2022年。

[102] 农业农村部：《"十四五"全国畜牧兽医行业发展规划》，《农民日报》，2021年12月21日。

[103] 国家旅游局、国家中医药管理局：《关于促进中医药健康旅游发展的指导意见》，《中国中医药报》，2015年7月27日。

[104] 中共广西壮族自治区委员会、广西壮族自治区人民政府：《关于全面推进乡村振兴，加快农业农村现代化的实施意见》，《广西日报》，2021年5月7日。

[105] 广西壮族自治区人民政府:《关于加快推进广西现代特色农业高质量发展的指导意见》,《广西壮族自治区人民政府公报》,2019年2月15日。

[106] 中共百色市委:《中国共产党百色市委员会关于制定国民经济和社会发展第十四个五年规划和二〇三五年远景目标的建议》,《右江日报》,2021年1月12日。

[107] 南宁市人民政府办公室:《关于印发南宁市推进农业农村现代化"十四五"规划的通知》,《南宁政报》,2022年5月23日。

[108] 贵州省农业农村厅:《贵州省"十四五"种植业"三品一标"行动实施方案》,《贵州日报》,2021年11月4日。

[109] 云南省人民政府:《云南省国民经济和社会发展第十四个五年规划和二〇三五年远景目标纲要》,《云南日报》,2021年2月10日。

[110] 四川省人民政府办公厅:《关于支持新型农业经营主体开展农业社会化服务的指导意见》,《四川省政府公报》,2017年6月30日。

[111] 四川达州市委改革办:《解放思想、改革创新助推达州高质量发展》,《达州日报》,2019年3月18日。

[112] 广东省人民政府:《广东省推进农业供给侧结构性改革实施方案》,《南方日报》,2017年12月1日。

[113] 谢太峰:《中央经济工作会议解读:2016年中国经济八大关键词》,《人民日报》,2015年12月23日。

[114] 鲁世宗:《用马克思主义原理指导供给侧改革》,《学习时报》,2016年7月18日。

[115] 韩保江:《把握好供给侧结构性改革与需求侧管理关系》,《经济日报》,2022年4月12日。

[116] 刘元春:《论供给侧结构性改革的理论基础》,《人民日报》,2016年2月25日。

[117] 龚雯、许志峰、王珂:《七问供给侧结构性改革——权威人士谈当前经济怎么看怎么干》,《人民日报》,2016年1月4日。

[118] 罗玉辉:《供给侧结构性改革的政治经济学分析》,《中国社会科学报》,2016年5月11日。

[119] 李国祥:《推进我国农业供给侧结构性改革》,《中国青年报》,2016年2月3日。

[120] 陈锡文:《农业供给侧结构性改革要进行三大创新》,《人民政协报》,2016

年3月22日。

[121] 祝福恩、张滨：《农业供给侧结构性改革的路径思考》，《黑龙江日报》，2017年4月12日。

[122] 陈文胜：《乡村振兴战略目标下农业供给侧结构性改革研究》，《乡村发现》，2020年1月20日。

[123] 苟红礼：《大力发展农产品加工业 为农业现代化提供强大引擎》，《贵州日报》，2021年9月22日。

[124] 张程、赵其国：《功能农业价值万亿的市场蓝海》，《粮油市场报》，2017年3月21日。

[125] 牛坤玉、金书秦：《提升农业生产"三品一标"，实现农业高质量发展》，《农民日报》，2021年4月24日。

[126] 高保峰：《品质农业大有可为》，《周口日报》，2009年11月4日。

[127] 胡成波：《推进六个转变，大力发展特色畜牧业》，《中国畜牧兽医报》，2008年12月18日。

[128] 周岩：《发展农村新兴服务业，推进农业三产融合》，《中国食品报》，2017年11月27日。

[129] 乔金亮：《如何保护特色畜禽种质资源》，《经济日报》，2018年5月22日。

[130] 李江天：《增加绿色优质农产品供给居于首位》，《辽宁日报》，2017年11月10日。

[131] 李晞、姚子骏：《"三驾马车"如何拉动经济增长》，《新华日报》，2022年1月17日。

[132] 王沾云：《融入"一带一路"搭上国际列车》，《黔西南日报》，2015年3月4日。

[133] 易军、吴全胜等：《振兴左右江革命老区经济税收的政策思考》，《贵州民族报》，2015年7月4日。

[134] 凌聪、黄燕群：《优化品质提升竞争力——西林推进沙糖桔产业发展扫描》，《广西日报》，2019年12月27日。

[135] 许志平、徐友仁：《红土地绽放的"希望之光"》，《金融时报》，2019年6月17日。

[136] 骆怡、邓萍：《品牌农业，生机凸现》，《南宁日报》，2007年11月12日。

[137] 农彩云、蒋欣攸、杨勇明：《"旱改水"，"改"了渠黎乡村》，《左江日报》，2020年6月25日。

[138] 陆新琦、郑颖、郑雯丽：《扶绥农业农村实现新发展》，《左江日报》，2020年

10月21日。

[139] 李正兴：《文山州"三农"发展稳中向好》，《文山日报》，2022年3月23日。

[140] 杨月波：《文山州探索新模式推动农业产业转型升级》，《文山日报》，2021年8月20日。

[141] 袁佩如、王佳欣：《一大波互联互通民生举措出台后，粤港澳发生了什么变化？》，《南方日报》，2019年7月31日。

[142] 华姝：《山海携手战贫困，东西协作结硕果》，《贵州日报》，2020年7月21日。

[143] 吴采丽：《都匀：产业园直通大湾区》，《贵州日报》，2020年5月21日。

[144] 蒙帮婉、李庆红：《编织菜篮子，滋润好日子》，《毕节日报》，2019年6月25日。

[145] 匡奇燃：《延伸产业链"蕉"开幸福花》，《贵州日报》，2020年11月19日。

[146] 册组宣：《册亨县打造香蕉全产业链铺就脱贫新路》，《黔西南日报》，2020年8月11日。

[147] 莫迪：《往昔蔗海翻腾，今时稻香鱼肥》，《广西日报》，2020年3月10日。

[148] 欧其锦：《广西田阳大批西红柿烂地里，农户无奈倒江中》，《南国早报》，2018年4月10日。

[149] 杨秀彬：《带头做好农业供给侧结构性改革这篇大文章》，《四川日报》，2017年6月28日。

[150] 阮蓓：《四川将扩大优质特色农产品有效供给》，《农民日报》，2017年6月23日。

[151] 闫新宇：《进一步提升供给体系的质量和效率》，《四川经济日报》，2017年6月14日。

[152] 徐璨：《力争到2020年全省高新技术产业产值达到2万亿元》，《成都日报》，2017年7月7日。

[153] 李淼、曾小清：《跳好"六步曲"，农业大省变强省》，《四川日报》，2017年6月14日。

[154] 史晓露：《四川乡村振兴交出亮眼成绩单》，《四川日报》，2022年5月10日。

[155] 安晓宁、姜业奎、徐建华、张朋、李冰锋：《以新发展理念推进农业供给侧改革》，《农民日报》，2016年7月30日。

[156] 徐峻：《农业供给侧改革的"衢江样本"》，《浙江日报》，2017年6月22日。

[157] 吴莎莎：《立足乡村振兴，全力追赶超越》，《陕西日报》，2018年11月7日。

[158] 张振中、杨娟：《合作经营让农民激情迸发》，《农民日报》，2016年2月22日。

[159] 王珊、刘帅：《乡村振兴扬帆时》，《湖南日报》，2018年1月25日。

[160] 温跃、赵小亮、王斌：《山东：力争金融支持农业供给侧结构性改革实现"四个突破"》，《金融时报》，2017年4月10日。

[161] 郑展能等：《金融支农成效显著！省农业基金助力广东农业现代化高质量发展》，《南方农村报》，2020年11月30日。

[162] 韦欢：《我州建成百万亩水果种植基地》，《黔西南日报》，2020年3月25日。

[163] 谭铁安：《农产品标准化建设关乎食品安全》，《经济日报》，2015年7月7日。

[164] 何夏凡：《品质生活，广西智造》，《国际商报》，2021年3月14日。

[165] 黄朝武：《众专家研讨德州"品质农业"》，《农民日报》，2009年7月28日。

[166] 高旺盛：《贯彻大食物观要把握好五个重要原则》，《科技日报》，2022年8月17日。

[167] 邓伯祥：《打造活力老区美丽老区幸福老区文化老区，让人民共享改革发展成果过上更加幸福美好生活》，《黔西南日报》，2015年7月12日。

[168] 江岩：《临沂力争到2030年在全省率先实现畜牧业现代化》，《沂蒙晚报》，2021年12月6日。

[169] 丹东市动物卫生监督管理局党组：《实现畜牧业大发展》，《丹东日报》，2008年12月2日。

[170] 徐若滨：《水产养殖在变革中前进》，《新农村商报》，2015年10月28日。

[171] 赵红梅：《园区农民可支配收入高于当地平均水平30%以上》，《河北日报》，2018年8月8日。

[172] 唐晓颖、付振东、李炳勇：《品质，提升德州农业竞争力》，《德州日报》，2009年11月25日。

[173] 龙波、罗康：《滇黔桂三省（区）左右江革命老区七市（州）政协主席联席会议召开》，《黔西南日报》，2022年12月2日。

[174] 王腾飞：《我省金融业倾力支持乡村振兴》，《河北经济日报》，2021年11月18日。

[175] 何耘夫：《右江河谷的农科"孵化器"》，《广西日报》，2007年3月19日。

[176] 田峰印：《羊羔壕社农村土地股份合作制实践与思考》，《鄂尔多斯日报》，2019年4月16日。

[177] 郁静娴：《农业农村经济稳中向好》，《人民日报》，2021年7月21日。

[178] 吉蕾蕾：《农业农村成投资"蓝海"》，《经济日报》，2021年8月3日。

[179] 向志强、陈露缘：《打造沿边开发开放"升级版"》，《经济参考报》，2020年4

月28日。

[180] 柯炳生:《农产品需求和供给有哪些特殊性》,《农民日报》,2017年9月3日。

[181] 刘奇:《家庭经营是新型农业经营体系的主体》,《农民日报》,2013年6月1日。

[182] 雷永:《我国水产养殖业发展方向之浅谈》,水产养殖网,2015-05-05。

[183] 农业农村部:《"十四五"全国种植业发展规划》,农业农村部网,2021-12-29。

[184] 陕西省农业农村厅:《陕西省"十四五"高素质农民培育发展规划》,陕西省农业农村厅网,2022-06-07。

[185] 中共中央、国务院:《关于落实发展新理念加快农业现代化实现全面小康目标的若干意见(2016年1号文件)》,新华社,2015-12-31。

[186] 中共中央、国务院:《关于深入推进农业供给侧结构性改革,加快培育农业农村发展新动能的若干意见(2017年1号文件)》,新华社,2016-12-31。

[187] 中共中央、国务院:《关于实施乡村振兴战略的意见(2018年1号文件)》,新华社,2018-01-02。

[188] 中共中央、国务院:《乡村振兴战略规划(2018—2022年)》,新华社,2018-09-26。

[189] 中共中央、国务院:《关于坚持农业农村优先发展做好"三农"工作的若干意见(2019年1号文件)》,新华社,2019-01-03。

[190] 中共中央、国务院:《关于抓好"三农"领域重点工作确保如期实现全面小康的意见(2020年1号文件)》,新华社,2020-01-02。

[191] 中共中央、国务院:《关于全面推进乡村振兴加快农业农村现代化的意见(2021年1号文件)》,新华社,2021-01-04。

[192] 中共中央、国务院:《关于做好2022年全面推进乡村振兴重点工作的意见(2022年1号文件)》,新华社,2022-01-04。

[193] 中共中央、国务院:《关于做好2023年全面推进乡村振兴重点工作的意见(2023年1号文件)》,新华社,2023-01-02。

[194] 中共中央、国务院:《关于加快林业发展的决定》,新华社,2003-06-25。

[195] 国务院:《关于左右江革命老区振兴规划的批复》,中国政府网,2015-02-09。

[196] 国务院:《关于进一步促进农产品加工业发展的意见》,中国政府网,2016-12-28。

[197] 国务院:《关于促进乡村产业振兴的指导意见》,中国政府网,2019-06-28。

[198] 国务院:《同意设立广西百色重点开发开放试验区的批复》,中国政府网,2020-04-07。

[199] 国务院:《新时代支持革命老区振兴发展的意见》,中国政府网,2021-02-20。

[200] 国务院:《"十四五"推进农业农村现代化规划》,新华社,2022-02-11。

[201] 全国人大:《农业部部长韩长赋回答农业面源污染问题》,新华社,2015-08-29。

[202] 全国人大:《中华人民共和国乡村振兴促进法》,新华社,2021-04-29。

[203] 中共中央办公厅、国务院办公厅:《乡村振兴责任制实施办法》,新华社,2022-12-14。

[204] 中共中央办公厅、国务院办公厅:《关于建立以国家公园为主体的自然保护地体系的指导意见》,新华社,2019-06-26。

[205] 中共中央办公厅、国务院办公厅:《关于全面推行林长制的意见》,新华社,2020-11-02。

[206] 中共中央办公厅、国务院办公厅:《关于调整完善土地出让收入使用范围优先支持乡村振兴的意见》,新华社,2020-09-23。

[207] 国务院办公厅:《国民营养计划(2017—2030年)》,中国政府网,2017-07-13。

[208] 国务院办公厅:《关于加快推进农业供给侧结构性改革,大力发展粮食产业经济的意见》,中国政府网,2017-09-08。

[209] 国务院新闻办公室:《下大力气,提高农产品的质量安全水平》,新华社,2016-01-28。

[210] 国家发改委:《左右江革命老区振兴规划(2015—2025年)》,人民网,2015-03-20。

[211] 国家发改委:《广西百色重点开发开放试验区建设实施方案》,国家发展改革委网,2020-04-20。

[212] 国家统计局:《中华人民共和国2016年国民经济和社会发展统计公报》,中国经济网,2017-02-28。

[213] 农业部:《关于促进设施农业发展的意见》,农业部网,2008-07-20。

[214] 农业部:《关于做好2015年农产品加工业重点工作的通知》,农业部网,2015-01-20。

[215] 农业部:《全国草食畜牧业发展规划(2016—2020年)》,农业部网,2016-07-06。

[216] 农业部:《关于推进农业供给侧结构性改革的实施意见》,农业农村部网,

2017-02-06。

[217] 农业部:《关于推进"三品一标"持续健康发展的意见》,农业农村部网,2017-11-30。

[218] 农业农村部:《"十四五"全国渔业发展规划》,农业农村部网,2021-12-29。

[219] 农业农村部:《"十四五"全国农业农村科技发展规划》,中国科技网,2022-01-30。

[220] 农业农村部:《关于拓展农业多种功能,促进乡村产业高质量发展的指导意见》,农业农村部网,2021-11-18。

[221] 农业农村部新闻办公室:《山东深化农业供给侧结构性改革打造乡村振兴齐鲁样板》,农业农村部网,2019-03-05。

[222] 农业部等11部门:《关于积极开发农业多功能,大力促进休闲农业发展的通知》,农业农村部网,2017-12-20。

[223] 农业部、国家发展改革委、财政部:《关于加快发展农业生产性服务业的指导意见》,农业农村部网,2017-08-23。

[224] 农业农村部等10部委:《关于加快推进水产养殖业绿色发展的若干意见》,中国网,2019-02-15。

[225] 中国人民银行、农业农村部、财政部等六部门:《关于金融支持新型农业经营主体发展的意见》,中国人民银行网,2021-05-25。

[226] 国家发展和改革委员、国家林业和草原局:《"十四五"林业草原保护发展规划纲要》,国家林业和草原局网,2021-08-24。

[227] 国家林业和草原局:《林草产业发展规划(2021—2025年)》,中国经济网,2022-02-16。

[228] 广西壮族自治区人民政府:《广西百色重点开发开放试验区建设总体规划(2021—2030年)》,广西政府网,2021-12-02。

[229] 广西壮族自治区人民政府:《关于加快建立健全绿色低碳循环发展经济体系的实施意见》,广西政府网,2021-09-15。

[230] 广西壮族自治区人民政府:《广西壮族自治区国民经济和社会发展第十四个五年规划和2035年远景目标纲要》,广西政府网,2021-06-16。

[231] 广西壮族自治区人民政府:《广西推进农业农村现代化"十四五"规划》,广西政府网,2022-01-28。

[232] 广西壮族自治区人民政府:《关于促进现代渔业跨越发展的意见》,广西政府网,2014-07-09。

[233] 广西壮族自治区人民政府办公厅：《广西贯彻落实左右江革命老区振兴规划实施方案的通知》，广西政府网，2016-01-05。

[234] 广西壮族自治区人民政府办公厅：《加快推进新时代广西左右江革命老区振兴发展三年行动计划（2021—2023年）》，广西政府网，2021-08-17。

[235] 广西壮族自治区人民政府办公厅：《农村金融改革"田东模式"六大体系升级建设方案（2021—2023年）》，广西政府网，2021-04-13。

[236] 广西壮族自治区人民政府办公厅：《关于印发广西数字经济发展三年行动计划（2018—2020年）的通知》，广西政府网，2018-09-17。

[237] 广西壮族自治区人民政府办公厅：《关于支持河池市建设绿色发展先行试验区的指导意见》，广西政府网，2022-04-20。

[238] 广西壮族自治区农业农村厅：《"十四五"广西农产品产地市场高质量发展规划》，广西农业农村厅网，2022-04-12。

[239] 广西壮族自治区农业农村厅：《关于加快推进广西水产养殖业绿色发展的实施意见》，广西农业信息网，2019-06-23。

[240] 百色市人民政府：《百色市国民经济和社会发展第十四个五年规划和二〇三五年远景目标纲要》，广西百色市政府网，2021-07-21。

[241] 百色市人民政府：《百色市"十四五"推进农业农村现代化规划》，广西百色市政府网，2022-02-20。

[242] 百色市人民政府办公室：《百色市推进左右江革命老区振兴规划2016年工作要点》，广西百色新闻网，2016-05-17。

[243] 百色市人民政府办公室：《百色市加快推进现代特色农业示范区高质量发展的实施方案》，广西百色市政府网，2019-05-13。

[244] 百色市人民政府办公室：《百色市现代特色农业示范区高质量建设实施方案（2022—2025）》，广西百色市政府网，2022-09-22。

[245] 河池市人民政府：《河池市国民经济和社会发展第十四个五年规划和二〇三五年远景目标纲要》，广西河池市政府网，2021-05-25。

[246] 河池市人民政府：《河池市现代特色农业示范区高质量建设五年行动方案（2021—2025年）》，广西河池市政府网，2022-05-20。

[247] 河池市投资促进局：《河池市绿色发展先行试验区建设实施方案》，广西河池市投资促进局网，2022-12-30。

[248] 崇左市人民政府：《崇左市国民经济和社会发展第十四个五年规划和2035年远景目标纲要》，广西崇左市政府网，2021-07-27。

[249] 贵州省人民政府:《贵州省国民经济和社会发展第十四个五年规划和2035年远景目标纲要》,贵州省政府网,2021-02-27。

[250] 贵州省人民政府办公厅:《左右江革命老区振兴规划(2015—2025年)任务分工》,贵州省政府网,2015-08-13。

[251] 贵州省发改委、省农业农村厅:《贵州省"十四五"现代山地特色高效农业发展规划》,贵州省农业农村厅网,2022-04-28。

[252] 贵州省农业农村厅:《加快推进水产养殖业绿色发展的实施意见》,贵州省农业农村厅网,2020-06-30。

[253] 黔西南州人民政府:《黔西南州实施左右江革命老区振兴规划(2015—2025年)任务分解方案》,贵州黔西南州政府网,2015-05-11。

[254] 黔西南州人民政府:《黔西南布依族苗族自治州国民经济和社会发展第十四个五年规划及二〇三五年远景目标纲要》,贵州黔西南州政府网,2022-07-18。

[255] 黔西南州人民政府:《黔西南布依族苗族自治州"十四五"现代山地高效特色农业发展规划》,贵州黔西南州政府网,2023-02-06。

[256] 黔南州人民政府:《黔南布依族苗族自治州国民经济和社会发展第十四个五年规划及二〇三五年远景目标纲要》,贵州黔南州政府网,2022-08-23。

[257] 黔南州农业农村局:《黔南布依族苗族自治州现代山地特色高效农业产业总体布局》,贵州黔南州农业农村网,2019-06-30。

[258] 黔西南州农业农村局:《黔西南州生态畜牧业发展三年行动方案(2019—2021年)》,贵州黔西南州政府网,2019-12-26。

[259] 云南省人民政府:《关于新时代支持左右江革命老区振兴发展的实施意见》,云南省政府网,2022-01-01。

[260] 云南省人民政府:《"十四五"农业农村现代化发展规划》,云南省政府网,2022-04-18。

[261] 文山州人民政府:《文山壮族苗族自治州国民经济和社会发展第十四个五年规划及二〇三五年远景目标纲要》,云南文山州政府网,2021-11-11。

[262] 文山州人民政府:《文山州农业现代化三年行动实施方案(2022—2024年)》,云南文山州政府网,2022-09-30。

[263] 文山州人民政府办公室:《文山州关于新时代左右江革命老区振兴发展重点任务分工方案》,云南文山州政府网,2022-02-24。

[264] 文山州农业农村局:《文山州"十四五"推进农业农村现代化发展规划

（2021—2025年）》，云南文山州政府网，2021-12-29。

[265] 山东人民政府办公厅：《山东省关于加快推进农业供给侧结构性改革，大力发展粮食产业经济的实施意见》，山东省政府网，2018-03-21。

[266] 山东省农业厅：《2020年山东粮食产业经济工业总产值将突破5000亿》，山东省农业厅网，2018-01-15。

[267] 浙江省人民政府办公厅：《关于进一步加强农业综合开发工作的意见》，浙江省政府网，2010-08-04。

[268] 郑风田：《推进农业供给侧结构性改革》，中国共产党新闻网，2017-01-09。

[269] 任泽平：《推进农业供给侧改革可关注六大主题》，新浪财经，2017-02-06。

[270] 赵泽军：《临沂市发布畜牧业"十四五"发展思路和举措》，齐鲁网，2021-12-04。

[271] 陈兰艳：《乐业经济发展稳中向好》，广西新闻网，2017-03-21。

[272] 江西省政府：《江西省"十四五"农业农村现代化规划》，江西省政府网，2022-01-26。

[273] 安徽省政府办公厅：《关于推动绿色食品产业高质量发展的实施意见》，安徽省政府网，2022-04-28。

[274] 黑龙江省拜泉县农业农村局：《拜泉县畜牧业"十四五"发展规划（2021—2025年）》，拜泉县政府网，2021-05-30。

[275] 刘石：《现代农业六大发展逻辑》，知乎网，2017-03-03。

[276] 辛剑飞：《黄河三角洲高效生态农业发展问题研究》，中国知网，2018-03-19。

[277] 梁敏：《推进乡村振兴战略将成新亮点》，中国证券网，2017-03-19。

[278] 文隽永：《都匀着力打造粤港澳大湾区"菜篮子"产品配送中心样板》，黔南热线，2019-05-9。

[279] 朱虹：《四川推进农业供给侧结构性改革：推进"十大行动"》，中国网，2017-06-14。

[280] 吴莎莎：《陕西立足乡村振兴，全力推进农业供给侧结构性改革》，西部网，2018-02-22。

[281] 张文卉：《百色芒果成功入选中国首批100个受欧盟保护地理标志！产值超50亿元！》，广西百色新闻网，2020-08-04。

[282] 郑玮、李各力：《涉农贷款目标超2万亿元！广东金融支持乡村振兴意见推动农企挂牌广东股交中心》，21世纪经济网，2022-01-17。

[283] 刘瑞：《把握好供给与需求的辩证关系》，央广网，2016-06-20。

[284] 张红宇:《发挥新型农业经营主体对改革的引领作用》,中国经济网,2017-02-10。

[285] 刘畅术:《调优农产品结构,致力农业富民》,湖南安化政协网,2013-06-08。

[286] 周楠:《以金融创新助力乡村振兴(新论)》,人民网,2020-08-11。

[287] 陈晓红:《休闲农业与乡村旅游发展研究》,公务员期刊网,2023-04-13。

[288] 唐远程:《百色着力打造"百色一号"果蔬绿色专列品牌》,广西县域经济网,2018-05-25。

后　　记

　　本书是2017年国家社会科学基金年度项目（批准号：17BJY101）的结项成果。本项目是中共百色市委党校王文亮教授领衔的课题组申报于2017年6月获得的立项，2022年12月提交最终成果，2023年7月获得免于鉴定顺利结项（证书号：20232579），这对市级党校来说既是荣耀也是鞭策。课题组原班成员均为中共百色市委党校的教研人员，历时五年多，克服了新冠疫情影响和跨省调研等困难，高质量地完成了研究任务。其中（按章节顺序排列），主持人王文亮教授负责全书整体框架的构思设计，撰写第一章和第七章的第一、三、四、五、六、十节以及第八章，并对全书进行统稿、修改和定稿；梁振芳副教授负责撰写第二章；原副校长赵堂高负责撰写第三章的第一、二、三节；杨素刚副教授负责撰写第四章；原常务副校长黄启学教授负责撰写第五章；原常务副校长李树立负责撰写第三章的第四节和第六章；常务副校长李永谋负责撰写第七章的第二节；副校长罗金丁副教授负责撰写第七章的第七、八、九节。还有黄虹妮、韦曼莉、张舒雯三位讲师负责文稿的校对、编排、制表、绘图、查重等工作。全书在研究和编写过程中，得到主持人所在党校校委的全力支持和学校新老领导的积极参与，还得到了中共广西区委党校（广西行政学院）凌经球教授的精心指导，在此一并衷心感谢各位同仁和老区各市（州）、县（市、区）、乡（镇）、村及各级各部门、调研地各级党校的大力支持、配合和帮助。

　　在研究过程中，我们还积极参加供给侧结构性改革等相关理论研讨会，与专家学者相互交流，到基层与对口部门干部交谈，倾听农民心声，翻阅全国各地改革经典案例和资料，撰写并发表了农业供给侧结构性改革的相关论文10篇，入选理论研讨会论文5篇，咨政报告2篇。在此基础上，分工撰写了课题研究报告初稿276000多字，经过统稿和多次修改，形成了145000字的课题研究报告最终成果。项目结项后，又对研究成果进一步拓展，充实新的资料数据，使本书内容更加充实、材料更加丰富。

　　在五年多的研究中，我们深刻体会到，调查研究搞科研、敲键盘是多么的艰辛。全体成员在授课之余，没有节假日、没有时间会亲友，不分白天和黑夜，很少顾得上家庭的事。而大家都始终秉承科研人员的秉性和初心，走访了广西、贵州、云南三省（区）左右江革命老区，深入乡村寨子、产业基地、农户家庭等，了解了老区农业发展、农民收入、农村社会等方方面面的情况，深入思考老区农业发展和农民增收问题，为巩固老区脱贫小康成果、推进农业强区和乡村振兴而呕心沥血，研究出这样的成果。

由于我个人作为课题主持人水平有限，本书错漏在所难免，敬请各位读者批评指正。

真诚地感谢各级各部门、社会各界对老区的关心，真诚地期待更多的专家学者和广大农业科技工作者对老区农业发展给予更多的关注，为乡村振兴、农业强国建设作出应有的贡献。让我们共同衷心祝愿老区农业明天会更强、老区人民生活质量会更高、生态环境质量会更好。

王文亮

2023年11月30日